电子可转让记录立法的"单一性"难题和破解

Legislation on Electronic Transferable Record:
Problem and Solution

郭瑜 著

图书在版编目(CIP)数据

电子可转让记录立法的"单一性"难题和破解/郭瑜著. —北京：北京大学出版社，2019.5

ISBN 978-7-301-30459-4

Ⅰ.①电… Ⅱ.①郭… Ⅲ.①电子商务—国际商法—研究 Ⅳ.①D996.1

中国版本图书馆 CIP 数据核字(2019)第 080884 号

书　　　名	电子可转让记录立法的"单一性"难题和破解 DIANZI KEZHUANRANG JILU LIFA DE "DANYIXING" NANTI HE POJIE
著作责任者	郭　瑜 著
责 任 编 辑	冯益娜
标 准 书 号	ISBN 978-7-301-30459-4
出 版 发 行	北京大学出版社
地　　　址	北京市海淀区成府路 205 号　100871
网　　　址	http://www.pup.cn
电 子 信 箱	law@pup.pku.edu.cn
新 浪 微 博	@北京大学出版社　@北大出版社法律图书
电　　　话	邮购部 010-62752015　发行部 010-62750672 编辑部 010-62752027
印 　刷　 者	北京富生印刷厂
经 　销　 者	新华书店
	730 毫米×1020 毫米　16 开本　15.5 印张　270 千字 2019 年 5 月第 1 版　2019 年 5 月第 1 次印刷
定　　　价	43.00 元

未经许可，不得以任何方式复制或抄袭本书之部分或全部内容。
版权所有，侵权必究
举报电话：010-62752024　电子信箱：fd@pup.pku.edu.cn
图书如有印装质量问题，请与出版部联系，电话：010-62756370

国家社科基金后期资助项目
出版说明

后期资助项目是国家社科基金设立的一类重要项目,旨在鼓励广大社科研究者潜心治学,支持基础研究多出优秀成果。它是经过严格评审,从接近完成的科研成果中遴选立项的。为扩大后期资助项目的影响,更好地推动学术发展,促进成果转化,全国哲学社会科学工作办公室按照"统一设计、统一标识、统一版式、形成系列"的总体要求,组织出版国家社科基金后期资助项目成果。

全国哲学社会科学工作办公室

贸易法委员会、中国与数字丝绸之路

〔意〕卢卡·卡斯特兰尼①

一、贸易法委员会在电子商务领域的工作

全球化的重要特征之一,是电子通信的广泛使用。从基于网页的应用到电子邮件以及即时通信,大量不同技术在商业交易中每天被使用。虽然电子通信可以作为支持经济发展的有力工具,但并非在所有国家都同样成功地被如此运用。在广泛使用电子通信至少 30 年,以及电子通信首次获得法律承认——第一个被报告的关于电子签名的法律地位的案件是美国新罕布什尔州最高法院(the New Hampshire Supreme Court)1869 年所判决的 Howley v. Whipple 案②——至少 150 年后,我们知道电子通信的成功运用是恰当的政策选择、法律改革和技术基础设施相互作用的结果。

法律改革可能涉及管制性或赋能性事项,可能在一国范围,也可能在国际范围。就赋能性而言,法律应处理与电子通信性质相关的问题,移除其使用的障碍,包括那些因在其广泛使用前通过的法律而产生的障碍。

联合国国际贸易法委员会(UNCITRAL)是联合国系统在国际贸易法领域的核心法律机构。它是联合国大会为了促进国际贸易法的逐步协调和统一而决定成立的。UNCITRAL 从 20 世纪 80 年代开始处理电子商务的法律问题,制定了一系列电子通信和电子签名的统一法律文本,这些法律文本已经在很多法域被采用,不仅可以适用于商业交易,也适用于所有通过电子方式进行的交易。

UNCITRAL 已经制定的适用于一国或跨境的电子交易的法律文本现有四个:《电子商务示范法》《电子签名示范法》《电子通信公约》和《电子可转让记录示范法》。

UNCITRAL 法律文本建立在三个基本原则上:不歧视原则、功能等同原

---

① 卢卡·卡斯特兰尼(Luca Castellani)系联合国国际贸易法委员会第四工作组(电子商务)秘书。但本文中的观点仅代表本人观点,并不当然反映联合国国际贸易法委员会的观点。本文原文为英文,由本书作者翻译为中文。
② 48 N. H. 487 (1869).

则和技术中立原则。不歧视原则要求不能仅仅因为电子交易的性质而加以歧视;功能等同原则确立了当某些条件满足时,电子交易应与其他类型的通信,即基于纸质的通信,法律价值等同;技术中立原则规定法律不应要求使用某种特定的技术,而应通过使用一般性术语包容所有现有及未来的技术。最后,但并非最不重要的,通过采用当事人意思自治原则,UNCITRAL电子商务规则可以适应合同当事人的商业需求,允许他们设计最适合他们的法律框架。

最近,UNCITRAL及其秘书处也致力于制定海关单一窗口和无纸贸易便利化的指南和法律条文。这一工作通常与其他政府间国际组织合作进行。这种合作的一个重要成果,是2016年由联合国亚太经济社会委员会通过的《亚太跨境无纸贸易便利化框架协定》。

关于贸易便利化的工作有助于澄清自由贸易协定与贸易法委员会文本之间的关系。在这方面,应注意到,《跨太平洋伙伴关系协定》及其继承者——《全面与进步跨太平洋伙伴关系协定》包括一个义务,要维持一个与《电子商务示范法》或《电子通信公约》的"原则相一致"的"调整电子交易的法律框架"。很可能区域全面经济伙伴关系协定(the Regional Comprehensive Economic Partnership)也将包括类似规定。

二、贸易法委员会《电子可转让记录示范法》

2011年,UNCITRAL重新开始其在电子商务领域的立法活动,准备制定一个使纸质可转让单证和票据,即提单、票据、仓单等包含一个请求支付一笔钱或交付一批货物的权利的单据的电子化成为可能的示范法。《电子可转让记录示范法》代表了这项工作的成果。这个成果非常显著。因为在这个领域很少有国内法存在,而且现有的法律只处理一种可转让单证或票据,还通常是技术特定的,可能创造出与现有可转让单证或票据功能不等同的电子可转让记录,从而出现双重法律体系。

《电子可转让记录示范法》是技术中性一模式中性的,因而与分布式账本的使用协调。因为它贯彻功能等同原则,并不改变适用于纸质可转让单证或票据的现有实体法,而只是使其在电子环境下可使用。采用功能等同途径不仅可以不改变现有实体法,而且允许以一种连贯的态度发展纸质单据和电子记录的法律。事实上,如果建立纸质单据和电子记录的双重实体法规则,可能导致在当前实务中常见的纸质单据和电子记录同时使用时,出现法律的空白和分歧。

《电子可转让记录示范法》适用于所有类型的可转让单证和票据，这可能打开一个特别重要的发展的大门。

一个跨境商业交易是一个单一的活动。在简单一点的交易，如现货买卖中，这一点显而易见。具体的操作细节当然可能各有不同。例如，交付和支付可能分期进行。但是这些行为的履行发源于一个合同安排，各方可根据需要修改。

然而，当前商业实践中，单一交易往往面临多重商业性和管制性文件：除了合同本身，还有提单、信用证、报关单、原产地证书，等等，有些需要纸质，有些需要电子形式，有些需要二者兼具。这导致多重努力和没有效率地使用资源。更重要的，由于错误或其他相互不一致的存在，每种文件可能不能准确反映交易的所有细节。

数字化是一个重整交易流程的机会，而不只是把它们从纸质环境移到电子环境。相应地，由于有了《电子可转让记录示范法》，现在有可能考虑设计一个包括所有与一个跨境交易相关的商业性和管制性信息的单一记录。该记录中包括的信息可以有选择地与每个商业伙伴分享。该单一记录中包括的数据将是最全面、准确和及时的，因为它可以自动反映任何变动。它同时将是原始的，可以提供关于其来源的高度可靠性。

这样的途径可以使供应链金融与物流的相互作用更充分，为商业流程管理带来极大好处。例如，由于关于货物状况的信息更易得，交易风险评估可以得到改进。同时，IT 系统可以更流畅。在管理方面，这种途径可以通过保证同样的信息被提供给所有相关机构，并大大促进跨境无纸化交易。

使用第三方平台进行记录管理，可以使更广泛的用户更容易地得到信息。分布式账本或其他适当技术的使用，可以为系统的独立性提供高度的可靠性，还可以设计保证隐私和秘密的措施。

总而言之，全套商业和行政管理单据的电子化是一个迫切需要。如果采用《电子可转让记录示范法》，看起来将这些单据整合为单一电子记录不会有什么法律障碍。如果商业经营者和管理者可以共同努力，安全、有效率的无纸化贸易就将成为现实。

三、贸易法委员会电子商务规则与中国

中国对统一商法和 UNCITRAL 规则总的来说持支持态度。认识到一个电子商务的赋能性法律环境的重要性，中国已经以 UNCITRAL《电子商务示范法》和《电子签名示范法》为基础或在其影响下制定了国内法。同时，也

已经签署了《电子通信公约》，并已经将该《公约》第12条合同缔结过程中自动信息系统的使用，在中国于2018年颁布的《电子商务法》中加以体现。

中国当前正通过"一带一路"倡议巩固其全球贸易领导地位。该倡议的一个重要组成部分是数字丝绸之路，一个使数据流动的复杂的物理和虚拟基础设施。如前所述，这类努力的成功取决于政策、技术和法律的相互作用。

UNCITRAL最近的规则，也被称为"UNCITRAL电子商务法2.0"，可能促成数字丝绸之路的成功。但这需要《电子通信公约》的批准和《电子可转让记录示范法》的采用。《亚太跨境无纸贸易便利化框架协定》的批准也将是有益的，而中国已经这么做了，这将有助于搭建电子商务的管制性和赋能性规则之间的桥梁。

采用法律文本是通向成功所必需的第一步。必需的第二步，则是能力建设，使这些法律规则能够被正确解释和适用，特别是完成由于这些规则的性质而产生的统一解释的任务。本书是关于《电子可转让记录示范法》的第一本专著，可以在这方面起到重要作用。本书作者是《电子可转让记录示范法》起草期间在第四工作组以及通过《电子可转让记录示范法》的委员会第五十届大会上中国代表团的一个活跃成员，可以提供《电子可转让记录示范法》意图如何适用的深层次的分析。

我们因此欢迎这本书的出版，鼓励中国学者和实务人士阅读此书并进一步研究《电子可转让记录示范法》，从而发现该《示范法》可以促进全球电子商务的各种可能性。

2018年9月于维也纳

序　言

　　从前慢。而当今的一切似乎都在加速，包括法律变化的速度。"电子可转让记录"（electronic transferable record，ETR）这个词，我几年前第一次看到时完全是一头雾水。直到把"电子可转让记录"与电子票据、电子提单、电子仓单这些相对熟悉的词语挂上钩，才算理出一些头绪。

　　事实上，"电子可转让记录"是联合国国际贸易法委员会（UNCITRAL）最近制定《电子可转让记录示范法》（《ETR示范法》）时采用的新词，用以表述提单、票据等"可转让单据"的电子对等物。这个新词又与另一个新词"跨境无纸化贸易"密切相关。一种普遍接受的观点是，通过将贸易中使用的各种纸质单据"电子化"，使其可被电脑处理和传输，实现贸易的"无纸化"，可以极大地节省时间和成本，从而使国际贸易实现跨越式的发展。然而，在把有形的纸张转化为无形的电子记录的过程中，各种可转让单据的"可转让"特性成了一个难以跨越的障碍，甚至被称为国际贸易电子化进程中最具挑战性的难题。有人坚信，可转让单据电子化是一个根本不可能完成的任务。但也有人认为这个任务是可能完成的，并着手去攻克这一难关。《ETR示范法》是后一派乐观主义者最近的工作成果。我有幸作为中国代表团的一名成员，从2013年到2017年陆续参加了《ETR示范法》的各次谈判，因而也就有机会在最近几年一直被各种新名词、新术语轮番袭击。惭愧地说，虽然手忙脚乱，直到《ETR示范法》出台，还是有好些问题没有太明白。学习过程辛苦，为了把心得体会记下来供需要的人参考，于是有了这本书。

　　这本书的主要内容围绕《ETR示范法》展开。全书共十章。第一章和第二章是本书讨论问题的起点和背景。其中第一章将ETR放在国际贸易的大背景下，介绍ETR发展不畅的现状及其对跨境无纸化贸易的阻碍。第二章讨论法律为什么要对可转让单据作出"纸质"要求及这种要求的重要性。第三章至第五章介绍替代"纸质"要求的各种方案。其中第三章介绍合同解决方案及其存在的问题，第四章介绍现有各种立法例并分析其不足，第五章介绍《ETR示范法》，包括其讨论过程、主要内容、核心争议和达成的妥协。第六章至第八章尝试对ETR立法进行一些理论探讨。第六章提出ETR立法的核心任务是对信用共识的确认,网络环境下当前有三种信用共识机制,并存在"中心化"与"非中心化"信用之别。第七章提出"功能等同法"作为一种立法方法具有"刚性"和"柔性",在应用于 ETR 立法时具有一些特殊性,需要特别处理。第八章对《ETR 示范法》的成就和不足进行评论。第九章至第十章是结合中国具体情况进行的一些讨论。其中第九章讨论中国对 ETR 立法应持有的态度、《ETR 示范法》对中国的可借鉴性以及中国对《ETR 示范法》应采取的立场。第十章讨论在《ETR 示范法》基础上构建一个电子交付的国际贸易法律体系的必要性和可能性。

在我看来,整个《ETR 示范法》谈判的过程,实际上就是围绕一个问题在反复拉锯:在可转让单据的法律制度中,单据这张纸的功能是什么?如何在电子环境下达到等同的效果?而票据、提单、仓单这些"可转让单据"的"功能"是什么,不同的人从不同的角度看可能得出不同的结论,从而立法也就呈现出多种不同的可能性。由于"功能"是一个有不同描述方法的"软"标准,而"等同"却是一个非此即彼的"硬"标准,对"功能等同"的要求宽严不同,对电子化风险的分配也就不同。不同国家和不同行业,对不同的风险分配各有偏好。因此如何"功能等同"并不单纯是个如何表述的技术问题,而是涉及利益之争。由此,一些国家在《ETR 示范法》谈判中的针锋相对乃至剑拔弩张也就在情理之中了。

解决争论的要点,在于准确理解可转让单据的性质。可转让单据不仅可作为当事人之间的交付/支付工具,而且可作为融资工具。因而保持可转让单据与单据下权利的"一对一"关系,或者说保持可转让单据下权利的"单一性",就不仅是当事人之间的事,也是涉及公共利益的事。可转让单据制度中的"纸质"要求实际是为"单一性"提供的一种信任机制。为维护当事人之间的公平以及社会公共利益,对电子环境下替代"纸质"要求的信任机制,也应要求其能严格保证"单一性"。但棘手的问题是,当前电子环境中可能还不能提供如纸质一样确定的"单一性"保障机制,商业实践中也还没有出现真正能替代纸质可转让单据的电子可转让记录。这种情况下放松法律要求固然不足取,但要明确法律要求也确实为难。《ETR 示范法》尝试找出一种最恰当的模式,而最终是在"独一无二"与"控制"两种路径之间达成了一种妥协。这种妥协可能是目前能得到的最好方案。

中国是国际贸易大国和航运大国,中国公司每天都在大量签发和使用各种可转让单据。可转让单据是否能顺利电子化,对国际贸易电子化的顺利发展举足轻重,对中国的经济利益也举足轻重。参与乃至主导可转让单据电子化法律规则的制定对中国有重要战略意义。当然,反过来,中国的态度如何,对《ETR示范法》的最后走向也有重要影响。中国要不要依据这个示范法制定国内法,需要考虑多种因素。但即使不直接依据示范法制定国内法,示范法采用的"功能等同"立法方式,以及以"单一性加控制"来替代传统法律中的"纸质"要求的做法等,都值得中国将来构建可转让单据电子化法律制度时加以借鉴。

《ETR示范法》可能成为跨境无纸化贸易法律制度建设中重要的一环,但不会是最后的一环。在电子可转让记录广泛适用于国际贸易后,现有的其他一些国际贸易法律规范,如联合国《国际货物销售合同公约》等也需要进行相应的修改。当前国际贸易的"碎片化"深受关注,国际贸易的"整体电子化"却似乎未获足够重视。随着电子商务立法的重点从国际贸易的签约阶段向履约阶段发展,构建电子交付/支付的国际法律框架也许是下一步的重点。

这本书首先希望能为了解《ETR示范法》提供一个窗口,同时也希望为探讨国际贸易法律规则电子化提供一些素材,因此,本书的内容不仅包括了作者作为谈判参加者了解到的示范法谈判的背景、过程和结果,也包括了作者的一些调查、研究和发散性思考。由于这本书的写作断断续续持续了好几年,书中一些内容可能存在不连贯、表达不清楚等问题。当然表达不清楚也和一些问题想得不够清楚有关。无论如何,希望这本书能激起一些对国际贸易电子交付/支付法律框架的重要性及其包含的风险和机遇的讨论。

虽然这本书篇幅不算长,但为了完成这本书花的时间却不算短。为此,我需要列出一个长长的致谢名单。首先要感谢先后一起参加过《ETR示范法》谈判的中国代表团的其他成员,特别是商务部的王建波、刘红、刘克毅、黄杰和中国国际贸易促进委员会的陈建等各位处长,对外经贸大学的王建教授、暨南大学的刘颖教授,还有我的同事谷凌教授,他们是我探索新问题路上的同行者,书中的许多问题我们都在一起讨论过。然后要感谢这几年被我或多或少打扰过的各位专家朋友,包括但不限于帮助我了解电子提单实务的中远公司的各位朋友,如宋春风先生、梁艳女士、杨稚女士、韩培学先生、李魏先生等,帮助我进行提单司法实践调查的关正义先生、黄伟青先生,向我普及区块链知识的沈波先生、孙铭律师、卿苏德先生,协助我调研电子签名问题的国富安公司的唐清文先生,为我对仓单和票据的调研提供各种资讯和方便的中仓仓单公司的杨沁河先生、大华银行的仲昕先生,等等。还要感谢我的前后几届学生,上课时我常常和他们一起讨论正在研究的问题,从他们那里得到许多启发。最近的一届研究生还帮我校对了书稿清样。还要感谢不断敦促我赶紧工作,从而使这本书得以完成的北大出版社的冯益娜女士、我的同事王桔女士。还要感谢吴焕宁、张永坚、赵桂茹三位老师,不管我何时想讨论何种问题,他们总是耐心倾听,积极建议,总能帮我理清思路。家人永远是需要感谢的对象,但这本书里我想特别提到家庭成员中最小的一位,这个世界上最古灵精怪的小仙女。我开始参加《ETR 示范法》谈判时她刚刚降生,因此我想把这本书送给她作为六周岁的礼物。

郭 瑜

2018 年 11 月

目 录

一、法律的"纸质"要求阻碍 ETR 发展 …………………………… 1
  （一）ETR 与跨境无纸化贸易 ………………………………… 1
  （二）ETR 发展不畅 …………………………………………… 4
  （三）ETR 发展不畅对国际贸易的影响 ……………………… 6
  （四）ETR 发展不畅的法律原因 ……………………………… 11

二、法律"纸质"要求的目的及重要性 ………………………… 15
  （一）"纸质"的"功能等同"难题 …………………………… 15
  （二）"纸质"要求的目的：保证"请求权单一" …………… 20
  （三）"请求权单一"作为"可转让性"的基础 …………… 21
  （四）违反"请求权单一"的危害 …………………………… 27

三、替代"纸质"要求：合同解决路径 ………………………… 34
  （一）常见技术模式和典型商业实践 ………………………… 34
  （二）个案调查——中国电子提单实践 ……………………… 41
  （三）合同解决路径的问题分析 ……………………………… 49

四、替代"纸质"要求：现有立法例 …………………………… 55
  （一）现有的代表性立法 ……………………………………… 55
  （二）现有立法例分析 ………………………………………… 68

五、替代"纸质"要求：《ETR 示范法》的解决方案 ………… 72
  （一）《ETR 示范法》的制定过程 …………………………… 72
  （二）《ETR 示范法》的主要内容 …………………………… 78
  （三）《ETR 示范法》的路径之争 …………………………… 91
  （四）《ETR 示范法》路径之争的要点 ……………………… 103

六、网络环境的信用共识 ································· 105
（一）"纸质"要求的信用共识 ························· 105
（二）当前 ETR 的信用模式 ························· 106
（三）信用的中心化与非中心化 ······················· 110
（四）区块链：一种新型信用模式？ ··················· 119
（五）信用共识的选择与博弈 ························· 127

七、"功能等同法"对电子化风险的分配 ··················· 129
（一）"功能等同"的立法办法 ························· 129
（二）影响"功能等同"宽严的因素 ····················· 133
（三）"功能等同法"的风险分配效果 ··················· 141
（四）"功能等同"宽严与促进电子化 ··················· 145
（五）"宽严之选"的国别因素 ························· 152

八、《ETR 示范法》的成就和局限性 ····················· 154
（一）《ETR 示范法》确立的信用共识 ·················· 154
（二）《ETR 示范法》的严格性与灵活性 ················ 158
（三）《ETR 示范法》对商业实践的意义 ················ 169
（四）《ETR 示范法》的局限性 ························ 180

九、ETR 立法的中国立场 ······························· 182
（一）中国对《ETR 示范法》的参与 ··················· 182
（二）ETR 在中国的实践概况 ························· 190
（三）中国在 ETR 国际立法中的选择 ·················· 196
（四）中国对《ETR 示范法》的采用或借鉴 ············· 204

十、国际贸易电子交付的法律框架 ······················· 216
（一）电子交付对国际贸易的重要性 ··················· 216
（二）国际贸易规则的因应变化 ······················· 222
（三）中国的行动 ··································· 225

后　记 ·· 235

一、法律的"纸质"要求阻碍 ETR 发展

（一）ETR 与跨境无纸化贸易

21 世纪被称为"电子商务"的时代，以至于有人断言：21 世纪要么电子商务，要么无商可务。国际贸易也不可能脱离时代的大趋势。跨境电子商务，或者说跨境无纸化贸易正被视为新的经济增长点①，其增长速度已经连续多年远超全球贸易增速。虽然没有人说"21 世纪要么跨境无纸化贸易，要么无跨境贸易"，但许多国家以及国际贸易组织近年来却都不约而同地大力推动跨境无纸化贸易。如亚太经合组织（APEC）从 1998 年即开始推动跨境无纸化贸易，并于 2004 年推出了《APEC 跨境无纸贸易行动战略》，为 APEC 跨境无纸贸易的实施制定了行动框架和时间表。2016 年，联合国亚太经济社会委员会（ESCAP）通过了《亚太跨境无纸贸易便利化框架协定》，为各国规范单一窗口制式、建立统一电子贸易文件接口及实现跨境质检商检互认等提供了共同的行动框架，并借此推动贸易数据文件交换电子化，提高国际贸易的效率和透明度。具体到中国，跨境电子商务的增速也远超贸易总体增速。一方面国内采取了各种措施，如从 2012 年 8 月开始进行通关作业无纸化改革，到 2014 年 4 月，中国通关作业无纸化实现了对所有海关通关业务现场和业务领域的全覆盖，在为进出口公司减少通关时间、降低贸易成本方面成效显著。② 另一方面，中国也积极参与国际组织在跨境电子商务方面的活动，如 2017 年 8 月与孟加拉国、柬埔寨一起率先签署了 2016 年联合国 ESCAP 通过的《亚太跨境无纸贸易便利化框架协定》。

但是，目前各国政府推动进行的跨境无纸化贸易方面的努力，更多集中

---

① 电子商务是一个不断发展的概念。IBM 公司于 1996 年提出了 Electronic Commerce（E-Commerce）的概念，到了 1997 年，该公司又提出了 Electronic Business（E-Business）的概念。E-Commerce 是指实现整个贸易过程中各阶段贸易活动的电子化，E-Business 是利用网络实现所有商务活动业务流程的电子化。现在对"电子商务"有各种定义，但一般都承认电子商务的主要特点是通过网络完成全部或部分交易行为。"跨境电子商务"与"跨境无纸化贸易"，在不同语境下各有侧重，但本书并未严格区分使用这两个词语，这两个词语都被用来泛指各种利用电脑和网络进行的跨境贸易活动。

② 据我国商务部统计，无纸化贸易为进出口公司减少 24%—44% 的通关时间，从而降低 17%—31% 的贸易成本。参见商务部官网（http://www.mofcom.gov.cn）。

在单一窗口、清关信息互通等行政管理方面需要的单据的无纸化,因而涉及的主要是合同、发票、原产地证书、装箱单、提货单等。国际贸易中广泛使用的另一类单据,即在商业主体之间流转,但无需提交海关清关的提单、汇票等单据,却较少被涉及。而提单、汇票虽然也是单据,但性质特殊,是"可转让"单据,其电子化与一般单据相比有特殊的困难。同时,提单、汇票涉及国际贸易中最重要的两个环节:支付与交付,并且影响到国际贸易融资。提单和票据不能电子化,国际贸易的电子化就难以真正实现,也不会有真正的跨境无纸化贸易。

作为联合国系统在国际贸易领域的核心法律机构——联合国国际贸易法委员会(United Nations Commission on International Trade Law,UNCITRAL)以协调各种国际商业规则并使之现代化为己任。[1] 在电子商务国际立法方面,UNCITRAL 一直发挥着积极作用。在已经牵头制定了《电子商务示范法》《电子签名示范法》《电子通信公约》等一系列法律文件[2]后,UNCITRAL 又将视线转向可转让单据电子化的难题,并于 2017 年 8 月正式通过了《电子可转让记录示范法》(UN Model Law on Electronic Transferable Records,以下简称《ETR 示范法》或 MLETR)。

作为 UNCITRAL 在电子商务领域立法的最新成果,《ETR 示范法》适用于"电子可转让记录"(electronic transferable record,ETR)。"电子可转让记录"是指可转让单据的电子等同物(electronic equivalent)。"可转让单据"(transferable document or instrument)则是指"在纸张上签发的,使持有人有权要求履行单据中指明的义务,并且有权通过转让单据而转让其中指明的要求履行义务的权利的单据"[3],典型的是票据、提单、仓单等,但不包含股票、债券等"金融证券"或"投资证券"。[4]

在英美法系中,"可转让单据"中的"据"(instrument)主要是指记载金钱

---

[1] 参见联合国国际贸易法委员会官网(http://uncitral.un.org)。
[2] 《电子商务示范法》并未对"电子商务"下一个定义。但在其《颁布指南》的第 7 段,对电子商务的范围进行了解释和说明。相关法律文件见联合国国际贸易法委员会官网(http://uncitral.un.org)。
[3] 参见《ETR 示范法》第 2 条"可转让单据"的定义。《ETR 示范法》中文本中将"transferable document or instrument"称为"可转让单证或票据",本书则称为"可转让单据"以达到简洁的效果,但所指的对象都是一样的。
[4] 《ETR 示范法》的"可转让单据"的定义最初受《电子通信公约》影响。《电子通信公约》第 2 条第 2 款将可转让单据排除在该公约适用范围之外,并对可转让单据作了一般描述。《ETR 示范法》下只是列举了示例清单,包括汇票、支票、本票、运单、提单、仓单、保险凭证、空运单,具体哪些单据可转让应由适用的实体法来决定。示例清单借鉴了《电子通信公约》第 2 条第 2 款,该款规定:"本公约不适用于汇票、本票、运单、提单、仓单或可使持单人或受益人有权要求交付货物或支付一笔款项的可转让单证或票据。"参见联合国国际贸易法委员会《电子可转让记录示范法的解释性说明》,第 19 段、第 38 段。

支付命令的纸张,而"单"(document)主要是指记载物品交付命令的纸张。①"票据是对一笔款项的权利凭证,而单据是对一批货物的权利凭证。"②同时,英美法系区分单据的"转让"(transfer)和"流通"(negotiate)。③ 可转让单据可以是可流通的(negotiable),也可以是可转让而不可流通的(non-negotiable)。"一份可流通票据是根据商业惯例或法律可以通过交付和背书转让给一个善意付对价的买方,使其不受前手权利瑕疵影响。一份不可流通票据是虽然可以通过交付和背书转让权利,但不能使受让人获得优于其前手的权利。"④而"可转让记录"(transferable record)这个概念最早是在美国提出的。1999年7月美国颁布《统一电子交易法》(UETA),其中第16条首次规定了"可转让记录",其后颁布的《国际与国内商务电子签名法》(E-SIGN)和《统一商法典》(UCC)修正版等都采用了这一概念。⑤

在大陆法系国家,一般不使用"可转让单据"这个词,而是将票据、提单、仓单等统称为"有价证券"。"有价证券一词为德国学者所首创,并为德国商法典所采用。"⑥这个词现在为包括日本在内的大多数大陆法系国家所采用。"日文汉字即为有价证券,中文援用了此词。"⑦"有价证券一语,见诸法典,乃以一八六一年之德国旧商法为其矢,阙后日本明治二三年之旧商法第四条及我国现行各种法令上均相继采用。"⑧大陆法系的"有价证券"与英美法系的"可转让单据"从内涵到外延都并不完全等同,但都包括提单、票据和仓单。同时,大陆法系一般不区分"可转让"和"可流通"的不同法律效果。

传统法律中,提单、票据和仓单法律性质迥异,分别由不同的法律部门调

---

① 美国《统一商法典》第9条规定:"'document' means a document of title or a receipt of the type described in Section 7-201(b)." "'instrument' means a negotiable instrument or any other writing that evidences a right to the payment of ……"
② "an instrument is a document of title to money." Roy Goody, Commercial Law, Third Ed., Penguin Books, 2004, p. 48.
③ 《ETR示范法》一开始打算分清可转让与可流通的问题,"工作组注意到,当电子记录的转移涉及第三方时仍然存在重大挑战。关于这一点,会上强调,应当区分可转让性和可流通性,同时特别侧重于后者,因为可流通性除其他外还涉及对第三方的保护。会上商定,工作组应当深入审议可转让性和可流通性的概念,并对这两个概念的区别做出澄清。"A/CN.9/737,第23段。但是后来的讨论中这种尝试被放弃了,而是决定尽量回避对实体法的讨论。"工作组讨论了可转让性和可流通性的区别,一致认为可流通性涉及持有人在实体法下的基本权利,因此讨论应侧重于可转让性。"A/CN.9/761,第21段。
④ Roy Goody, Commercial Law, Third Ed., Penguin Books, 2004, p. 477.
⑤ 相关发展可参阅 Jane K. Winn, What Is a Transferable Record and Who Cares, Boston University Journal of Science and Technology Law, Vol. 7, Issue 2, 2001, pp. 203—214。联合国国际贸易法委员会制定《电子可转让记录示范法》时借用了这个概念。
⑥ 谢怀栻:《票据法概论》,法律出版社1990年版,第8页。
⑦ 吴建斌:《现代日本商法研究》,人民出版社2003年版,第547页。
⑧ 王仁宏:《有价证券之基本理论》,载台湾大学法律学系主编:《郑玉波先生七秩华诞祝贺论文集》,台湾三民书局1988年版,第1页。

整,而且各国法律差异也很大。提单在一些国家,如中国,只用于国际运输中。票据一般同时用于国际和国内贸易,但在一些国家,如美国,在国际和国内贸易中使用的票据是不同类型的。仓单在多数国家都只用于国内贸易中。UNCITRAL把这些单据的电子化放在一部法律里进行规范,难度可想而知。而这样做的原因,一方面是因为这些单据在"可转让"这一点上相同,在电子化的过程中,因"可转让"而遭遇的法律难题也相同,因而有可能放在一起规范。① 另一方面则是这些单据已经或可能在国际贸易中广泛使用,其电子化对国际贸易有重要影响,因而也有必要放在一起规范。联合国国际贸易法委员会认识到,近年来,可转让单据电子化的过程并不顺畅,阻碍了跨境无纸贸易的发展,而这种不顺畅与法律有很大关系,因此有必要努力解决这个问题。

(二) ETR 发展不畅

将可转让单据电子化的努力其实早就在进行,但比较常见的是在纸质单据使用中的某个环节加上电子化处理,如电子签发提单或"提单电放"等。② 而这些局部环节的电子化处理还不足以使单据变成"电子可转让记录"。"电子可转让记录"最重要的特征是转让环节必须通过电子方式在线进行,即"电子转让"。虽然纸质单据的局部环节电子化处理已是常态,但通过电子方式转让的"电子可转让记录"总的来说发展却并不理想,在经济活动中没有展现出足够的影响力,在国际贸易中发挥的作用很小。

在三种典型的可转让单据中,提单的电子化可谓开始早而推进慢。从全球范围看,港口采用电子手段方便货物装卸和交接的努力已经持续几十年。航运单据的电子化也很普及。许多行业内常用的标准合同范本也明确规定可使用电子单据。如波罗的海国际航运公会(BIMCO)在2014年为其租船合同范本起草了电子提单标准条款(EBL clause),规定:"如果租家选择的话,提单、海运单和交货单应该以电子形式签发、签署和传输,效果与其纸质对等物一样。"不过,虽然其他航运单据已经普遍电子化,业内也为电子提单的使用做好了各种铺垫,但电子提单的发展却不尽如人意。早在1985年,国

---

① 这里的"可转让"并非在与"可流通"对立的意义上使用。采用这个词更多表明的是工作组不涉及实体法下的权利义务的意图。

② "提单电放"是指提单签发后,通过电子形式将提单包含的信息传送到目的港,收货人打印出来后加盖电放章,并据此或再加上电放保函等文件向承运人提货。

际上第一个电子提单系统 SeaDocs 电子提单系统（Seaborne Trade Documentation System）就已出现，但该系统并未真正投入运行。现在已经投入使用的国际性的电子提单平台主要有两个，即 BOLERO 和 ESS 电子提单系统，但这两个系统目前分别只有几千家用户。也有一些国家有自己建立的电子提单平台，但用户更少。如韩国由国家建立的电子提单平台一年只签发几份或几十份电子提单。讨论电子提单的文章标题，在 1999 年还是："电子提单正在到来"[①]；到 2017 年，却变成了："电子提单：一个永远没有结局的故事？"[②]电子提单令人失望的发展速度可以与中国电子支付的发展作个对比。1985 年是世界上第一个电子提单平台建立的时间，也是中国第一张信用卡开始使用的时间。[③] 现在中国不仅已经普遍日常使用信用卡，而且已经在向下一步即"无现金社会"迈进。而电子提单虽然也在中国有所使用，但迄今为止所有中国航运企业签发过的电子提单总量不过十几份，中国各家银行处理的电子提单加起来也不超过一百单。

与电子提单相比，电子票据的发展似乎顺利许多。美国是世界上最早使用电子票据的国家。1993 年，美国成立了金融服务技术联盟（Financial Service Technology Consortium, FSTC），制定了电子支票的标准。目前电子支票在美国和欧盟都普遍使用。中国 2007 年在全国推行了支票影像交换系统。[④] 2009 年 10 月，中国人民银行建成电子商业汇票系统（ECDS），到 2016 年，电子汇票开票量占比已超过 30%。中国人民银行 2016 年 6 月发布消息，计划在 3 年内取消纸质汇票。2016 年 9 月，中国人民银行发布《关于规范和促进电子商业汇票业务发展的通知》，要求自 2017 年 1 月 1 日起，单张出票金额在 300 万元以上的商业汇票要全部通过电票办理；自 2018 年 1 月 1 日起，原则上单张出票金额在 100 万元以上的商业汇票要全部通过电票办理。但电子票据的问题在于，虽然其在国内发展较为顺利，但在国际贸易中使用极其稀少。中国当前的电子票据系统基本没有考虑国际市场使用的情

[①] Helen Atkinson, Electronic Bill of Lading is Coming Soon, *The Journal of Commerce*, June 21, 1999.
[②] David A. Bury, Electronic Bills of Lading: A Never-Ending Story? *Tulane Maritime Law Journal*, Vol. 41.
[③] 1985 年 3 月，中国银行珠海市分行成立了我国境内第一家信用卡经营公司——珠海市信用卡有限公司，并发行了境内第一张信用卡——"中银卡"。
[④] 支票影像交换系统（Cheque Image System, CIS）是指通过影像技术、数字签名技术等，将纸质支票转化为电子影像和电子信息，通过计算机和网络进行传递和处理，实现纸质支票截留的系统。支票影像交换是目前代替纸质支票的一种常见形式。

况。即使电子票据发展较好的美国,票据电子化运动也并未推及到国际市场。①

电子仓单的发展比较晚。在美国,学者们嘲讽农产品仍然使用纸质仓单的做法是"农产品乘着有篷马车进入市场信息的世界赛场"。② 在我国,2006年推出了第一个电子化的标准仓单管理系统,即上海期货交易所推出的电子仓单系统。目前,全国各主要商品交易所都有自己的电子仓单系统,支持仓单转让业务。但仓单在国际贸易中很少使用,电子仓单在国际贸易中更是几乎未见使用。

(三) ETR 发展不畅对国际贸易的影响

1. 国际贸易模式从"钱货对流"到"单证对流"

随着时代变化,国际贸易模式也在不断变化。在早期的航海贸易中,要进行跨境贸易,必须由商人自己负责货物的跨境运送,或者卖方买船,将货物运到买方所在地销售;或者买方买船,到卖方所在地采购再运回。贸易商中的一方要兼做船东,这被称为"商航合一"阶段。该阶段的国际贸易模式,是现金和货物的实时对流,所谓"一手交钱,一手交货"的"钱货对流"模式。

随着专业分工的发展,贸易商从运输业中退出,改由专门的承运人负责运输,由此进入"商航分离"阶段。由于贸易商不再面对面交易,分处两国的买卖双方面临新的风险,货款和货物需要跨境支付或交付,不仅有不能如约付款或交货的风险,而且付款和交货都需要占用额外的时间,贸易双方都不愿意承担信用风险和支付/交付的时间成本。为解决这些新问题,各种可转让单据应运而生。

关于票据和提单最早用于国际贸易的时间有些不同说法。但最晚到14、15 世纪,票据和提单已经普遍用于国际贸易。票据作为一种古老的金融

---

① 美国用于国际贸易的主要是银行承兑汇票,由于银行承兑汇票的使用可以增强银行的信用创造能力,美国对银行承兑汇票市场有严格的管理,因而银行承兑汇票并未电子化。
② Donald B. Pedersen, Electronic Data Interchange as Documents of Title for Fungible Agricultural Commodities, *Idaho Law Review*, 1995.

工具,最早就是随着贸易的产生而产生的。①"流通票据的形式有其共同的起源,事实上,此种形式在所有从事国际贸易的国家都是相同的。"②票据既是支付工具,又是融资工具;可以实现汇兑功能,免去商人携带大量现金长途跋涉的困难;也可以延期支付或贴现,使商人得到短期资金融通。汇票因而被称为"商人们的国际货币"。提单也是在"商航分离"后出现的。最初提单只是承运人在起运地接收货物后,开给托运人的一纸收据,以后提单发展成为运输合同的证明,最后提单成为提货的唯一凭证,从而具有了"物权凭证"的属性,成为"打开浮动仓库的钥匙"。虽然提单是在海上货物运输中由承运人签发的,但最大的价值却不是在运输中而是在国际贸易中体现的。由于货物在海上运输中要闲置很长时间,提单被发明出来代表货物本身进行流转。作为法律认可的物权凭证,提单可以代表货物进行买卖合同下的交付,也可以代表货物作为担保品,帮助买方或卖方从银行获得贷款。这样,提单在国际贸易中充当了两种重要的工具:一方面作为交付工具,加快商品流动;另一方面作为融资工具,为国际货物流动注入资金。③

票据和提单在国际贸易中的作用,在跟单信用证机制中体现得最全面。跟单信用证机制在国际贸易中已经使用了近两百年。在这种机制下,买方先开出信用证,承诺见到卖方提交的提单而非实际货物时就付款。信用证开证行通过卖方所在地的银行向卖方提示信用证,同时承诺收到卖方提交的提单时就预付货款。卖方所在地的银行往往同时承兑该信用证。承运人从卖方手中接收货物后,向卖方出具提单,充作收据和将来提货的凭证。卖方将提单交给银行,收回货款。银行将提单寄交给买方。买方付款赎单,成为新的提单持有人。最后买方在货物运到目的地后,持提单向承运人提货。这样卖方在得到银行的付款保证前不用发货,而发货后只要拿到提单就能拿到货款,不用等待货物实际到达。买方则在拿到提单前不用实际支付货款。这种模式的好处是资金和物资都实现了更快的转让,同时买卖双方的安全性都有相当保障。买卖双方在信任和履行时间上达成了一个妥协,代价则是向银行

---

① "暂且不论其起源于何处,到了12、13世纪,期票支付机构所发行的票据,已成为跨地区贸易中非现金支付的一个重要工具。"范健:《德国商法:传统框架与新规则》,法律出版社2003年版,第36—37页。"波斯坦教授提出的关于英国人为什么也开始使用票据的理论很简单。它完全出于经济上的原因。14世纪后半叶和15世纪,英国对外贸易逐渐地集中在英国商人手里。需要用一种票据结算外国账目。而能够提供此项便利的个人或商号,只能是那些在外国商业中心有代理商或作为合伙人者。正是这些人从意大利金融机构'借用'了这种汇票制度。"〔英〕施米托夫:《国际贸易法文选》,赵秀文译,中国大百科全书出版社1993年版,第65页。

② 〔英〕施米托夫:《国际贸易法文选》,赵秀文译,中国大百科全书出版社1993年版,第65页。

③ 参见郭瑜:《提单法律制度研究》,北京大学出版社1997年版,第1—5页。

支付各种费用。除此之外,买卖双方还得到一个额外的好处,即通常只需要跟位于本国的银行打交道,出现纠纷时无需进行昂贵而充满不确定性的跨国诉讼。跟单信用证机制被认为是国际贸易中最可靠,但也是最昂贵的支付方式。①

提单和票据的使用不仅方便了货款支付和货物交接,而且还具有信用和融资功能。提单、票据的使用,使国际贸易模式从"钱货对流"发展到"单证对流"模式。单据在这种模式中充当两种重要作用:一方面减少了多余的运输和支付,是加快物资和资金流动的工具;另一方面是提供贸易融资担保的工具。② 提单和票据的使用因而促进了国际贸易的繁荣。跟单信用证机制更是被称为"国际贸易中的血液"。③

可转让单据在国际贸易中的重要性很难被夸大。三种典型的可转让单据中,提单在海上货物运输中充当货物收据、运输合同的书面证据和提货的唯一凭证,提单制度被称为现代国际贸易体制的基石之一,甚至被描述为国际贸易这张由合同组成的网的最中央的单据。票据具有支付、汇兑、结算和信用功能,票据制度和公司制度一起被称为资本主义制度的两大支柱。④ 仓单传统上受到的关注较前两者少,但潜力却非常巨大。现代物流业最重要的是使库存流动起来,而仓单正是库存的代表。因此,有人将基于仓单的服务称为"现代物流业的最高级别的服务"⑤。可转让单据加速资金和商品流通的这种功能,在当今的国际贸易中仍然举足轻重。可转让单据能自由流动,国际贸易才能顺畅进行。

2. "单证对流"遇阻

基于"单证对流"的国际贸易模式有降低风险、便利融资等优点,因而取得了极大成功,但现在又因时代发展而遭遇了挑战。对运输而言,发生了提单比实际货物迟延到达交货港的情况,无单放货纠纷频发。对融资而言,出现了审单环节费时耗力的问题。银行审核信用证项下单据时,由于"单证相符"的严格要求,以及各银行对审单标准的掌握不同等原因,导致出现大量没

---

① 国际贸易中最常用的支付方式一般认为有四种:预付现金、赊销、跟单托收和跟单信用证。其他还有国际保理、福费廷、返销等多种方式。
② 对跟单信用证的好处及其适应无纸化贸易的必要性的讨论,可参见 Emmanuel T. Laryea, Payment for Paperless Trade: Are There Viable Alternatives to the Documentary Credit? *Law and Policy in International Business*, Vol. 3, 2001。
③ United City Merchants (Inv.) Ltd. v. Royal Band of Canada., [1982] 2 Lloyd's Rep. 1.
④ 谢怀栻:《票据法概论》,法律出版社1990年版,第20页。
⑤ 《90%的物流企业还不会玩仓单,其实很有用!》,载万联网(http://info.10000link.com),2015年12月7日。

有必要的拒付,降低了交易效率。据估计,有一半到三分之二的单据在第一次提交时会被拒收。而据国际商会(ICC)统计,在全球,每年有约 30%跟单信用证遭到拒付,在个别地区甚至超过 50%。由此造成了货物交付和货款支付的延迟以及银行之间的争议。跟单信用证的开立与运行遵循特定的流程:签订合同—申请开立信用证—运输货物—提交单据—单证相符—收付汇。据 ICC 统计,即使在环球物流体系日新月异的今天,使用信用证结算,平均每单交易耗时将近 11 天。此外,基于单证的欺诈频发,更是成为国际贸易中的一大痼疾。

国际贸易中由于使用纸质单据而发生的单据浪费纸张、传递速度慢、容易被伪造等问题日益严重,已直接影响到国际贸易的正常秩序,以至于其存在价值开始广受质疑。早在 20 世纪 80 年代,就有人质疑"提单,我们真的还需要它吗"并引起广泛共鸣。[①] 虽然当前提单仍然在国际贸易中大量使用,但在短途运输等运输类型中,不可转让的海运单使用越来越多。而在必须使用提单的情况下,也在采用各种方法使提单部分电子化。汇票曾经是国际结算中使用最广泛的一种信用工具,但现在国际贸易中已经使用得越来越少。据对中国银行业的调查访谈,国际贸易中使用汇票的情况连年呈下降趋势。不仅中国如此,在美国也如此。美国银行承兑汇票和商业承兑汇票是互不隶属的两个子市场,其中银行承兑汇票主要用于国际贸易,以解决进口商和出口商相互缺乏了解、互不信任的问题。由于银行承兑汇票以商品交易为基础,又有出票人和承兑银行的双重保证,信用风险较低,流动性强,在美联储成立后曾极力提倡银行承兑汇票的使用。但进入 20 世纪 80 年代后,美国银行承兑汇票市场增长速度明显下降,在国际贸易支付中的重要性日渐减弱。

纸质可转让单证使用中的问题不加以解决,原有的"单证对流"的国际贸易模式已很难坚持下去。

3. 从"单证对流"到"电子可转让记录对流"

近年来,国际贸易中开始发展出一些新的流程,以尽量避免可转让单据的使用。例如在海运中用不可转让的海运单代替提单。海运单在各方面都与提单相似,最大的不同就是不可转让。海运单的持有人只要证明自己的身份,不需出示海运单就能提货。上一世纪 90 年代,在北大西洋航线上就已经有超过 70%的班轮货物是在海运单下运输的。而在结算环节,则有 ICC 最

[①] 参见 A. Lloyd, The Bill of Lading: Do We Really Need It? *Lloyd's Maritime and Commercial Law Quarterly*, Vol. 47, 1989。

近力推的 BPO(Bank Payment Obligation)。① BPO，即银行支付责任，可以简单定义为一家银行对另一家银行作出的有条件的不可撤销的独立付款承诺，承诺在数据电子比对(electronic matching of data)成功后的某一特定日期付款。数据电子比对成功需要由 SWIFT 的贸易公共服务框架平台(Trade Services Utility，TSU)或任何同等的交易比对设施(Transaction Matching Application，TMA)出具比对报告(match report)。② 国际商会银行委员会专门拟定了《银行支付责任统一规则》(The Uniform Rules for Bank Payment Obligations，URBPO)为其提供国际法律框架。这种模式下，贸易双方签订合同后，买卖双方分别向银行提交提取自货物订单中的关键数据，买方银行(obligor bank)和卖方银行(recipient bank)就来自客户基础合同的关键数据通过 TMA 进行订单信息匹配，并达成交易框架。卖方装货发船后，向银行提交发票和运输等重要单据的关键数据，TMA 将这些单据数据与之前的订单数据进行匹配，数据一旦匹配成功，开立 BPO 的银行就承担付款责任并按先前约定对外付款。③

BPO 是一种国际贸易结算的替代方案，与信用证方式有明确区分。这是一种纯银行间的工具，买方和卖方并不介入。BPO 模式中，银行收到卖方向承运人交货的信息即付款。这种模式被认为有诸多好处，特别是使交易速度极大提高。④ 但其最大缺点，是银行不掌握任何物权凭证，因而这种支付完全依赖于银行之间的相互信任，同时买方也无法保证付款后一定能拿到货物。国际贸易融资有各种风险，物权保障增加了银行融资的信心，扩大了融资的对象，减少了融资的成本。在实践中，虽然有国际商会的力推，但 BPO 使用范围并不广泛。

在"商航合一"阶段，通行的贸易规则是"钱货两清"。在"商航分离"阶段，通行的贸易规则是"对单付款"。BPO 似乎尝试将贸易规则变为"凭信息

---

① 关于 BPO 更详细的介绍可参见国际商会官网:http://www.iccwbo.org/About-ICC/Policy-Commissions/Banking/Task-forces/Bank-Payment-Obligation-(BPO)，2018 年 7 月 30 日。
② 参见 Klaus Vorpeil，Bank Payment Obligations：Alternative Means of Settlement in International Trade，*International Business Law Journal*，Vol.41，2014。
③ 参见林清胜、周星:《BPO 结算的拓展和使用》，载《中国金融》2014 年第 13 期;王桂杰、汤志贤:《BPO,跟单信用证结算的终结者?》，载《中国对外贸易》2013 年第 5 期。
④ 根据 ICC 的介绍，BPO 有诸多优势。例如，对银行来说，可以实现自动化操作，无需审单，从而减少审单过程中的不确定因素，降低因存在不符点被拒付的风险，节约人力成本；避免履约风险，有利于加强沟通协作，汇款更快更安全；增强与预付款、赊销、信用保险等结算方式的竞争能力;增加就业机会，如付款保证，装运前、装运后的融资等;通过融资,更好地掌握客户财务状况和资金动向。对企业来说，无纸化交易可以加快货物流转速度，节约开证成本，降低交易成本;提升业务处理效率，对进口商而言，不必开立信用证，对出口商而言，电子交易数据匹配可减少被拒付，收汇更有保障;可获得一种新的全面的、低成本的风险缓释和融资的工具;便于中小企业获得融资，缓解融资难。

付款",但由于信息不是权利凭证,不能代表货物,不能给银行提供任何付款保障,因而无法取代传统的跟单信用证模式。

更简单的方式,则是回到直接付款的支付方式。自跟单信用证问世以来,一直是国际贸易中使用最为广泛的支付方式之一。在20世纪60—70年代,全球进出口贸易额的85%以上都是通过信用证结算。但其后信用证结算的比例逐年下降。现在很大部分国际贸易结算都是通过买卖双方之间直接的汇付来进行的。但汇付风险大、资金负担不平衡的缺陷使其无法真正满足国际贸易中的需求。

将纸质单据变成"电子可转让记录",实现"电子可转让记录对流",是另一种可能的解决方案。卖方发货后取得电子提单,买方得到电子提单后支付电子票据。电子化后的单据同时具有信息传送快、便于自动化处理的优点,又具有纸质单据作为权利凭证的优点,因而"对电子可转让记录付款"比"对单付款"更快,比"对信息付款"更安全。与纯粹的电子信息相比,电子可转让记录保留了纸质单据的支付/交付功能及信用、融资功能,而这些作用不仅在国际贸易的早期阶段发挥过巨大作用,在今天仍然很重要。

即使在当今的国际贸易环境中,可转让单据的作用仍然很重要,难以被一弃了之。可转让单据实现电子化,可以促进其在经济活动中继续发挥作用,甚至发挥更大的作用。可转让单据升级为"电子可转让记录",也许是电子化时代国际贸易模式全面升级的最佳路径。然而,由于目前"电子可转让记录"发展不畅,已为这一路径的可行性打上了很大的问号。

(四) ETR 发展不畅的法律原因

1. 传统法律对可转让单据的"纸质"要求

可以说,"可转让单据"与"电子化"在本质上是矛盾的。可转让单据的根本特点,是权利与单据这张纸结合在一起,需要依靠"纸张"这一物理存在来证明和转让权利。而电子化的根本特点,则是在电脑与网络组成的开放环境下从事各种活动,是"无纸化的"。电脑可以处理信息,却不可以处理实物;同样,网络可以传输信息,却不可以传输实物。单据作为一个必须具备的实物凭证,无法通过网络进行传送。这种"单据"与"无纸化"的对立,在法律上就体现为可转让单据电子化必须面对传统法律对"纸质"的要求。

传统法律中承认的可转让单据,都是纸质的单据。虽然与"书面""签字""原件"等要求不同,法律很少明确规定"纸质"的要求,但这一要求暗含在可转让单据法的一系列重要概念中。

首先,"票据""单据"在中文中本身就是纸质的意思。在《ETR示范法》起草时,"可转让单据"前本来使用了"纸质"的前缀,但中文、阿拉伯文、英文和俄文的文字专家都认为其文字中"单据"已经含有"纸质"的意思,因而为了表达的简洁,在中文、阿拉伯文、英文和俄文版本中放弃了"纸质"的前缀,仅在法文和西班牙文中,为了语言上明确起见,在"可转让单证或票据"前加上了"纸质"一词。①

其次,"持有"是可转让单据法律规范中最核心的概念。有价证券者,利用其所表彰之权利时,以其占有为私法上要件之证券也。有价证券法的全部制度,都在于保护"持有人"的权利。例如,我国《票据法》第4条规定:"……持票人行使票据权利,应当按照法定程序在票据上签章,并出示票据。……本法所称票据权利,是指持票人向票据债务人请求支付票据金额的权利,包括付款请求权和追索权。……"我国《海商法》第71条规定:"提单,是指用以证明海上货物运输合同和货物已经由承运人接收或者装船,以及承运人保证据以交付货物的单证。……"其中"据以交付货物"表明权利人是持有提单的人。第78条也规定:"承运人同收货人、提单持有人之间的权利、义务关系,依据提单记载的规定确定。"仓单的权利也是归于仓单持有人。我国《合同法》第387条规定:"仓单是提取仓储物的凭证。存货人或者仓单持有人在仓单上背书并经保管人签字或者盖章的,可以转让提取仓储物的权利。"票据、提单和仓单的权利行使都以持有单据为条件。在单据遗失等情况下,只有通过法定的公示催告程序才能行使权利。而有价证券法中的"持有"是指合法占有,"占有"在民法中则是指对有体物的物理上的实际支配。没有有形的纸张,就没有占有,也没有持有。

再次,对纸质的要求也体现在"背书"这个概念中。"背书"是有价证券权利转移最重要的程序性要求。而"背书"并非任何签名,而必须是在"纸质的背面"签名。这种形式上的要求在票据法上体现得尤为清楚和严格。我国《票据法》第27条第4款规定:"背书是指在票据背面或者粘单上记载有关事项并签章的票据行为。"第28条规定:"票据凭证不能满足背书人记载事项的需要,可以加附粘单,粘附于票据凭证上。粘单上的第一记载人,应当在汇票和粘单的粘接处签章。"签名签在其他地方就没有背书的效力。我国《海商法》也规定了背书。其第79条规定:"提单的转让,依照下列规定执行:(一)记名提单:不得转让;(二)指示提单:经过记名背书或者空白背书转让;

---

① 参见联合国国际贸易法委员会《电子可转让记录示范法解释性说明》,第39段。

(三) 不记名提单:无需背书,即可转让。"我国《合同法》第 385 条规定:"存货人交付仓储物的,保管人应当给付仓单。"第 387 条规定:"仓单是提取仓储物的凭证。存货人或者仓单持有人在仓单上背书并经保管人签字或者盖章的,可以转让提取仓储物的权利。"我国《海商法》和《合同法》都并未对何为"背书"加以定义,但根据大陆法系的传统,应该"准用"《票据法》中的相关规定。

最后,对纸质的要求还体现在"格式"的要求中。这同样在票据法中体现得尤为明显。如我国《票据法》第 108 条规定:"汇票、本票、支票的格式应当统一。票据凭证的格式和印制管理办法,由中国人民银行规定。"我国《支付结算办法》第 120 条规定:"签发支票应使用碳素墨水或墨汁填写,中国人民银行另有规定的除外。"

2. "纸质"要求阻碍了 ETR 发展

由于 ETR 不具有纸质形式,不符合法律的明确规定。因而其虽然自称为"可转让记录",是否真的法律意义上的可转让并不明确。而法律地位不明确,对 ETR 的价值构成了根本性损害。因为 ETR 本身只是一组并无价值的电子信息,有人愿意接受 ETR,对 ETR 付费,前提是确信 ETR 能代表一笔金钱或一票货物。如果这个确信被动摇,受让 ETR 的意愿会显著减弱或丧失。纸质可转让单据在国际贸易中能广泛使用,与其具有较为稳定的国际法律环境有关。如早在 19 世纪末各国就开始了解决票据法冲突、统一国际票据法的努力。国际联盟牵头制定的 1930 年《统一汇票本票法公约》和 1931 年《统一支票法公约》很大程度上统一了大陆法系各国的票据法。1988 年,联合国通过了《国际汇票和国际本票公约》,意图进一步统一日内瓦票据法体系与英美法票据法体系。关于提单不像票据那样存在广泛适用的国际公约,但"提单代表货物本身"这一规则却是广泛接受的商业惯例,而且在许多国家法律中也有相应体现。[①] 故意模糊电子记录与纸质单据在法律地位上的不同,对电子记录的受让人并不公平。法律地位是否明确,会直接影响业界对电子可转让记录的接受度。

从当前 ETR 使用情况来看,不少国家制定有电子票据的法律,对电子提单、电子仓单则很少有这类立法。相应地,同样是可转让单据的电子对等物,电子票据明显比电子提单、电子仓单的使用要普及。由于目前还没有普遍承认的电子可转让记录的国际规范,必须在国际范围流通的电子提单就很难推广使用,而电子票据的使用主要在一国境内,很少有进入跨国流通的实例。

[①] 参见郭瑜:《提单法律制度研究》,北京大学出版社 1997 年版,第 83—84 页。

对电子可转让记录发展不畅的原因,已经有过很多探讨。有人认为这只是商业界人士的保守态度所致,有人将其归因于系统设计不够合理①,也有人认为可转让单据从性质上看根本就不能电子化。但一个容易被忽略的简单事实是,在传统法律的语境下,电子可转让记录根本就不是与可转让单据同样的东西。由于没有一个稳定的法律地位,没有形成支持性的国际法律环境,电子可转让记录不能做到全球自由转让,这是它发展不畅的一个关键原因。例如电子提单没有被广泛接受,一个重要原因就是缺乏法律规范,法律效力和价值不确定,因而商人们对接受电子提单有疑虑而更愿意要传统纸质提单。② 而当前进入商业实践的"电子提单"往往都是卖方推动,也很清楚地说明了这点。③

---

① 如 SeaDocs 失败的主要原因被认为是中央登记处不够中立,由于是由银行和船东设立的,其他银行不愿委托一家竞争对手作为代理人。
② 参见 C. Pejovic, "Main Legal Issues in the Implementation of EDI to Bills of Lading", *European Transport Law*, 1999, p. 163。其指出:"One of the main reasons why electronic bills of lading are not used more in practice is the lack of legal regulation which causes concern to the parties regarding their legal value and effect, so that they hesitate to accept electronic bills of lading and prefer traditional paper documents." 也可参见 A. Higgs and G. Gumphreys, "Waybills, A Case of Common Law Laissez Faire in European Commerce", *Journal of Business Law*, 1992, p. 453。
③ 关于当前"电子提单"的"卖方推动"情况,参见后文关于中国电子提单实践的调查。

二、法律"纸质"要求的目的及重要性

(一)"纸质"的"功能等同"难题

1. 纸质的"独一无二"性

在《电子商务示范法》《电子签名示范法》《电子通信公约》等一系列立法中,联合国国际贸易法委员会采用"功能等同"方法,先后克服了"书面""签字""原件"等与"纸质"相关的法律要求对电子化造成的法律障碍,使这些要求不再被视为电子化的拦路虎。[①] 联合国电子商务系列立法影响了许多国家包括中国的国内立法。[②]

"书面"的功能被认为主要在于可以有形地表现所载内容。联合国国际贸易法委员会《电子商务示范法》第 6 条规定,要满足"书面"的要求,一项数据电文所含的信息必须是可以随时查找到以备日后查阅。这一条对"书面"的规定注重于信息可以复制和阅读这一基本概念。[③] 我国《合同法》第 11 条规定,书面形式包括数据电文,如电报、电传、传真、电子数据交换和电子邮件等可以有形地表现所载内容的形式,除了强调"书面"具有的"可以有形地表现所载内容"这一功能,更直接将数据电文视为书面形式的一种。[④]

"签字"的功能被认为主要在于表明签字人意思表示的真实性。联合国国际贸易法委员会《电子商务示范法》第 7 条侧重于签字的两种基本功能:(1) 确定一份文件的作者;(2) 证实该作者同意了该文件的内容。该条第 1 款确立的原则是,在电子环境中,只要使用一种方法来鉴别数据电文的发端并证实该发端人认可了该数据电文的内容,即可达到签字的基本法律功能。[⑤] 联合国国际贸易法委员会《电子签字示范法》对"签字"功能的认定与

[①] 早在 20 世纪 90 年代,联合国国际贸易法委员会就已采用"功能等同"法处理电子数据交换的相关问题。参见 A/CN.9/WG.IV/WP69。
[②] 我国《电子签名法》就是受《电子签名示范法》影响而制定的。
[③] 联合国国际贸易法委员会《电子商务示范法颁布指南》,第 50 段。
[④] 我国《合同法》第 11 条规定:"书面形式是指合同书、信件和数据电文(包括电报、电传、传真、电子数据交换和电子邮件)等可以有形地表现所载内容的形式。"
[⑤] 联合国国际贸易法委员会《电子商务示范法颁布指南》,第 56 段。

《电子商务示范法》完全一致。① 我国《电子签名法》第 2 条第 1 款规定:"本法所称电子签名,是指数据电文中以电子形式所含、所附用于识别签名人身份并表明签名人认可其中内容的数据。"其对签字功能的理解与联合国国际贸易法委员会《电子商务示范法》基本一致。该法同时承认,符合法定条件的电子签名与手写签名有同一法律地位。

"原件"的功能被认为主要在于表明文件所载内容的真实性。"原件"意味着原样未改动的,是增强对文件所载内容的信心的因素。联合国国际贸易法委员会《电子商务示范法》第 8 条把原件概念与证明和核实的方法相联系,并将重点放在为了满足原件要求所必须遵守的证明和核实的方法上。② 按照《电子商务示范法》和《电子通信公约》的规定,电子通信满足以下两点即可构成原件:(1)信息的真实性有可靠保障;(2)信息能够显示给适当的人。按照这种方法,同一电子通信的多份复件可作为原件。③ 我国《电子签名法》第 5 条规定,符合以下两个条件的数据电文视为满足法律对原件的要求:(1)能够有效地表现所载内容并可供随时调取查用;(2)能够可靠地保证自最初形成时起,内容保持完整、未被更改。④

遗憾的是,以上立法都未能改变与可转让单据的纸质要求有关的法律。因为对可转让单据而言,法律对"纸质"的要求,除了包含"书面""签字""原件"等的内容,还包含一个独特的成分,即作为权利的"凭据"。⑤ 而单据能作为凭据,原因是它作为有体物是独一无二的。正因为单据是独一无二的,所以才可以将一份单据与一个权利相对应,使一个权利被"锁定"在一份单据上。一个权利只能对应一份单据。如果一个权利对应多份单据,单据"锁住权利""以此为凭"的作用就落空了。单据作为"凭据"的功能,与其作为"书面"文件的功能、书面文件上的"签字"的功能,以及作为书面文件特性的"原

---

① "在起草新示范法时,已作出一切努力,确保与贸易法委员会《电子商务示范法》实质内容和术语保持一致。"联合国国际贸易法委员会《电子签名示范法颁布指南》,第 66 段。
② "它把原件概念与核证方法相联系,为达到原件要求,重点是放在核证方法之上"(It links the concept of originality to a method of authentication and puts the focus on the method of authentication to be followed in order to meet the requirement)。《电子商务示范法颁布指南》,第 65 段。
③ A/CN. 9/WG. IV/WP115,第 16 段。
④ 在商事活动中,有许多涉及"原件"要求的贸易文件,如原产地证书、质量证书等,这些文件虽然不能流通,但同样必须是"原件"才有效。
⑤ 一开始"凭据"的功能似乎并未被充分认识到。如有学者认为满足书面和签名及证据的功能,一份电子可转让记录就可以等同于纸质可转让单据。参见 Leif Gamertsfelder, Electronic Bills of Exchange: Will the Current Law Recognize Them? *University of New South Wales Law Journal*, Vol. 21, Issue 2, 1998, pp. 566—577。

件"的功能,是分别独立的不同功能。① 作为"凭据"的可转让单据,不仅应该有形地表现所载内容,是其上签名的人认可的,内容是真实的,还必须是独一无二,或者说是"唯一""单一"的。

"原件"的要求常常被与"独一无二性"相提并论。在纸质环境中,一份文件是"原件",再加上只能签发一份"原件"的法律要求,通常就能保证文件的独一无二。也许正是因为这个原因,在有价证券的法律中通常不是要求"原件"而是要求"正本"。"正本"往往隐含着份数的限制。② 然而,由于联合国国际贸易法委员会相关电子商务立法中将"原件"的功能限制在保证内容的"真实性",而内容是真实的,并不等于内容的载体是不可复制的,这使符合"原件"要求并不足以保证"单一性"。"必须认识到,可转让单据应具有独一无二性的要求(即单一性保证要求)不同于应以原件形式提交或保留此类单证的要求。《电子商务示范法》和《电子通信公约》都承认这种区别,为将此类要求移植于电子环境,对这些要求作了分别处理。"③

举例说明。当一个托运人要通过电子签名背书转让一份电子提单,他会先在提单上用自己的私钥加密,发给受让人。签署后,如果托运人要对签名或数据电文进行改动,那么这种改动将轻易被识别,因为这种改动将导致用公钥解密的失败,因为公私钥是配对的。受让人能用公钥打开文件,就知道这份提单是托运人授权转让给他的,内容真实无误。但是受让人怎么知道托运人没有把这份提单同时出让给 10 个人呢?电子签名并不致力于解决这个问题。

与"书面""签字""原件"不同,法律中很少直接要求单据"独一无二"。但实际上,这一要求已经包含在"纸质"的要求和单据"可转让"的性质中。"纸质"单据作为有体物,必然是独一无二的。法律首先在单据的签发环节要求对一个权利只能签发一份纸质单据;然后规定单据不得伪造、变造,保证只有一份单证在流通;最后规定只能对单据持有人履行义务,而且履行义务必须收回或注销单据。这些规定使单据与权利始终保持"一一对应"关系。以提单为例,我国《海商法》第 72 条第 1 款规定:"货物由承运人接收或者装船后,应托运人的要求,承运人应当签发提单。"即一份提单应与一批特定的货物对

---

① 事实上在有些法域,"书面""原件"和"签字"这几个概念也是可以相互重叠的。但联合国国际贸易法委员会《电子商务示范法》把它们作为三个不同的概念加以处理。参见《电子商务示范法颁布指南》,第 62 段。
② 在英文中,"原件"和"正本"都用"original"表示,但在中文中这两个词语的差别还是很明显的。《ETR 示范法》中文版中本来是用"原件"来对应"original",但后来根据中国专家的意见改成了"正本"。
③ A/CN. 9/WG. IV/WP115,第 15 段。

应。同时,我国《海商法》第 71 条规定:"提单,是指用以证明海上货物运输合同和货物已经由承运人接收或者装船,以及承运人保证据以交付货物的单证。……"提单是承运人保证据以交付货物的单证,而货物只有一份,提单当然也只应该有一份。所以法律要求提单时,这份提单就应该是与货物对应的唯一的一份提单。仓单和票据的情况与提单相同。仓单是提取仓储物的凭证①,票据的签发、取得和转让,应当遵循诚实信用的原则,具有真实的交易关系和债权债务关系②,这些规定也都包含了一批货物、一次交易只应对应一份仓单、一份票据的要求。《跟单信用证统一惯例》(UCP 600)中要求提交的提单必须是"唯一正本提单"(sole original bill of lading),直接用文字明确表达了对"独一无二"的要求。

提单和票据在商业实践中都有签发一式多份正本的习惯做法,这种做法并不违反提单和票据的"独一无二"性。以提单为例,过去邮件传送不是很可靠,为了避免提单在传送过程中丢失而妨碍提货,托运人往往要求承运人签发一式三份正本提单,然后通过不同途径递交收货人。一式三份正本提单视为一套,一起对应一批货物。每份提单上通常都会注明总的份数和自己是第几份。在目的地交货时,一份正本提单提货后,同一套中的其他提单自然失效。在变换目的港等情况时,则往往需要提交全套正本提单以保证交货的正确性。UCP 600 中也规定,如果是签发了多份正本,则需要在每份正本上注明总的份数,并且在向银行提交时需要提交全套提单。可转让单据的"独一无二"并非指物理上的唯一,而是指将权利附着在这份单据上的人不会将权利附着在另外的单据上。签发一式多份正本并不违反"独一无二"性,因为签发人将一份权利附着在这些正本的整体上,这些正本不能分开代表多份权利,也不存在其他单据代表这些正本代表的同样的权利。提单签发时,承运人将"占有"的权利移交给受签发人。提单转让时,前手将"占有"的权利移交给后手。承运人或前手都不能在转让出一份提单后,再以提单的形式转让已经被转让的权利。

传统法律建立在纸质单据只有一份的假设上,并有一整套的法律制度来处理单据造假和欺诈的问题。如我国《刑法》第 177 条规定了"伪造、变造金融票证罪"等。③

---

① 参见我国《合同法》第 387 条。
② 参见我国《票据法》第 10 条第 1 款。
③ 根据我国《刑法》第 177 条的规定,伪造金融票证罪是指伪造、变造汇票、本票、支票、委托收款凭证、汇款凭证等的行为。金融票证是商品交换和信用活动的产物,对于加速资金周转,提高社会资金使用效益以及促进商品流通等具有重要意义。伪造、变造金融票证的违法犯罪活动不仅损害了有关当事人的正当权益,更破坏了国家的金融票证管理制度,妨害了经济健康有序发展。

2. "独一无二"要求对电子记录的挑战

纸质单据上记载的全部信息及其书写格式都可以被输入电脑系统制作成对应的电子记录,但纸质单据与其对应的电子记录却有质的不同。纸质单据作为一个实物,本身具有物理上的独一无二或唯一性。而电子记录由电子信息组成,信息的特点是可以轻松复制不留痕迹。同时,电子信息的传递恰恰是通过复制而实现的。这种区别就犹如书信和电子邮件的区别。书信寄走了,收信人收到,发信人就没有了。电子邮件寄走了,收信人收到,发信人手里却仍然有一份。这种区别使得将权利"锁定"在电子信息上变得不可靠。以提单为例,提单被称为"打开浮动仓库的钥匙",人们放心在收到提单时支付货款,是因为相信"这把钥匙"是唯一的,拿到提单就一定能拿到货物。如果现在仓库的锁换成了密码锁,密码可以告知无限多个人,仅仅获知密码本身是无法排除其他人知道这个密码的可能性的,那么有多少人愿意以支付货款为条件换取密码呢?因此,电子信息虽然可以制作成可转让单据的样子,但在证明和转让权利方面是不可靠的。也可以说,这里引发关注的不是信息的内容问题,而是信息的载体问题。

用网络可以传输信息,但不可以传输物品,也不可以传输现钞。即使有再好的打印机,如果用网络传输现钞再打印出来,那就成了伪造货币。与现钞一样,有价证券也是不能伪造的。伪造有价证券同样涉嫌犯罪。

单据的独一无二性要求它是存在的唯一单证,任何复件可明确辨认出是复件。设计一种关于电子可转让记录的法律制度时,面对的关键挑战是界定一种机制,来处理单据的独一无二性要求。一份电子信息要取代一张纸质单据,必须同时具有"书面""签字""原件"的功能,但不仅如此,还必须具有"独一无二"的功能,而这是以往立法中都没有处理过的功能。联合国国际贸易法委员会秘书处的研究报告很早就指出:克服电子环境的书面和签字问题并没有解决可转让问题,也许可转让性问题是国际贸易实践中采用电子可转让记录方面最具挑战的问题。①

《ETR 示范法》制定之初即提出,有形财产权益转让的方法一般依据两个法律概念,即同意原则和交付原则。当事方通常除了采用法律规定的方法以外一般不能随便创造转让方法。如果为转让财产权,法律要求实际交付货物,那么当事人之间仅仅交换电文便不足以有效转让财产权,而不论当事人转让财产权的意愿如何明显。因此,即使在法律承认电文或电子记录的法律

---

① A/CN.9/WG.IV/WP.69,第 55 段。

价值和有效性的法域,如果不对有关财产权转让或完善担保权益的法律进行修订,单纯靠这类电文或电子记录也无法有效转让产权或完善担保权益。[1]因此,克服电子环境中书面和签字的问题并没有解决流通性问题。由物权凭证所体现的货物权通常必须以实际拥有原始书面文件(提单、仓单等)为先决条件,"现在通常不存在商业当事方通过交换电文即可如同书面文件一样有效转让法律权利的任何法定手段"。对流通票据所体现的权利而言,这一结论基本上也是有效的。"流通票据的法律制度……实质上是依据有形原始文件的方法,该方法的特点是可当场立即对书面文件进行直观核实。根据现行法规,流通性与原始书面文件的实际占有是无法分开的。"[2]

电子信息如何复制纸质单据的"独一无二"特性,使电子信息及其载体在证明权利方面由不可靠变得可靠,这是各种"电子可转让记录"在技术设计上的最大难点。这一困难不解决,可转让单证的电子化就难以实现。电子可转让记录立法的难点,则在于如何要求电子记录复制纸质单据的"独一无二"。

(二)"纸质"要求的目的:保证"请求权单一"

传统法律要求"纸质"是看中了纸质"独一无二"的特性。那么要求"独一无二"性又是为了什么呢?

《ETR示范法》制定时,最早达成的共识之一,就是确认传统法律中对可转让单据的"纸质要求"是为了保证"请求权单一"(singularity of claim)。在第四工作组第四十五届会议上就曾指出:"虽然纸质可转让单据依赖的推定是,只存在一份原始正本单证,但此种要求的真正目的,是为了确保只有一方当事人有权要求履行可转让票据所体现的某种义务。"[3]"因此,设计一种涵盖电子可转让记录的法律制度时,面对的关键挑战是界定一种功能等同机制,处理此类记录的独一无二性或单一性要求。在这方面,必须指出独一无二性或单一性的功能是提供适当的保障,保证只有一个债权人对履行单证所体现的义务享有权利。这一点是通过消除有多份体现相同权利的可执行单证流通的可能性来实现的。"[4]

那么可转让单据制度下又为什么要求保证"请求权单一"呢?因为"请求权单一"是单据"可转让"的基础。提单和仓单是物权凭证,代表货物本身。

---

[1] A/CN.9/WG.IV/WP.90,第33段。
[2] A/CN.9/WG.IV/WP.90,第35段。
[3] A/CN.9/737,第25段。
[4] A/CN.9/WG.IV/WP.115,第18段。

"一物一权"是物权法上的基本原则。一票货物对应两个物权凭证,违反了"一物一权"的基本原则。票据是广义货币。签发票据必须有真实的交易关系。一个债务对应一份以上的票据,违背了"真实的交易关系"的要求,会导致类似于货币超发的效果。可转让单据制度是一个加速权利转让的制度,而不是无中生有,创造新货物或新资金的制度。如果不能保证请求权单一,可转让单据制度的性质就会发生根本改变,由此会产生一系列无法解决的后果。

(三)"请求权单一"作为"可转让性"的基础

1. 可转让单据的"可转让性"

可转让单据制度是一种财产权转让的制度,但是一种很特别的财产权转让制度。商事活动中权利转让一般是通过缔结合同来完成的。通过可转让单据来转让是权利转让的一种特殊形式,与一般性的通过合同转让权利在效力上非常不同。

按大陆法系包括我国的法律理论,提单、票据、仓单等都属于"有价证券"。有价证券的转让可以被称为权利转让的"加强版"。这种"加强"体现在两个方面:简化权利转让的程序,强化权利转让的效力。在具体的转让规则上,提单、票据和仓单等各有一些不同的地方,而对权利转让特殊性体现得最全面的是票据。提单、仓单等的转让规则在单行法规定不够全面时,往往"准用票据法规定"。

就权利转让的程序而言,依民法规定,债权让与和债务承担都受有一定限制,债权让与一般必须以书面通知债务人,让与才对债务人生效。而有价证券凭交付或背书加交付单据本身就可转让权利,无需通知债务人。通过有价证券移转权利更为方便与迅速。

就权利转让的效力而言,有价证券法具有文义性、无因性等规定。所谓文义性,是指有价证券的权利内容完全依据证券表面记载的文义而定,不受其他证据影响。严格的文义性规则下,单据持有人仅凭单据就可以主张权利。如我国《票据法》规定,票据出票人按照所记载的事项承担票据责任。[①] 我国《海商法》也明确规定:提单是承运人已经接收货物或货物已经装船的初

[①] 我国《票据法》第4条第1款规定:"票据出票人制作票据,应当按照法定条件在票据上签章,并按照所记载的事项承担票据责任。"

步证据,对托运人以外的第三方是最终证据。① 我国法律对仓单的文义性没有明确规定,但其他一些国家有相关规定,如日本《商法典》第602条规定:"寄存证券及质入证券制成后,仓库营业人及证券持有人间有关寄托事项,以其证券记载为准。"所谓无因性,是指有价证券的权利成立与行使与有价证券下的权利得以发生的事实相互独立。票据是典型的无因证券。"所谓无因,是指票据如果具备票据法上的条件,票据权利就成立,至于票据行为赖以发生的原因,在所不问。"②我国《票据法》第13条第1款规定:"票据债务人不得以自己与出票人或者与持票人的前手之间的抗辩事由,对抗持票人。但是,持票人明知存在抗辩事由而取得票据的除外。"提单的"无因性"不如票据强,但仍有体现。如我国《海商法》第78条第1款规定:"承运人同收货人、提单持有人之间的权利、义务关系,依据提单的规定确定。"③

　　文义性、无因性等规定一方面强化了债务人地位,另一方面也强化了债权人地位。在强化债务人地位方面,在民法上,债务人原则上"必须依债务本旨,向债权人或其他有受领权人为清偿,经其受领者,债之关系消灭"④。但有价证券制度中,就无记名证券而言,原则上发行人对持有人已为给付者,虽持有人就证券无处分之权利,亦免其债务。⑤ 票据付款人仅需审查持票人之形式资格,而无需调查持票人之实质资格,以期付款人得快速付款。具体而言,票据付款人对于背书签名之真伪及持票人是否为票据权利人,原则上也不负认定之责,但有恶意及重大过失时除外。在强化债权人地位方面,由于有价证券将权利与证券结合,因此受让证券者,原则上即取得证券上所表彰之权利,由此可推定持有人具备"合法有此权利"的资格。持有人虽然未必是有价证券的真正权利人,但除非债务人能证明持有人并非真正的权利人,否则债务人仍必须对持有人给付。另外还有善意取得的保护,如票据权利"后手优于前手"。普通债权让与时,债务人所有能对让与人行使的抗辩,都能对受让人行使。这样,每当债权让与一次,债务人能行使的抗辩就可能多一些,相应地新债权人可能受到的攻击也就更多。按这种规则转让债权,转让次数

---

① 我国《海商法》第77条规定:"除依照本法第75条的规定作出保留外,承运人或者代其签发提单的人签发的提单,是承运人已经按照提单所载状况收到货物或者货物已经装船的初步证据;承运人向善意受让提单的包括收货人在内的第三人提出的与提单所载状况不同的证据,不予承认。"
② 王小能:《中国票据法律制度研究》,北京大学出版社1999年版,第16页。
③ 但仓单是要因还是无因证券,我国《合同法》只规定仓单是"提取仓储物的凭证",没有说是最终证据。学理上也无定论。参见翁晔:《仓单为要因证券的分析》,载《福建轻纺》2010年3月25日;陈芳:《仓单法律性质之研究》,载《海大法律评论》2008年。
④ 参见我国台湾地区"民法"第309条。
⑤ 参见我国台湾地区"民法"第720条第2项规定:"发行人依前项规定已为给付者,虽持有人就证券无处分之权利,亦免其债务。"

越多,受让人就越不愿接受转让。而与普通债权让与的这种抗辩累积不同,票据法规定通过票据转让让与债权时,债务人对新债权人的抗辩要受到一定限制,即所谓"后手权利优于前手"。这是为了保障交易安全。① 这些规定使通过有价证券行使权利和履行义务更加确定。

"藉由将证券与权利结合之方法,其目的主要在于提高有价证券之流通性。质言之,由于有价证券具有权利与证券结合之特性,不仅可简化权利转让之程序,亦能强化权利转让之效力。"② 为此,也可以说,普通债权让与侧重于保护债务人的利益,而有价证券转让则侧重保护受让债权的受让人的利益。

英美法中没有与大陆法"有价证券"一词完全对应的概念,而另有"流通证券""商业证券"等词。同时,英美法区分了"可转让"与"可流通"。票据是"可流通的",提单则是"可转让的"或"准可流通的"。英美法系中流通证券的特点基本与大陆法系一致。根据英美法系的理论,流通证券的债务有一大特点,就是独立于基础关系。只要善意持有人就可以主张债权,并不需要其他证明。同时,支付义务应该是确定和无条件的。具体到票据,票据的好处是转让方便、债权独立、可流通等,更重要的,可在市场出售。"有信用的商人出具的远期汇票可以方便地在市场出售,使卖方或其他持有人不用持有汇票而可在到期日前将其变现,而一份普通合同上的债权却没有一个变现的成熟的市场。因此一个出口商将为支付货物价格开具的汇票兑现要远比将一个买卖合同本身兑现容易。"③ 另外,票据还有执行快的特点。"因为需要保护汇票的可在市场出售的地位,法院特别不愿意接受就票据诉讼提起的抗辩,因此大多数案件会在案件提起几个星期内就以简易程序判决。"④

英美法系中与"流通证券"相对应的"可转让单据"主要是指转让时后手权利并不优于前手的单据,其区别主要是持有人的实体权利不同。值得注意的是,《ETR 示范法》所讲的"可转让单据"并不仅限于英美法系所讲的"可转让单据"而是包括"可流通单据"。《ETR 示范法》定义条款中列明的示范清单清楚指明其包括票据。《ETR 示范法》的起草历史也表明,《ETR 示范法》实际想解决的是"可流通"的问题,最后之所以选择"可转让"这个词,是为了避免涉及应由国内法调整的当事人之间的实体权利义务。理解这一点很重要,否则就会拿"可转让"作为标准来设计规则,却用这些规则去调整"可流通",结果导致错误的法律适用。

---

① 又如我国台湾地区"民法"第 721 条第 1 项规定:"无记名证券发行人,其证券虽因遗失、被盗或其他非因自己之意思而流通者,对于善意持有人,仍应负责。"
② 王志诚:《票据法》,台湾元照图书出版公司 2010 年版,第 22 页。
③ Roy Goody, *Commercial Law*, Third Ed., Penguin Books, 2004, p.528.
④ Ibid., p.529.

2. "可转让性"的价值

可转让单据具有一种"尊严",单据本身与单据上的权利融为一体。单据本身就是"权利在此且只在此"的充分证明。正是因为这样,单据才能被广为接受,替代货币或货物进行流转。如果需要额外证明,或证明可能出错,则流转就将受挫。其他单据则不具有这样的特性。

以一个中国最高人民法院提审的与仓储货物有关的案例为例。① 2010年,琨福公司与华联公司签订《棉花销售合同》,约定买方琨福公司自行提货,卖方华联公司收到全款后办理货权转移手续并开具发票。华联公司随后通过传真将一份《货权转移证明》发送给琨福公司,并抄送负责存储货物的青岛多利是公用型保税仓库。而华联公司与仓库签订的《货物储运合同》规定,商品出库时,要有华联公司提供的正式出库单。琨福公司未能在约定时间提货,后仓库失火,部分货物被焚毁。就货物所有权是否转移,最高人民法院判决,货物所有权并未转移。② 如果此案中华联公司使用的是仓单,则货物所有权的转移就不成问题。同样,在仓储物融资贷款的案例中,银行是以仓单还是以货物作为质押直接影响到银行权利。在一个典型案例中,银行持有仓库保管单等,但法院认为,持有仓库保管单并不足以表明银行对货物具有直接控制权,因而判决银行动产质押不成立。③ 如果银行持有的是仓单,其质押权的成立同样不会成为问题。

可转让单据并非简单地把权利转让,而是实现"加强版"的权利转让。

---

① 参见中商华联科贸有限公司与昌邑琨福纺织有限公司买卖合同纠纷申请案,最高人民法院(2013)民提字第138号。
② 法院认为:"根据《中华人民共和国合同法》第385条、第387条的规定,存货人交付仓储物的,保管人应当给付仓单。仓单是提取仓储物的凭证。存货人或者仓单持有人在仓单上背书并经保管人签字或者盖章的,可以转让提取仓储物的权利。故本案合同中约定的'货权转移手续'应当包括仓单、提货单或者出库单的权利凭证和相关手续。本案中的《货权转移证明》既非出库单也非提货单,华联公司关于琨福公司持有《货权转移证明》传真件即可提取货物的主张既不符合法律规定,也不符合当事人《货物储运合同》的相关约定,该主张不能成立。"见最高人民法院(2013)民提字第138号。
③ 参见广发银行股份有限公司上海分行与上海世亚钢铁发展有限公司、上海松江钢材市场经营管理有限公司等金融借款合同纠纷案,(2015)沪二中民六(商)终字第208号。一审法院认为:"动产质押是指债务人或者第三人将其动产移交债权人占有,将该动产作为债权的担保。占有系对物具有事实上的管领力,即对物具有实际的控制和支配能力。而特定人对特定物的控制在时间上要求这种控制有一定的连续性,在法律上强调控制的效力。现广发银行上海分行无证据证明对该批质物连续性的控制和支配,广发银行上海分行对该质物不具备事实上的占有,且在审理过程中,广发银行上海分行提供的证据不足以固定该质押物,不能证明其实际占有质押钢材,故对广发银行上海分行要求行使质权的诉请难以支持……"二审法院支持了一审法院的意见。

"加强"的效果即是"可转让性"。"可转让性"是可转让单据的核心价值所在。① 法律通过维护"可转让性",使可转让单据形成一个可信可得的市场。可转让单据制度的核心是权利的证券化、市场化。通过使权利与单据结合在一起,转让单据即发生让与权利的效力,转让单据极为方便,反复让与即形成流通。借助单据的转让,实现资本和商品的快速、高效和安全流通。可转让单据的这种作用,在历史上刺激了商品经济的发展,使其成为商品经济的重要支柱。

英美法下,认为流通是商法的基本支柱(primary foundations of commercial law)之一。因为持有人享有一些特殊的权利,而且它是一种简单有效的权利转让系统。大陆法系也很重视可转让单据的作用。"有价证券之基本功能,乃是将无形体之权利或法律地位,以有形体手段确实表彰其内容。一言以蔽之,其主要目的在于以有形体之证券作为工具,期能确实承受无形体之权利,以促进流通。"②"有价证券制度与民法中的其他一些制度比较起来,有其独具的特色。总的来说,这种特色就是权利的证券化。"③"权利证券化是商品经济发展中的现象,是促进商品经济发展的重要方法。"④

3. "可转让性"对"要式性"的依赖

可转让单据在转让权利方面的"加强"效果是其价值所在,也是可转让单据立法的"刚需"所在,因为这些效力都具有对第三方产生影响的可能性。债务人对无单据处分权的人进行支付得解除债务,则意味着有单据处分权的人的权利受到损害。非真正权利人得到履行,则意味着真正权利人不能得到履行。这样涉及他人的效果无法通过当事人合同约定实现,而只能由可转让单据立法实现。因此,可转让单据立法的功能是以创造"涉他""涉社会"的效力为特点。而实现这一切的基础是信用提供。"单一性"要求在可转让单据制度中承担的是提供信用共识的角色。

可转让单据转让"加强版"的权利是有条件的,该条件就是可转让单据必须符合法定格式,而且转让必须符合法定的正当程序,主张单据权利的人必须是"正当持有人"。可转让单据立法的任务,就是设定可转让单据转让的"正当"程序要求。这些要求遍及从单据签发、转让到注销的每一个环节,而

---

① 例如,有学者指出,"提单的实质是它的可转让性"。其主要作用之一是提单持有人在船舶抵达目的港时有权要求承运人交付货物。因此,转让提单就转让了在目的港的提货权,处分提单也就等于处分了尚在海上的货物。参见〔英〕Paul Todd 著:《现代提单的法律与实务》,郭国汀、赖民译,大连海运学院出版社 1992 年版,第 5 页。
② 王志诚:《票据法》,台湾元照图书出版公司 2010 年版,第 20 页。
③ 谢怀栻:《票据法概论》,法律出版社 1990 年版,第 12 页。
④ 同上书,第 6 页。

且都是必须严格遵守的强制性要求。正是这些要求,使可转让单据这张纸与一般的纸张区分开来,成为"一张庄严的纸"。

以票据法为例,"助长流通是法律上对于票据所采取之最高原则,票据法之一切制度,无不以此原则为出发点。"①票据法素以严格性著称。虽然国际上分为不同的票据法体系②,但不同的体系都遵守严格性原则。例如出于票据流通的需要,英美票据法系与日内瓦票据法系都特别强调票据的形式问题,日内瓦票据法系在理论上认为票据为要式证券,"为避免票据文义的混乱和欠缺,票据的作成格式和记载事项,必须遵照法定方式,才能产生票据的效力",所以票据行为有着严格的形式要件,特别表现在对票据上的记载事项有着具体的分类和相应的法定效力。英美票据法系则在票据立法与票据法理论中将票据形式问题的重要性与票据流通能力相联系。"一张票据是否满足这些形式性要求之所以重要,就是因为它决定着票据有无流通性",从而决定该票据的法律适用问题,票据具备流通性,则适用流通票据法,否则适用合同法。而且票据满足法定形式要求,成为流通票据,也是决定票据持票人是否为正当持票人的要件之一。"流通性是通过遵守美国《统一商法典》第 3 条中的复杂和技术性的规则而确立起来的一些支票的特点。一张支票要被承认为流通单据,它必须满足一长串关于形式方面的要求,包括使用某些神奇的字眼如'根据指示支付'(pay to the order of),以及使用纸张。"③

"严格性原则是整个流通票据法的基础。"④"流通票据法的严格性归于三方面的原因:共同的起源、商事企业的要求,以及相当程度的统一。""票据交易的典型特征是:它作为一种纯粹的金融交易,完全脱离了交易的最终目的,按它自己的是非曲直作出判断。对于银行家来说,重要的是考虑票据的形式是否得当。汇票票面必须有效,不应过期,并不得以不承兑或不付款为由而拒付。……因此,作为汇票特征的流通性的特点,要求法律具有最大的严格性,其严格程度要比有关的商事交易大得多。……如果普遍承认的国际

---

① 郑玉波:《票据法》,台湾三民书局 2008 年版,第 8 页。
② 在票据法领域,由于各国票据法的立法技术和体例不同,曾经存在法国、德国和英美三大票据法体系。为了方便票据的国际交流,1930 年和 1931 年由国际联盟在日内瓦召集票据法统一会议和支票法统一会议,制定了四个关于票据法的公约,统称"日内瓦公约"。这四个公约分别是:1930 年《统一汇票本票法公约》、1930 年《解决汇票和本票若干法律冲突公约》、1931 年《统一支票法公约》和 1931 年《解决支票若干法律冲突公约》。此后在国际上形成了票据法的两大法系,即日内瓦统一法系和英美法系。为了促进各国票据法的协调和统一,联合国国际贸易法委员会于 1988 年 12 月 9 日通过了《国际汇票和国际本票公约》,但该《公约》迄今仍未生效。
③ Jane K. Winn, What Is a Transferable Record and Who Cares, *Boston University Journal of Science and Technology Law*, Vol. 7, Issue 2, 2001, p. 203.
④ 〔英〕施米托夫:《国际贸易法文选》,赵秀文译,中国大百科全书出版社 1993 年版,第 78 页。

贸易法在处理汇票的交易中不坚持极端的严格性,汇票就不能作为商人们的国际货币而发挥它们的作用。""世界范围内关于流通票据法的一切法律制度都坚实地建立在法律的严格性原则的基础上。事实上,它是那些只有坚定地适用严格性原则才能发挥作用的法规的范例。"①流通票据法通用体系趋于强调法律的严格性。……在现代银行业务实践上,这一发展在很大程度上受到对外贸易交易的专业化的制约。……坚持流通票据交易中的严格性和进一步发展与此相关的法律,是建立世界范围内的统一流通票据法的基础。在这一领域,法律的严格性所要求的是制定规则要明确,适用规则要准确,而不是陷于官僚主义的琐碎细节之中。"②

传统法律对纸质可转让单据进行规范时,最重要的是两点:对可转让性的维护和对形式的严格要求。这两点相辅相成,缺一不可。

4. "要式性"的目的:对流通过程产生信心

对形式的严格要求,目的是为了使一般人对单据的流通过程产生信心。"流通性文件的实质不在于其载有签名或原始性,而在于激发人们对该纸面文件的信心的该文件流通过程本身。"③因为流通过程使人确信单据与权利始终在一起,人们才可能放心为一张纸付款,从而使单据的可转让性能够实现。

一张纸为什么能让人产生信心呢?是因为纸的"独一无二"性。法律明确要求对一个权利只能签发一份单据,但无需明确要求一份单据只能出让一次。因为只要单据是纸质的,就不可能同时出让给一个以上的人。通过"要式性",传统可转让单据法律制度将"可转让"性与"独一无二"性紧密相连,以保证"请求权单一"。缺少了"独一无二"性,也就不再有"可转让性"。当货物或货款与作为其代表的单据的"一对一"关系无法保障,即使法律强行赋予单据"可转让性",这种单据在商业实践中也很难被接受,从而难以形成真正的市场。而且这样的单据进入流通环节,必然带来一系列的危害。

(四)违反"请求权单一"的危害

可转让单证制度是转让现有的权利而不是创设新的权利。这个制度下

---

① 〔英〕施米托夫.《国际贸易法文选》,赵秀文译,中国大百科全书出版社 1993 年版,第 78 页。
② 同上书,第 79 页。
③ George F. Chandler Ⅲ, Maritime Electronic Commerce for the Twenty First Century, *Tulane Maritime Law Journal*, Vol. 22, 1998.

权利转让快捷而绝对。如果不能保证单证与请求权的严格一一对应关系,就会产生一系列不良后果。

1. 对第三人利益的影响

可转让单据具有涉他效力。可转让单据法律制度中最重要的一条是"正当持有人规则",即保护正当持有人的权利。在有权利冲突时,其他权利人的请求一般不能对抗持单人的权利。① 因而,只要承认一份单据是可转让单据,就不只是可转让单据当事人之间的事,而可能对其他权利人造成不利影响。

以汇票为例。A 出售一批货物给 B,然后签发一张以 B 为债务人的商业汇票给 C,C 可以直接依据票面记载向 B 主张权利。如果买卖合同下的货物未实际交付,B 对 A 本来有抗辩权,但在签发汇票的情况下,B 也必须先依据票面记载向 C 全额付款,然后再向 A 根据买卖合同追偿。这样在 B 资不抵债的情况下,C 的权利对 B 的其他债权人实际上就构成了不利,减少了其他债权人获得全额清偿的机会。同样,由于法院对票据持有人的请求进行快速、文义的审理,对其他债权人的权利也可能造成不利影响。

在提单制度下,涉他效力的情况更加突出。因为提单是物权凭证。物权是对世权,必然有涉他效力。承运人无单放货,提单持有人可以向承运人主张权利,也可以向实际提货的任何人主张权利。② 提单同时还是一种债权凭证,代表运输合同下的权利。而海上货物运输合同的特点,恰恰是并不严格遵守"合同相对性"原则,而具有一定的涉他效力。例如,货物在运输途中受损,如果货物是由实际承运人运输的,提单持有人既可以诉承运人,也可以直接诉实际承运人。③ 因此,承认一个人是提单持有人,即意味着对其他人的提货权的否认,同时是对提单持有人起诉实际承运人的权利的确认。

单据的"可转让性"对第三人权利的影响在单据电子化后同样存在。只要承认一份电子记录是"电子可转让记录",就意味着应对其适用"正当持有人规则",就会产生涉他性从而会影响到其他权利人。以电子提单为例。如果是一个以合同为基础的"封闭系统的电子提单",承运人签发了一份符合合

---

① 如根据我国《海商法》的有关规定,提单是承运人保证以交付货物的单据。即使是真实的货主,如果不持有提单,仍然无权提货。
② 如我国最高人民法院《关于审理无正本提单交付货物案件适用法律若干问题的规定》(法释〔2009〕1号)第 11 条规定:"正本提单持有人可以要求无正本提单交付货物的承运人与无正本提单提取货物的人承担连带赔偿责任。"
③ 根据我国《海商法》第 61 条的规定,该法第四章对承运人责任的规定适用于实际承运人。提单持有人因而得以直接诉实际承运人。

同约定的"电子提单",但一个未参加合同的第三方要求提货,并用买卖合同证明其是真正的货主。此时是否应该允许"电子提单持有人"援引"正当持有人规则"对抗货主的提货请求?如果允许,货主的请求权就将受制于该"电子提单"的合同约定,而货主本来是合同以外的第三人。如果合同对系统的可靠性要求不高,出现了"电子提单"分别流转到两个人手中的现象,由于符合合同的约定,这两个都是合格的"电子提单持有人",是否这两人的权利都优于真正的货主的权利?如果是其中一个,真正的货主如何知道是哪一个?同时,如果这是一份"封闭系统"内的"电子提单","电子提单"持有人参加了封闭系统,实际承运人没有参加该系统,该"电子提单"持有人是否可以依据"电子提单"起诉实际承运人呢?如果不可以,"电子提单"的效力就低于普通纸质提单。如果可以,实际承运人作为第三人不参与电子提单的约定,却需要承受其后果,依据又在哪里呢?

正是基于对第三人权利的考虑,美国在电子仓单立法方面十分谨慎。美国《统一商法典》第7条规定,超过额度签发的仓单的持有人有权参与分得按比例的份额。这可能使其他合法仓单持有人和农产品生产者的权利受损,以未来货物作抵押的人的权利也会受到仓单持有人的权利的影响。但货物已经装进仓库后,只有通过仓单而非货物本身才能完成担保。根据美国《统一商法典》第7条的有关规定,仓单持有人得到货物所有权,并不受单据表面所载以外的请求或抗辩限制。流通是否有效会影响的人包括因超过额度签发仓单权利可能受损的人、丧失担保优先权的人,以及丧失未收款卖方保护的人。因此,签发人、出让人和持有人之间关于电子仓单的规则的约定,以及电子文本上的规定本身,不应约束第三方。这就导致一个必然结论,就是必须通过立法规定电子仓单的使用规则。这可以通过案例法,但考虑到法律问题的复杂以及技术发展的速度,制定成文法更妥当。[①]

其他权利人的权利也有合法依据,之所以低于正当持有人的权利,是因为法律要保护单据的自由流转。如果单据不是自由流转,而只是在约定的当事人之间流转,法律为什么要特别保护这种单据的持有人?如果坚持"约定只约束约定当事人",即否认自定义的"电子可转让记录"对第三人的效力,那么这种"电子可转让记录"与纸质可转让单据就是两种不同的东西。

2. 对交易秩序的影响

票据、提单、仓单等作为有价证券具有无因性、文义性等,不仅可以代表

---

① 参见 Donald B. Pedersen, Electronic Data Interchange as Documents of Title for Fungible Agricultural Commodities, *Idaho Law Review*, Vol. 31, Issue 3, 1995, pp. 719—746。

货款、货物转让,而且比货款、货物的转让更简单、快捷。但单据终究需要兑现。如果一个权利对应了不止一份单据,这些单据又分别都进入了市场,连续流转。到最后总有单据无法兑现,而不能兑现的单据持有人或者只获得对债务人的诉权,或者连诉权也没有,其必然向其前手追索,由此引发连环诉讼,使一系列的交易效力不确定,最后破坏整个经济秩序的稳定。这比一件商品的"一物二卖"更加严重。

纸质单据与权利的"一对一"关系受到商业惯例的确认。虽然也可能因欺诈等原因对"一对一"的确定性造成破坏,但这种风险在当事人和全社会认可的程度内。电子记录与权利的"一对一"关系则尚未受到商业惯例的确认,如果电子记录在权利单一方面的证明效力明明与纸质单据不同,立法硬要规定二者是相同的,这首先是不公平的。而不公平的主要受害者是电子可转让记录的受让方,因其必须将一个功能不全的东西视为一个功能齐全的东西。同时这也是不合理的,因为会直接破坏交易秩序的稳定。

3. 对金融安全的影响

票据、提单和仓单作为可转让的有价证券,其目的是使货币和货物在不发生实际位移的情况下实现法律上的快速转移,节省时间和成本,而不是创设出新的货币或货物,增加货币或货物的总量。可转让单据是商业票据和单据,不是金融衍生品,与后者的监管方法迥然不同。因而单据与单据下的权利的"一对一"是核心要求。如果不要求单一性,使用提单和仓单就会造成一物多权,使用票据就会造成相当于私人发行货币的后果。由于票据、提单和仓单都可以作为权利质押的标的,具有融资工具的属性,当纸质单据与实际货物或资金的"一对一"关系没有很好地建立起来时,就会出现重复抵押等情况,使市场上流通的货物或货币远多于实际的货物或货币。一旦资金链断裂,激烈的金融动荡在所难免。因此,对"一对一"关系进行监管,是维护金融秩序必不可少的要求。

可以用三个实际发生的案例来诠释这种风险。

第一个是关于仓单的案例。2014年夏,中国爆发了一起震惊全国的仓单骗案。该案中,青岛德正资源控股有限公司的全资子公司德诚矿业,将一批矿石货品存于青岛港港区仓库,却从不同仓储公司处取得了多份仓单,并利用这些仓单去不同银行重复质押融得巨资。最后牵涉到的银行不少于17家,信用敞口达到上百亿元人民币,导致青岛的银行几乎家家自危。[①] 青岛

[①] 相关事实可参见报道:《青岛银行业集体沦陷德正系"骗贷案" 18家银行涉案160亿》,载《21世纪经济报道》2014年6月17日。相关系列诉讼,可参见"中国建设银行股份有限公司青岛四方支行与青岛德诚矿业有限公司、德正资源控股有限公司等金融借款合同纠纷案"(〔2014〕青金商初字第443号)等。

仓单骗案并非孤例。这种基于仓单的虚假质押、重复质押一度在全国各地广泛上演。在一个案件中，货主将货物存入仓库，取得仓单并质押后，又从仓库提出货物存入另一家仓库，再取得一份仓单并再次质押，前后共质押了10次。还有的案件中，货主勾结仓库，为根本不存在的货物出具仓单。福建省厦门市中级人民法院2012年受理16件仓储合同纠纷案，单个案件涉案标的从上千万元至四五千万元不等，总涉案标的达3.8亿元。据统计，2011年上海市场银行质押贷款余额是上海市场钢材库存价值的2.79倍。按钢材质押6折计算，同一批钢材就被质押近5次。2013年，钢贸行业资金链断裂，造成了轰动一时的"上海钢贸案"。仅2013年上半年，在上海各级法院开庭审理的针对钢贸商的金融借款纠纷就超过600起。而这些纠纷的根源许多都在于钢贸企业向银行融资时重复质押仓单。①

第二个是关于票据的案例。2016年1月，中国农业银行发布公告，称其北京分行票据买入返售业务发生重大风险，涉及风险金额39.15亿。具体案情是农行北京分行与A银行进行39亿银行承兑汇票买入返售业务。农行北京分行的员工违规将保险柜中的银行承兑汇票以报纸掉包，票据中介利用银行承兑汇票与另一家银行进行了回购贴现交易。资金并未回到农行北京分行，而是通过游资进入股市，正好赶上2015年6月以来的熊市，资金损失殆尽。②

第三个是一个有名的历史大案，即19世纪70年代初美国芝加哥发生的芒恩欺诈事件。③ 芒恩是芝加哥重要的粮食仓储商，并在1860年成为芝加哥期货交易所总裁。1872年，艾奥瓦仓库发生了一场大火。根据火灾之前的记录，艾奥瓦仓库存放玉米128065蒲式耳，但该仓库的仓单持有者的玉米仓单保险总量为373000蒲式耳。保险人怀疑艾奥瓦仓库虚开仓单来质押贷款，提出要核对仓单，坚持只对实际在库的粮食损失提供保险赔偿。根据当时《仓库法》的相关规定，仓储商有责任依据实际交割谷物注销仓单，并向登记注册官员报告注销结果。然而调查表明，仓储商并没有按法定程序办，而是在接受交割仓单后把粮食运出粮库，又将仓单交给经纪人再次卖出。只要同一仓单不卖给同一客户两次，购买方很难知道仓单项下货物并不真实存在。仓储商同时还虚开仓单，不仅用于出售，也用于向银行抵押，由此"募集"到巨额资金。这些资金被用于支持商品市场上的交易商全部买下运到芝加

---

① 相关事实可参见报道：《上海钢贸诈骗案的风险警示与对策》，载《中国储运》2013年第8期，第40页。相关案例可参见"（2015）沪二中民六（商）终字第208号"。
② 参见《农行39亿票据大案被罚1950万创纪录 案件细节首曝光》，载《新浪财经》2017年11月19日。
③ 参见张彤薇：《法律漏洞"倒逼"仓储业改革》，载《中国储运》2016年第4期。

哥的实物小麦,从而在期货市场大胆做空逼仓。在艾奥瓦仓库受到怀疑后不再能通过虚开仓单提供资金,小麦市场随后彻底崩盘。有了艾奥瓦仓库的欺诈经验教训,州粮食检查官员决定对其他仓库进行调查,随后发现,芒恩·斯科特仓库在没有收回仓单的情况下,将其仓库的粮食转运出去,而且还重复签发仓单,以及不按法律规定注销仓单,通过这些违规操作,为交易商的逼仓计划提供现货市场的支撑和扫货资金的供给。受到处罚的芒恩随后提起了对州的起诉,但在最高法院败诉,由此产生了美国宪法中有名的"芒恩案"。①芒恩案后,芝加哥谷物仓储经营商开始与州铁路和仓库委员会合作,接受行业和执法机构的部分监管,全社会逐步认可了仓单服务仓库具有公共利益属性。经过1859年到1974年历时115年的立法过渡期对仓库的商业监管和执行监管得到逐步提高,芝加哥粮食市场的整体信用度也得到了逐步增加。

事实上,如果无法保证有价证券与货物或资产的"一对一"关系,就可能给金融秩序造成损害,这一点早已众所周知。但是诈骗的风险并未随着时光流逝而消失。恰好相反,中国最近还频频发生类似骗案,说明这是一个易于发案的高风险领域,再次印证了这一领域法律监管的重要性。有价证券同时是融资工具。放松权利单一的可靠性标准,可能使有价证券作为融资工具的功能失控。无限制扩张的信用创造能力蕴含着极大风险,对一国的金融秩序构成潜在威胁。电子化的过程中,这种风险很少被强调,甚至被淡忘。事实上电子化通常被认为是防止欺诈的重要手段。如中国大力推行电子票据的主要理由,就是为了防止欺诈。有专家称,"电子票据杜绝了假票、克隆票,也不存在丢失可能,安全性几乎是毫无疑问的。"②中国人民银行支付结算司司长曾在会议上发言称,纸质票据在整个运作环境中问题非常多。"克隆、复制等的票据案件在实际中非常多。电票系统到现在为止还没有发生一笔案件或者欺诈。……电子票据是一种电子符号,记录在中国人民银行的电子票据系统里(ECDS),伪造或者是篡改难度非常大,它的推广应用可以显著降低金融相关风险。电子票据下信息清晰可查,流转情况一目了然,基本可以杜绝此前以假票据骗取银行资金案件发生的可能性。"③然而,由于电子可转让记录沿用了纸质可转让单据的基本原理,因而必然面临同样的问题,需要同样

---

① 芒恩诉伊利诺伊州(Munn v. Illinois,1877)。该案中最高法院多数意见认为,伊利诺伊州限制仓库收费的法律是合宪的,并称当私有财产用于公用用途时,就应当服从公共规则的管理,要受到公共利益的影响。
② 马媛:《央行:两到三年时间取消纸质票据,筹建票交所》,载《21世纪经济报道》2016年6月1日。
③ 同上。

的监管。当前电子可转让记录还没有大规模使用,引发金融风险的事例还不多见,但并不表示就没有风险。事实上就在上述中国人民银行官员作出对电子票据安全性的发言仅仅 3 个月后,就发生了首个基于电子汇票的欺诈案。① 如果放松对电子可转让记录的"单一性"要求,将使一大批基于对有价证券的要求的强制性法律被规避,等于撤除了风险控制的法律屏障。

ETR 立法涉及商法和物权法相关的领域,而这两个领域的法律都以严格性为特征。不管是物权法还是票据法上的基本原则,都是一些强制性的规定,目的是要保护一些特殊利益。违反这些基本原则,就会直接损害这些原则欲加以保护的利益。纸质单据下,各基本原则要保护的利益主要包括第三人利益、交易秩序和金融秩序。在电子环境下,这些利益同样存在,也同样可能被损害。放松甚至放弃严格的法定标准,有可能带来一些特殊风险。除非证明在电子环境下,这些需要保护的利益都不需要保护了,否则即使在电子环境下,也不应违背这些基本原则。

通过"功能等同"方法立法,实际上是对电子记录"可转让性"的确认和维护。在纸质环境下,"可转让性"是通过"严格的形式主义"保证的"请求权单一"来实现的。在电子环境下,由于"纸质"不存在,"严格的形式主义"也不再有意义,法律必须另行设定条件,来完成保证"请求权单一"的任务。

---

① 参见《工行电票风险案真假同业账户存疑,究竟有无开户资质》,载《世界经济报道》2016 年 8 月 12 日。

三、替代"纸质"要求:合同解决路径

(一) 常见技术模式和典型商业实践

1. 常见技术模式

可转让单据电子化已经进入商业实践阶段。没有了纸面单据作为凭据,各种电子可转让记录是如何解决权利单一的保证问题的呢?尝试的技术模式有多种,而目前获得较多认可的主要是两种:登记制(registry system)与权利凭证式(token system)。

所谓登记制,是指设立一个"登记处"来记载可转让单据所代表的权利的归属。这个登记处可能是国家权力机关设立的,根据国家法律行使权利登记职能;也可能是商业机构设立的,根据参加者之间的合同安排行使登记的权利和义务。最终权利是如何转让的,根据登记处的记载确定。

所谓权利凭证式,是指以一个"权利凭证"(token)作为权利归属的证明。这个"权利凭证"由经过技术处理的电子信息担当,可以在电脑和网络中生成及转让,转让"权利凭证"即转让了权利,最后根据"权利凭证"的归属确定权利的归属。

在登记制和权利凭证式外,还有一种"保管制"(deposit system)的做法,即先签发一张纸质单据,但该单据并不进入流转,而是保管在保管处。单据转让时,由出让人通知保管处代其在单据上签字背书。电子提单的最早尝试之一——SeaDocs 电子提单就是采用的"保管制"模式。SeaDocs 系统由美国大通银行(Chase Manhattan Bank)和国际独立油轮船东协会(International Association of Independent Tanker Owners, INTERTANKO)合作建立[①],由 SeaDocs Registry Ltd. 管理,主要用于石油运输。具体做法是先签一份纸质提单,然后将纸质提单保存在作为中央登记处的大通银行,所有转让的信息通过网络传输,并由中央登记处代表各方在提单上记载,最后凭纸质提单提货。该系统最终并未开始运行。因为参加方担心他们交给银行的信息的保密问题。而且该系统为保护银行而需要对银行的责任进行巨额保险,在经济

---

① 国际油轮船东协会成立于 1971 年,有 270 多个油轮船东会员。

上不合理。由于"保管制"模式下并未实现权利在线转让,而是仍然要依托于纸质单据的签发、背书和转让,因此在该种模式下也不会产生"电子可转让记录",不能被视为是一种解决了电子信息"单一性"要求的技术模式。

2. 典型商业实践

(1) BOLERO 电子提单

各种可转让单据电子化的实验中,"屡败屡战",尝试最多的可能要数电子提单。从 20 世纪 80 年代后期开始,各种电子提单的实践从未中止,而且多数采用了"登记制"模式。各种尝试中,最有名的当属 BOLERO 电子提单。

20 世纪 90 年代中期,欧盟创建了一个实验性项目,称为 BOLERO 项目,以研究电子提单的可行性。作为项目的成果,1998 年 BOLERO International Ltd.(以下简称 BOLERO 公司)在英国注册成立。该公司由 TT club 和 SWIFT 共同创建[1],以促进全球贸易数字化,实现承运人、买方、卖方、金融机构和其他参与方之间的无缝接为目标。[2]

BOLERO 公司为国际贸易电子化提供多种解决方案,其最重要的业务之一,是开发、运营了一个电子提单系统。BOLERO 公司的电子提单(其简称为"eBL")使用程序大致如下:用户首先需要与 BOLERO 公司签订一份协议,然后在公司的电子提单系统注册为用户。该系统包含一个称为"权利登记处"(The Title Registry)的数据库,用以记录电子提单的内容、相应权利义务关系的设立及变更。注册为用户的船东需要签发电子提单时,首先应制作一份传统纸质提单,但是与传统的提单签发程序不同,这份提单的正反两面都被扫描,创建成一份 PDF 格式的文件。承运人登录 BOLERO 系统创建一个 TRI(权利登记指示,title registry instruction),在 TRI 创建成功后,上传 PDF 格式的扫描提单作为附件,这个文件将被加上电子签名然后发送给 BOLERO 公司。承运人随后应将相应的纸质提单销毁。权利登记处将登记 TRI,然后把电子提单发送给第一个持有人(通常是托运人)。如果要转让电子提单,应由当前的提单持有人向权利登记处发出指令完成;当最后收货人(或通知方)成为提单的持有人时,他可以将提单交回给承运人或承运人指定的其他人并要求提货;提单内容的修改必须由承运人根据持有提单的发货人

---

[1] TT Club(Through Transport Club,联运保赔协会)成立于 1968 年,是一家主要由各地港口经营者以及货运代理人组成的互助保险协会,有 7500 家会员。SWIFT(Society for Worldwide Interbank Financial Telecommunications,环球同业银行金融电讯协会)成立于 1973 年,是一家银行间行业协会。

[2] 详情请参见其官方网站:http://www.bolero.net。

的请求来修改权利登记处的记录。电子提单可以应持有人要求转换成纸质提单,但与纸质提单可能签发一式多份正本的做法不同,BOLERO系统下不存在签发一式多份电子提单的做法。

根据BOLERO公司自己的解释:"为什么需要一个登记处?因为提单代表对货物的权利,绝对需要提单是独一的和正本的。登记处是一个数据库,记录电子提单的生命周期并保证一旦你创建了电子提单,其他人不能更改且电子提单不能被复制。电子提单可以被打印出来,就犹如可以复印一份提单,但是在转让权利或要求交付方面毫无价值。"①

BOLERO公司自称签发了世界上第一例电子提单。现在该系统大约有几千家用户。

(2) ESS电子提单

2005年,essDOCS公司在马耳他注册成立。该公司致力于推动全球无纸化贸易,其旗舰产品CargoDocs是一套无纸化贸易解决方案,可以帮助客户生成提单正本及相关支持单证并进行单证管理,提高处理速度,加快eUCP信用证、跟单托收、银行付款责任等贸易融资工具项下的银行交单流程。②

就签发电子提单而言,CargoDocs下的基本流程是:用户凭密码登录CargoDocs网络平台。托运人使用CargoDocs生成单证指示,并发送给货代或船代。货代或船代起草电子提单,并交由托运人指定的相关方共同进行在线审阅。电子提单获批后,船公司或授权代理将签署并将其发送给托运人。这个过程中并不签发纸质提单,电子提单直接在电脑中生成,但从电脑屏幕上看到的电子提单从格式到内容都和传统提单完全一样,连电子提单上"正本"(original)的字样也是和纸质提单上一样,用红色显现的。托运人收到电子提单后,如果需要转让,就在平台上输入受让人信息,按"转让"键,其能操作的页面上的电子提单即转为"副本"(copy),而受让人能操作的页面上则出现了"正本"电子提单。最后承运人在收到"正本"电子提单后注销完成提单流转。整个过程不出现纸质提单,而尽量模仿纸质提单的流转程序。电子提单由客户上传到第三方云盘(Amason云盘),免费保存10年。

为使用CargoDocs,用户需要签订一份多方协议(the Databridge Services & Users Agreement, DSUA)。该协议是所有用户之间以及每一用户与essDOCS公司之间的协议。根据协议,所有参与方同意将电子单据视为纸质

---

① Electronic Bill of Lading for Carriers—Frequently Asked Quertions, at http://www.bolero.net.
② 参见该公司官方网站:http://www.essdocs.com。

提单在功能和法律上的等同物。

当前CargoDocs电子提单有76个国家的5800多家公司使用,而且签约客户仍然在以比较快的速度增长。国际货代协会(FIATA)也已与essDOC公司签约,授权其将FIATA可转让多式联运单电子化。

船东保赔协会国际集团(The International Group of P&I Clubs)批准了BOLERO和ESS电子提单的使用。因此,对这两种电子提单,保赔协会将与纸质提单同等对待。但保赔协会并不承保由电子提单的特殊属性而产生的特殊风险。

(3) E-TITLE电子提单

E-TITLE电子提单平台是新加坡政府支持下设立的一个电子服务平台。该平台使利用平等技术转让物权成为可能,消除了对昂贵的中央登记处的依赖,减少了风险聚集,并保证服务提供者或国家平台仍然能对物权凭证保持业务管理。该平台只专注于物权转移,与服务提供者提供的信息、安全或业务服务不重合,只是增值服务。该平台也是基于多方间的合同运作,所有各方都必须签订一个合同。该合同定义了使用E-TITLE的各方的权利义务,并约定适用英国法。当前,E-TITLE电子提单还只是构建了一个机制,并未正式投入营运。

(4) 中国的电子商业汇票系统

2009年,中国中央银行建立的电子商业汇票系统(ECDS)正式上线。

ECDS的基本使用模式是,电子商业汇票在电子商业汇票系统中签发并流转,即电子商业汇票的出票、承兑、背书、保证、提示付款和追索等业务,必须通过电子商业汇票系统办理。电子商业汇票系统负责保管所有经系统登记的电子商业汇票业务。电子商业汇票系统接收系统参与者发来的票据当事人的各类行为申请和回复,并将其存储在系统内。电子商业汇票系统根据系统参与者发来的票据当事人的票据行为信息,实时记录票面信息和行为信息。

用以保证电子汇票单一性的是每张电子汇票都有唯一的一个汇票号,企业客户必须使用其唯一的密码才能对电子汇票进行操作,而所有的操作都会在央行的登记系统中登记,因而不可能转让后再进行转让操作。

当前的技术模式下,全流程电子票据业务处理须由相对独立、相互联系的三部分电子化系统共同完成:一是银行间票据市场的电子服务平台ECDS;二是金融机构企业网上银行系统;三是金融机构内部票据业务电子管理系统。在金融机构电子票据业务从承兑、贴现、转贴现到资金划付的全流程业务具体办理中,则需具备两个基本条件:一是实现内部票据系统与ECDS的数据对接;一是金融机构必须能为企业客户开办网上银行业务,同时企业客户也愿意接受企业网银业务。在以上基本条件满足后,才基本确立了"企业网银+ECDS"的电子票据业务办理模式。

电子商业汇票与纸质商业汇票的流程不完全一样。如在纸质商业汇票背书时,背书人是按照要求在汇票上填写完毕背书信息后交给被背书人即可,而在ECDS系统中,背书人填写背书信息时必须填写被背书人账号及其开户行行号,也就是说,被背书人必须选择一个银行去签收该张电子票据,这张票据也将理所当然地托管在这家银行的系统中。

与纸质票据不同,企业签发、接受电子商业汇票,以自身和交易对手均开通网银和电子商业汇票业务为先决条件。为保证票据流转顺利,只有企业自身及其上下游企业同时具备应用电子商业汇票的意愿和条件,企业才可能签发和接受电票,否则就会担心电票流转不畅而延压资金。

现阶段电子商业汇票与纸质商业汇票不能相互转换。①

(5) 美国的电子仓单

电子仓单的商业实践开始较早、成就较大的是美国。美国农产品生产商通常将农产品储存在公共仓库,并从公共仓库得到仓单进行交易。1990年,美国国会授权农业部部长设立了棉花电子仓单中央档案系统,具备必需技术的有联邦经营许可证的棉花仓库可以使用该系统。1992年,授权范围扩大,有州政府许可证的仓库也可以使用该系统。该系统于1995—1996棉花作物年年初时开始商业性运营。

电子仓单由系统服务供应商管理。仓库是最初的持有人,如果需要转让,可以通过通知系统服务商而使另一方成为新的持有人。供应商将交易的确认书分别发送给收发指示的持有者双方。任何一个时间点系统只能指定一个电子仓单持有人。被指明为电子仓单持有人的人有权享有与纸质仓单持有人同样的权利。在收货人将电子仓单传回给开立仓单的仓库后,该电子仓单即告结束。仓库在发货之后向系统服务供应商的计算机发出指令,撤销有关的电子仓单。

到2000年左右,美国约有45%的棉花作物通过电子仓单进行交易。一些州开始允许不仅对棉花,对其他农产品也使用电子仓单。②

---

① 参见苏宁主编:《中国电子商业汇票》,中国金融出版社2009年版。
② 参见 A/CN.9/WG.IV/WP.90,第61—74段。

(6) 欧洲的 Mandate 系统

商业实践中采用权利凭证式的很少,但 Mandate 系统被有些学者认为是权利凭证式的一个代表。①

Mandate 最初是由两家公司 1994 年在欧盟委员会的 TEDIS 项目下提出的概念,目的是为实现电子流通提供一个通用方法(provide a generic method of achieving electronic negotiability)。Mandate 概念的特点,是不像 BOLERO 那样求助于一个登记处,而是让当事方直接处理交易。1997 年,在 Mandate 概念基础上的 Mandate II 项目启动,以便将 Mandate 概念用于电子支票。该项目受欧盟委员会电子可信服务(Electronic Trusted Services, ETS)计划资助,并在欧洲的一些银行进行了实验。

Mandate II 使用了一种被称为 doc-carrier 的防篡改软件。在 Mandate II 下,doc-carrier 被称为 MandateTM。这个防篡改软件可以植入一个智能卡或类似设施。MandateTM 同时还包含两对公/私钥对,一对用于签名,一对用于加密。在签发电子支票时,签发一方用自己的 MandateTM 中的私钥在电子支票上创建电子签名,同时用受让者一方的公钥对电子签名进行加密。然后被签署和加密的电子支票通过电子邮件发送给受让者,受让者用自己的 MandateTM 中的私钥解密出电子支票。如果要继续转让,则重复上述过程。公钥需要一个证书证明其属于特定人。在 Mandate II 项目下,证书是由作成 MandateTM 的银行签发并植入 MandateTM 中的。公钥证书起两个作用。首先,使发送方确信其使用的公钥属于特定人。其次,由于电子支票发送时公钥证书也随带发送给受让人,受让人可以根据证书确信发送方的电子签名。通过电子签名加公钥证书构建的安全系统,受让人可以确信电子支票的来源。MandateTM 一次只能将同一份电子支票发送一次给一个受让人,因而保证了该电子支票的单一性。

Mandate 系统不需要一个权利登记处,而是通过确保电子票据的独一无二性来保证每次只能转让给一个人。因此,与其他采用登记处的系统相比,Mandate 通过自身的设计解决独一性的方案有很多优势,比如节省了成本,因为 Mandate 仅仅需要一项核心技术而非一个巨大的数据库。同时,使用中央登记处意味着使用者需要对单一实体有信心。然而,如果使用者无法对单一的登记处建立信心,那么 Mandate 就是一个良好的解决方案。Mandate 概

---

① 详见 Rouhshi Low, Replacing the Paper Bill of Lading with an Electronic Bill of Lading: Problems and Possible Solutions, *International Trade and Business Law Annual*, Vol. 5, 2000, p. 181。

念提出的原因之一,即是希望在最低程度上依靠第三方信用而依然能实现权利的电子转移。

尽管 Mandate 不需要登记处来解决支票的独一无二性识别持有人是谁。但是仍然需要一个第三方来解决其他问题,如制作 MandateTM;生成公/私钥对;发布 MandateTM 中与公钥相对应的授权证书;发布证书目录,这样用户就可以查询证书是否有效;存储一份 MandateTM 中私钥副本,以便在MandateTM 受损后,电子支票可以恢复。

(7) 美国的 FSTC 电子支票系统

美国有多种电子支票系统,典型的如 FSTC(金融服务技术联盟)电子支票、Netbill、Netcheck 等系统。

FSTC 成立于 1993 年,共有 60 多个成员,包括美洲银行和花旗银行等。1995 年 9 月,FSTC 给出了一个示范性的电子支票概念。和纸质支票一样,电子支票包含了给付款人银行的一条指令,用来向被确认的收款人支付一笔指定数额的款项。由于这种支票是电子形式的,并且通过计算机网络来传递,从而给支票处理带来了更大的灵活性,同时提供了一些新的服务,如可以立即验证资金的可用性;数字签名的确认增加了安全性;支票支付能够很容易地与电子订单和票据处理一体化等。[①]

FSTC 电子支票系统的基本流程如下:

付款人签发电子支票。电子支票上记载的信息与纸质支票完全一样。所有能够签发电子支票的个人都拥有基于某种安全硬件的电子支票簿设备。在 FSTC 电子支票系统中,"支票簿"是由电信设备(Telequip)公司生产的,被称作"智能辅币机"的安全硬件设备。该设备的功能就是安全地存储密钥和证书信息,并保持最近签发或背书过的支票的记录。支票在某种安全信封中被传送给收款人。这种信封将以安全电子邮件方式,或双方之间已加密过的交互对话方式进行传送。

收款人收到支票后,也将使用某种安全硬件设备对支票进行背书,然后把支票发送给收款人银行。

收款人银行收到支票后,将利用自动清算所(ACH)或电子支票呈送(ECP)方式来清分支票。这个环节的处理与纸质支票当前的处理过程完全相同。

电子支票通过传统的 ACH 网络进行传送。相应地,资金从付款人银行

[①] 徐文胜:《电子商务中的支付工具》,载《金融电子化》1999 年第 2 期(总第 41 期)。

账户转账到收款人银行账户。

（二）个案调查——中国电子提单实践

1. 电子提单使用现状

中国对电子提单的关注时间比较早，学术界的研究也很多①，但商业实践中的使用很少，远不及电子票据和电子仓单普及。目前中国没有本国的电子提单服务商，而且不管是政府还是商业部门都还没有建立电子提单平台这方面的意向。

目前中国市场上使用的电子提单，主要是 BOLERO 和 ESS 这两个国际上使用最多的电子提单平台签发的电子提单。BOLERO 公司目前在中国设有办事处。2000 年，还在 BOLERO 公司成立之初，中国最大的航运公司——中远集团曾以企业级身份加入 BOLERO 公司，并同时获得 BOLERO 公司董事会中的董事席位。但 2004 年，基于多种因素的考虑，中远集团决定退出该组织。在此期间，BOLERO 公司在中远集团进行了一系列的培训和系统测试工作，但中远集团并未实际签发过任何电子提单。2014 年，中远集团下属的中国散货运输公司加入 BOLERO 电子提单和 ESS 电子提单，但每年签发的 BOLERO 电子提单和 ESS 电子提单不过数单。其他偶尔有中国航运公司签发电子提单的情况，也都是通过 BOLERO 或 ESS，但数量也非常少。

当前中国的电子提单用户主要是贸易公司。根据 BOLERO 公司上海办事处的介绍，该公司现在已经有几十家中国贸易商客户。② 而 BOLERO 公司官方网站上显示的中国贸易公司客户共 18 家③，占 BOLERO 公司所有公司用户的近 40%。根据 ESS 公司官方网站显示，目前有三家中国公司加入了 ESS 的电子提单系统。④

中国的银行中，中信银行、中国银行和中国农业银行是 BOLERO 的用

---

① 以"电子提单"为关键词搜索出的论文有几百篇，远超出中国公司签发和使用的提单总数。
② 数据来源于对 BOLERO 公司上海办事处代表 David Peacock 的访谈。
③ 分别是中国五矿集团公司、宝钢集团、沙钢国际贸易有限公司、马钢集团、中国建筑材料集团有限公司、广西新振锰业集团有限公司、中信锦州金属股份有限公司、浙江物产集团、新余钢铁股份有限公司、贵州金合冶炼有限公司、祥光铜业有限公司、河南金龙精密钢管集团、峨眉铁合金进出口有限公司、新汶矿业集团有限责任公司、台一（广州）国际股份有限公司、金川集团有限公司、中国裕联投资有限公司，以及中国矿业联合会等。
④ 分别是中国五矿集团公司、河北钢铁集团金鼎矿业（香港）有限公司和金川迈科金属资源有限公司。

户,中信银行和中国银行同时也是 ESS 的用户。中国工商银行从 2015 年起在全行推动 BOLERO 电子提单,但迄今不到 10 家银行做过,处理的电子提单总数不到 100 笔。中国工商银行和 ESS 公司已签有协议,但还未推行。已经做的都是国外大宗商品进口,是出口商推动,进口商配合办理。出口没有使用电子提单的情况。

2012 年底,中信银行成功办理了中国首笔信用证下的电子交单业务。这笔业务由中信银行成都分行与澳大利亚澳新银行共同办理,具体交易是四川峨眉铁合金公司与必和必拓公司的锰矿石进出口合同。在传统模式下,矿石从澳洲运至中国仅需 7 天,但由于纸质单据流转环节多、耗时长,从发货到收款需要 10—20 天。在这笔交易下,通过使用电子提单,进口商不到 2 个工作日就收到了全部"单据",交易时间大为缩短。① 2013 年 8 月,中国银行也与苏格兰皇家银行合作,通过 BOLERO 平台成功完成了该行的首次信用证项下电子交单业务,成为中国四大银行中第一个开展完全电子交单业务的银行。②

2. 发展不畅原因调查

提单是国际贸易中举足轻重的单据,电子提单却始终发展不起来。为了了解电子提单在中国发展不畅的原因,以便协助中国代表团参加《ETR 示范法》谈判,笔者对电子提单使用者构成情况进行了一次调查,以了解中国公司为什么不使用电子提单。

承运人是提单的签发者。根据对运输公司,包括以集装箱运输、干散货运输或油运业务为主的不同公司③进行的现场访谈和问卷调查,得到最多的答案是:没有客户要求。一些公司承认曾经偶尔接到过客户的询问,但没有任何一家公司受到客户一定要签发电子提单的压力。多数公司同时表示,只要确实有市场需求,随时准备考虑签发电子提单的可能性。船公司不认为签发电子提单可节约纸张而节省成本是一个很大的吸引力,同时也不认为签发电子提单可能导致额外的费用是个大的障碍。事实上,中远集团在加入 BOLERO 期间,每年需要向 BOLERO 交付不菲的年费④,但最终导致中远集

---

① 《中信银行成功推出"端对端信用证项下电子交单"业务》,载《四川在线—华西都市报》2012 年 12 月 19 日。
② 《苏格兰皇家银行携手中行开展首单 Bolero 电子单据交易》,载《证券时报》2013 年 8 月 27 日。
③ 调查的公司包括大型航运公司如中远集团下的各分公司,中小船公司如太行海运有限公司、广东粤电航运有限公司,以及民营船公司宁波龙盛航运有限公司等。
④ 根据当时的合同,中远集团每年需要向 BOLERO 交付 15 万美元的年费。另外每签发一份 BOLERO 提单还要另外支付费用。

团退出的并非年费问题,而是中国一直没有货主要求使用电子提单。而现在BOLERO已经不再要求船东会员缴纳年费。同样,技术也不是船东考虑的重点,现在许多船公司都有自己的电子商务平台,在签发使用电子单证方面没有难以逾越的技术障碍。甚至法律问题也没有太多困扰船公司。特别是国际船东保赔协会同意承保电子提单风险后,更使船公司感到解除了后顾之忧。

在国际贸易运输中,承运人的角色是服务提供商。纸质提单的使用本身就是为了货主的方便,是承运人为货主提供的一种额外服务。对承运人而言,是否使用提单,对其完成运输任务并无影响。使用提单的真正动力来自货主而非承运人。相应地,以电子提单替代纸质提单的真正动力也将来自货主而非承运人。从纸质提单转向电子提单给承运人的好处十分有限,承运人没有动力,也没有能力强迫其客户接受电子提单。

与承运人相比,银行对加快单据流转速度有更大的兴趣,也更积极地准备在客户需要时提供电子交单服务。作为处理单据的专家,银行在单据所代表的交易的真实性与单据所代表的权利之间,更关心的是前者。由于电子提单使银行更容易核实交易各方的信息,对交易真实性更有信心,因而银行普遍对电子提单表现出欢迎态度。但所有受调查的银行[①]也都表示,不会主动施加压力,要求其客户使用电子提单。银行也是服务提供商,因而在这一点上银行的地位与承运人相似。

3. 发展不畅原因分析

从调查结果分析,承运人和银行都不是是否使用电子提单的决定力量。电子提单的采用与否,更大程度上取决于货主对电子提单的态度。

根据运输形态不同,国际贸易运输中的货物可以分为三种:干散货、油货和集装箱货。这三种货物的货主对电子提单的态度存在很大差别。

从 BOLERO 和 ESS 公布的中国贸易公司名单可以看出,这些公司都是从事干散货贸易的公司,主要是铁矿石进口商。这是否意味着中国干散货进口商因电子提单的使用受益最大,因而最喜欢电子提单呢?从调研得知,情况并非如此。这些公司在回答为什么使用电子提单的问题时,都提到国外客户的要求是促使他们使用电子提单的主因。如主要的铁矿石出口商——澳大利亚的必和必拓公司从 2009 年起,就不断明确要求其客户使用电子提单。而从 2008 年开始,铁矿石贸易一直是卖方市场,买方谈判能力有限。因此,

---

[①] 调查的银行包括已经处理过电子提单的中信银行、中国农业银行和没有处理过电子提单的中国工商银行、交通银行。

某种程度上,铁矿石进口商不过是电子提单的"被动用户"。

在没有出口商要求的情况下,中国干散货进口商是否仍然会使用电子提单,从而成为"主动用户"呢?答案基本是否定的。因为使用电子提单会对进口商造成两方面的负面影响。

第一方面的负面影响,是进口商付款时间提前。以中国首笔电子提单业务为例。该笔业务是澳大利亚必和必拓公司向中国四川峨眉铁合金公司出口一批锰矿石,买卖双方约定信用证付款。开证银行是中信银行成都分行,通知行是澳新银行。铁矿石从澳洲运至中国需要13天,传统纸质提单传送到进口商通常需要10天以上,而电子提单从发货起不到2个工作日便到了进口商处。这意味着使用电子提单,买方付款时间将比使用纸质提单至少提前数天。如果铁矿石是从巴西进口,货物在海上运输的时间长达35天至40天,买方付款时间更将提前数十天。付款时间提前意味着更多的资金占用。我国一半以上的铁矿石消费需要从巴西、澳大利亚等国家长途海运进口,这种影响不可谓不大。

第二方面的负面影响,是进口商无法把电子提单转让出去。现有电子提单模式都有一个特点,即在封闭系统运行。也就是只有和电子提单的服务平台提供者签约后才能接收或出让电子提单。电子提单不能转让给系统以外的人。如果要转让,只能先将电子提单转换成传统的纸质提单,然后以纸质提单进行转让。这样,电子提单在系统内部可以实现高速流转,但一旦需要转出系统外,就从电子的高速公路又拐上了纸质的羊肠小道。

根据BOLERO和ESS的宣传,电子提单对进口商最大的好处,是流转速度快,有助于解决困扰航运界已久的无单放货问题。国内外学者一般也都认同这个观点[①],有人甚至把电子提单称为无单放货的"克星"[②]。情况是否如此呢?

调查发现,干散货运输中确实经常发生无单放货。根据中远散货运输公司的统计,该公司在天津港约有一半的干散货是无单放货的。[③] 但造成无单放货的原因多种多样,最常见的起码有三种:进口商由于资金周转等原因迟延付款赎单;无船承运人或船代签发或处理提单不当;提单迟延到达目的港。

[①] 这种观点广泛见于各种教科书和关于提单的论文,国外如:Rouhshi Low, Replacing the Paper Bill of Lading with an Electronic Bill of Lading: Problems and Possible Solutions, *International Trade and Business Law Annual*, Vol. 5, 2000; Boris Kozolchyk, Evolution and Present State of the Ocean Bill of Lading from a Banking Perspective, *Journal of Maritime Law and Commerce*, Vol. 23, Issue 2, 1992. 国内如:向在胜:《电子提单法律问题研究》,中国方正出版社2007年版;杨良宜:《提单及其付运单证》,中国政法大学出版社2001年版。

[②] 杨良宜:《提单及其付运单证》,中国政法大学出版社2001年版,第151页。

[③] 据对中远散货运输公司船务部张经理电话访谈。

这三种原因中,提单因流转慢而迟延到达目的港并不是最主要的。事实上,提单现在都是通过快递寄送,速度通常也很快,如从中国主要城市到美国主要城市通常也只需要两三天。① 只有在提单需要多次转让的情况下,才会发生因提单传送速度慢而导致的提单不能及时到达。但据调研,主要种类的干散货在运输中发生多次转让是很少见的。② 一些干散货运输公司表示其承运的进口货提单很少有超过三次以上背书的。③ 在提单本来就已经比货物更快到目的港,买方不愿付款才没有赎单的情况下,加快提单流转,完全无助于解决无单放货,而只会对买方增加压力,加剧已经存在的卖方交货和买方付款在时间上存在的矛盾。

而且,不管是由于提单未到还是其他原因,干散货进口商如果需要,总可以凭保函要求承运人放货。中国对铁矿石、粮食等长期实行进口配额管理,往往有权进口大宗干散货的都是资质良好的大中型企业。由于进口商有偿债能力,船公司或船代乐于接受企业或银行提供的保函放货。而且,在干散货运输中凭保函放货产生纠纷的情况非常少见。④ 也就是说,无单放货并没有给相关各方造成太大的不便,电子提单解决无单放货的这一优点相应就不太被看重。

中国不仅是进口大国,也是出口大国。既然出口商可以因使用电子提单受益,那么中国的干散货出口商为什么没有成为电子提单的推动者,而实际上没有一家"主动用户"呢?答案非常简单:中国的干散货出口商很少拥有必和必拓或力拓那样的优势地位。如果进口商反对,出口商很难将电子提单强加给进口商。

与干散货运输中提单转让次数有限不同,油货往往流转环节很多⑤,通常提单会转让很多次,迟于货物到达目的港是常态,夸张的时候原油卸货后

---

① 国外有学者也承认,许多国家国际快递在 3 天内即可到达,但仍主张提单传递迟延在一些发展中国家依然是个主要问题。参见 Emmanuel T. Laryea, Payment For Paperless Trade: Are There Viable Alternatives to the Documentary Credit? *Law and Policy in International Business*, Vol. 33, 2001—2002. 从调查中发现,中国并不属于这样的国家。
② 如对中国粮油食品集团有限公司相关人士进行调研时得知,该公司进口谷物都是直接从国外供货商购买,基本不会发生在途转卖。
③ 据对中远散货运输公司船务部张经理电话访谈,其接触过的干散货提单最多只有三次背书。根据从厦门远洋运输公司商务部调查也得知,其收回的干散货提单很少有多次背书的情形。
④ 根据对中远散货运输公司、厦门远洋运输公司等公司的访问,在散货运输中很少遇见保函放货引发的纠纷。各海事法院无单放货案的统计也证实了这一点。
⑤ 据了解,流转环节多的原因较多。从供应商拿到一手资源的一般不是炼油厂,而是贸易公司。贸易公司以 FOB 买入后再卖给下家,依次传递才能到炼油厂。贸易环节有利可图,任何流转都可能会有溢价。但贸易公司只是过单,并不租船,最后的炼油厂或其代理人租船,放货时凭租家指示。

半年提单才到。甚至有些提单根本没有送到最终进口商手中,而是被遗忘在了某个中间商的抽屉里。① 国际市场也是如此,在适合的市场条件下,一艘油轮在航行于北大西洋的 10 天时间内,其中的货物可能被交易数百次。"油货在从波斯湾到欧洲的航程中常常会被转让 20 次以上"②。提单迟到影响进口商提货,按理说石油进口商应该对加快提单流转速度十分感兴趣。但实际情况并非如此。调研发现,虽然理论上应该凭单放货,但实际上油运中基本是百分之百无单放货,有船东甚至没有见过提单③,但因此发生的纠纷却很罕见。这是因为中国石油进口长期主要是国营贸易,有资格进口的只有寥寥数家大型国有企业,货主提供的保函安全性非常高,因此要求无单放货总能得到同意,而承运人并不因此承受很大风险。由于并不依赖提单提货,进口商对提单是否及时到港并不十分关心,因而电子提单能加快提单流转速度的优点对油货进口商也就缺乏吸引力。

不仅油货进口商对电子提单兴趣不大,油货出口商对电子提单也不像干散货出口商那样热衷,没有动力利用谈判优势迫使进口商使用电子提单。调查中没有发现中国的石油公司受到过交易对手一定要使用电子提单的压力。一个重要的原因在于,油货买卖通常在大公司之间进行,而且供货商占优势地位,货主之间通常并不以提单作为付款条件,因此提单转让快慢对卖方利益没有重大影响。以对中国某大型石油进口公司的调查为例,该公司 80%的付款是采用电汇或电汇加母公司保函的形式支付的,采用跟单信用证支付的不足 20%。而且极少以收到提单为付款条件。油货出口商不会因提单流转加快而提前得到货款,自然也就对加快提单周转不起太大兴趣。

与干散货运输和油货运输相比,集装箱货运输中因无单放货发生纠纷的概率要高得多。在海上货物运输纠纷案件中,无单放货纠纷往往占很大比例④,而据调查,这些纠纷几乎全部是集装箱货运输中发生的。如天津海事法院 2011 年度审理海上货物运输案件 110 件,其中无单放货 32 件,全部是

---

① 根据对中国石油国际事业公司法律部调研。
② N. Gaskell, *Bills of Lading: Law and Contracts*, LLP, 2000, p. 23.
③ 在向中远大连公司相关业务人士请教他们收回的油轮提单上通常会有多少次背书时,得到的答案是他们无法回答这个问题,因为他们从来没有机会收回提单。这一答案与 1984 年一位油轮船长在英国法院作证时的回答相互印证。在被问及是否经常无单放货时,那位在油轮上工作了 14 年的船长回答:"我从来没有见过提单"。参见 Paul Todd, *Bills of Lading and Bankers' Documentary Credits*, Lloyd's of London Press Ltd, 1993, p. 86. 这么多年过去了,看来情况并没有什么变化。
④ 宁波海事法院 2004 年和 2005 年受理的海上货物运输纠纷案中,无单放货纠纷占 65%。参见宁波海事法院课题组:《无单放货纠纷案件的调查与思考》,载《海事司法论坛》2007 年第 3 期。而据对广州海事法院的调研,其 2012 年和 2013 年审理的海上货物运输纠纷案件中,无单放货纠纷占 30%左右。

集装箱货运输;2012年度共审理海上货物运输案件108件,其中5件是无单放货,4件为集装箱货运输,1件为散货运输;2013年度共审理海上货物运输案件171件,其中无单放货12件,11件为集装箱货运输,1件为散货运输。① 广州海事法院2012年度审理海上货物运输案件87件,其中无单放货24件;2013年度审理海上货物运输案件117件,其中无单放货36件,全部是集装箱货运输。② 大连海事法院2011年度审理海上货物运输案件32件,其中无单放货为0件;2012年度审理海上货物运输案件26件,其中无单放货0件;2013年度审理海上货物运输案件34件,其中无单放货1件。③ 这些实际调查取得的数据与从其他来源取得的数据基本能够相互印证。④ 与这一事实相对应的,是集运中无单放货的比例要比在干散货运输和油货运输中低得多。许多船东不会同意无单放货,即使同意,也要求必须用银行保函而不接受货主的保函。

集运中提单转让次数也比较多,因提单流转速度慢,迟延到达港口的情况也比较常见。而且与油运中不一样,集运货主以中小货主居多,信用不是十分有保障,向承运人要求无单放货未必能得到允许,如果得到允许,事后产生纠纷的概率也比较高。同时,买卖双方约定信用证付款的比例较高,卖方交付提单是获得付款的前提条件。这样从理论上说,集装箱货的出口商和进口商都对提单流转加快有动力。特别是出口商。提单流转速度加快对集装箱货出口商有很大好处。

但实际上,我国现在尚无一起集装箱货主使用电子提单的例子。究其原因可能有三点:

第一,集运进口商可能是最抵触电子提单的一类货主。因为现有的电子提单只能在封闭系统中流转,这种缺陷在干散货运输中可能尚属可以忍受,因为干散货提单转让次数有限,但在集装箱货运输中可能就是致命的。因为集装箱货提单需要转让的次数更多,而且多是在中小货主之间转移,这些货主之间未必存在长期交易关系,接受电子提单的货主很难保证其一定能将电

---

① 根据天津海事法院研究室提供的统计数据。
② 根据广州海事法院提供的统计数据。数据提供者指出,由于无单放货没有专门的案由,因此,相关数据无法通过审判管理系统筛选得出,所引数据为调研时人工逐一统计,可能存在一定误差。同时,审判系统内查看不到是油运、集运还是干散货运输,是通过货品性质(电器、餐具、医疗器械、风扇、针织物等)推测出,也可能存在一定误差。
③ 根据大连海事法院提供的统计数据。数据提供者指出,因2008年后改用新案由规定,无单放货案件无法从电脑中查到,但从海事法院和几个派出法庭了解,几乎没有此类案件。
④ 如上海海事法院2006年组织编写的关于海上货物运输无单放货的案例书中共收录了该院审理的54个无单放货案件,全部是集装箱运输中发生的纠纷,而80%以上是出口货。参见郑肇芳主编:《海上货物运输无单放货案例》,上海人民出版社2006年版。

子提单再转让出去。

第二，集装箱货物出口商没有机会要求使用电子提单。虽然中国是集装箱出口大国，但往往是国内小贸易商向国外大贸易商出口，如向美国通用出口加工的电器，在这样的贸易中，卖方往往没有谈判实力而接受 FOB 条件，运输由进口商自行安排。国外进口商对使用电子提单没有利益，因而很少会主动提出使用电子提单。即使采用 CIF 条件，出口商也很难有实力迫使其进口商接受电子提单。

第三，集装箱货的出口商使用电子提单的动力也较干散货或油货出口商低。因为集装箱货提单通常转让次数更多，而且往往是在中小商人之间转让，这意味着使用电子提单的成本更高。而按照目前的收费情况，成本主要是由出口商承担的。交易链条越长，出口商负担的成本越高，使用电子提单的动力也就越低。因此集装箱货的出口商也未必有动力使用电子提单。

事实上，BOLERO 并未针对中国的中小贸易公司进行展业宣传。在调研中，BOLERO 公司上海办事处的人员也明确表示，其主要服务的对象是大货主而非中小货主。

中国是最大的货物贸易国，是最主要的干散货进口国和最主要的集装箱货出口国。由于商品类型、谈判实力、贸易习惯等多种原因，中国出口商，包括干散货和集装箱货出口商，基本没有机会安排运输，从而也没有能力决定使用电子提单。中国干散货进口商虽然已经开始使用电子提单，但在电子提单使用中并无明显经济利益，只是电子提单的被动使用者。中国其他贸易商则不愿，也可能根本没有机会成为当前电子提单平台的用户。

因此，当前电子提单在中国的使用不普及，真正的原因既不在宣传，也不在资金投入，而在于贸易各方获益不多，是经济规律下的自然结果。

电子可转让记录在商业实践中推广不畅，与当前模式的内在缺陷有关。一般认为，纸质单据的电子化可以节约纸张成本，流转速度快，可减少纸质单据遗失或伪造的风险。但当前模式下这些优点并未充分体现，更没有对交易各方均等体现。无纸化带来的节约纸张的好处，主要由单据的签发方、出让方享受了，受让方并没有享受。登记处的登记易于查询，减少了纸质单据遗失或伪造的风险，但代价是必须向登记处支付额外的费用，并且要承担登记处失误的风险。这种额外的费用主要是由受让方承担的，因其需要从信任和保管纸张的低成本运作模式，转向信任登记处和向登记处支付费用的高成本运作模式。流转速度快看起来是对受让方有利，因其更快取得了单据。但转让快并不表明兑现就一定快。作为提货凭证的提单，必须在货物到达后才能提货，如果货运速度比提单传送速度慢，早拿到提单并无益于受让人提货。

票据流转速度加快,同样未必对受让人有利。因为商业汇票往往作成远期的,拿到汇票未必能立即兑现。当然,提单和票据作为有价证券还可以转卖、抵押等,但当前模式的电子提单和电子票据流转范围有限,找到下家或找到愿意对其融资的银行的概率远低于纸质提单或票据。而且,在当前的国际贸易模式下,提单和价款往往被设置成对流条件,拿到提单就需要支付货款,因而早拿到提单,对受让人还意味着早支付货款,因而提前拿到提单只有坏处。不管提单还是票据,受让人本来只需接受一张纸,不需要通过任何中介。现在却必须通过银行或其他中介,必须要进行电脑系统建设,承担网络管理成本。总的来说,可转让单据电子化的成本更多由受让方承担了,因而是一种利益不均衡的变化过程。这样的过程需要一方主导和推动,无法因为共同利益而形成共同追求。在推动力不够强大时,自然也就很难普及。

(三) 合同解决路径的问题分析

1. 当前电子可转让记录的实践往往求助于合同安排解决合法性问题

纸质可转让单据的电子化往往从外形到流程都尽量模仿纸质单据。"电子支票是纸质支票的电脑版本,在屏幕上就和纸质支票外观完全一样,填写内容也相同。电子支票嵌在一个安全的电子文件里。"①"电子商业汇票虽然以数据电文的形式存在,但所有提供电子商业汇票服务的银行、财务公司以及中国人民银行电子商业汇票系统在展现电子商业汇票时必须遵循相同的票样格式,票样包括电子银行承兑汇票与电子商业承兑汇票两种。"②电子提单也是如此。BOLERO是直接将纸质的提单扫描到电脑系统里,ESS是直接在电脑系统里生成电子提单,但不管是哪种,电脑屏幕上显示的电子提单都与纸质提单格式相同,甚至用红色字体显示"正本"字样等的做法也都一概保留,如果用彩色打印机打印出来足可乱真。

为了促进市场接受,电子平台一般都宣称电子化后的产品与对应的纸质单据具有同样的法律地位。如ESS官网上宣称其电子提单是纸质提单法律上和功能上的等同物(the legal and functional equivalent of a paper B/L)③,BOLERO官网上也宣称其电子提单是纸质提单的电子对等物(the electronic equivalent of a paper bill of lading),复制了纸质提单的各种功能。④ 对

---

① 全飞编译:《电子支票:双赢的世界》,载《广东金融电脑》2000年第5期。
② 苏宁主编:《中国电子商业汇票》,中国金融出版社2009年版,第178页。
③ http://www.essdocs.com.
④ http://www.bolero.net.

BOLERO公司中国代表处进行的访谈,其表示:"BOLERO在中国大陆没有遇到任何法律障碍,在全球也没有遇到法律效力方面的投诉。"①我国央行推行电子票据时,强调电子票据与纸质票据法律地位完全相同。央行负责人就电子商业汇票系统答记者问时表示:"电子商业汇票是纸质商业汇票的继承和发展,其所体现的票据权利义务关系与纸质商业汇票没有不同。但是电子商业汇票以数据电文形式替代原有纸质实物票据,以电子签名取代了实体签章,以网络传输取代人工传递,以计算机录入代替手工书写,实现了出票、流转、兑付等票据业务过程的完全电子化。票据安全性和交易效率得到了极大提升。""从法律层面来看,电子商业汇票与纸质商业汇票的法律关系均由《中华人民共和国票据法》《票据管理实施办法》和《支付结算办法》等法规制度调整,在其所体现的权利义务关系上完全一致。"②这种宣传显然起到了作用,如根据对使用电子提单的船公司的调研,业务人员都认为其使用的电子提单就是提单。

然而,"可转让电子记录"与纸质单据是否具有同样的法律地位,并不是由服务商或使用者说了算的。现在没有发生法律纠纷,不表明今后也不会发生法律纠纷。事实上,虽然关于电子提单、电子票据或电子仓单的有效性发生争议的案例还很少,但也已经逐渐开始见诸法律报告。如在英国2015年底审理的一个案件中,法院需要回答电子交付的密码是否构成"交货单"的新问题。③而瑞典也传出法院被要求判断电子本票的有效性的案例,虽然后来当事人撤回了该案申请,但问题显然仍然存在。④

2. 传统法律对"纸质"的要求是强制性的

传统法律中对可转让单据的"纸质"要求都是强制性的。大陆法系中,有价证券法的强制性在法学理论上早已牢固树立。"票据法中的规定几乎都是强行法规。首先,票据种类由法律规定为三种,不得由当事人任意创设(票据种类法定主义)。其次,票据是严格的要式证券,各种票据行为也是严格的要式行为。这些都与民法不同。"⑤我国台湾学者也曾指出:票据法所规律者,为票据事项之商事法。关于票据事项,台湾"票据法"第1条规定,票据为本

---

① 据对BOLERO公司中国代表处的访谈记录。
② 《中国人民银行有关负责人就电子商业汇票系统建成运行有关问题答记者问》,载央行网站,2009年11月2日。
③ Glencore International AG v. (1) MSC Mediterranean Shipping Company SA and (2) MSC Home Terminal NV [2015] EWHC 1989 (Comm).
④ 我国也已经出现过一些使用到电子化的票据、提单等的案例,但这些案例都没有将单据电子化的法律效力作为审理要点,不管是法院还是当事人都没有对所谓的"电子提单""电子票据"是不是真的提单、票据提出过质疑或讨论。
⑤ 谢怀栻:《票据法概论》,法律出版社1990年版,第29页。

票、汇票、支票三种。每种各有一定之格式,而其票据关系人各有一定之权利与义务,甚少由当事人之意思任意变更,与一般债法采用私法自治原则有别,故票据法为强行法。① 英美法系中,可转让单据的法律也有很强的强制性,其基于"纸质"的要求也多为强制性的。英国法下,"物权凭证"不能通过当事人约定创设,只能通过立法或商业惯例创设。而票据虽然是私人签发的,却长期被视为广义货币的一种,关于票据的规则当然更不能由当事人任意更改。

违反强制性规范,可直接导致行为无效。如我国《票据法》第 22 条规定了汇票上必须记载的事项,未记载法定事项之一的,汇票无效。当事人同意使用,并不能使欠缺法定记载事项的汇票变得有效。我国《票据法》第 8 条规定:"票据金额以中文大写和数码同时记载,二者必须一致,二者不一致的,票据无效。"又如,我国《海商法》列明了提单记载的事项,并规定提单应符合该法对提单定义的规定。② 再如背书,与汇票的出票一样,背书人必须将记载完毕并签章的汇票交付给被背书人,才发生背书的效力。背书具有保证性质。背书人的保证责任不可以由当事人特约免除,票据上记载的背书人越多,意味着对这张票据承担保证责任的人越多,其信用度就越高。

违反强制性规定,还可导致对当事人的处罚。如我国《票据管理实施办法》第 32 条规定:"金融机构的工作人员在票据业务中玩忽职守,对违反票据法和本办法规定的票据予以承兑、付款、保证或者贴现的,对直接负责的主管人员和直接责任人员给予警告、记过、撤职或者开除的处分;造成重大损失,构成犯罪的,依法追究刑事责任。"第 34 条规定:"违反中国人民银行规定,擅自印制票据的,由中国人民银行责令改正,处以 1 万元以上 20 万元以下的罚款;情节严重的,中国人民银行有权提请有关部门吊销其营业执照。"但与此同时,在第 33 条规定:"票据的付款人对见票即付或者到期的票据,故意压票、拖延支付的,由中国人民银行处以压票、拖延支付期间内每日票据金额 0.7‰ 的罚款;对直接负责的主管人员和其他直接责任人员给予警告、记过、撤职或者开除的处分。"

除了《票据法》等,我国其他法律中对可转让单据的相关规则的强制性也有体现。"物权法定是大陆法系各国物权法所普遍承认的基本原则,对于准确界定物权,定分止争、确立物权设立和变动规则、建立物权的秩序都具有十分重要的意义。"③ 我国《物权法》第 5 条规定:"物权的种类和内容,由法律规

---

① 参见梁宇贤:《票据法新论》,台湾 1989 年自版,第 4 页。
② 参见我国《海商法》第 73 条。另参见最高人民法院《关于审理无正本提单交付货物案件适用法律若干问题的规定》。
③ 王利明:《物权法研究》,中国人民大学出版社 2007 年版,第 158 页。

定。"提单和仓单表彰的是货物的物权,必须由法律规定。另外,《物权法》第223条规定了可以出质的权利范围,其中包括汇票、支票、本票、仓单、提单等,以及"法律、行政法规规定可以出质的其他财产权利"。即并非所有财产权利都可以出质,而必须是有法律、行政法规为依据的才可以。这种强制性规定有金融监管的理由在。

其他如 2007 年国务院发布的《期货交易管理条例》规定,期货交易严格执行保证金制度。《期货交易管理条例》第 29 条第 1 款规定:"期货交易应当严格执行保证金制度。期货交易所向会员、期货公司向客户收取的保证金,不得低于国务院期货监督管理机构、期货交易所规定的标准,并应当与自有资金分开,专户存放。"第 32 条规定:"期货交易所会员、客户可以使用标准仓单、国债等价值稳定、流动性强的有价证券充抵保证金进行期货交易。有价证券的种类、价值的计算方法和充抵保证金的比例等,由国务院期货监督管理机构规定。"不按照规定执行保证金制度的,要承担罚款、没收违法所得等多种法律责任。

票据、提单、仓单首先是支付/交付工具。提单和仓单是物权凭证,可以代替货物本身进行交付。根据"物权法定"原则,物权的种类、内容应当由法律明确,而不能由法律之外的其他规范性文件确定,或当事人通过合同任意设定。① 这一原则不仅是我国,也是大陆法系各国物权法所普遍承认的基本原则。允许当事人自行设定"物权凭证",首先违背了"物权法定"原则。同时,允许当事人以登记证明"占有"而不要求公示,违反了"物权公示"原则。"所谓公示原则是指物权的设立、变动必须依据法定的公示方法予以公开,使第三人能够及时了解物权的变动情况。"我国《物权法》第 6 条规定:"不动产物权的设立、变更、转让和消灭,应当依照法律规定登记。动产物权的设立和转让,应当依照法律规定交付。"物权的公示方法必须由法律明确规定,而不能由当事人随意创设。物权的公示原则与公信原则密切联系。"所谓公信原则,就是指对于通过法定的公示方法所公示出来的权利状态,相对人有合理的理由相信其为真实的权利状态,并与登记权利人进行了交易,对这种信赖法律就应当予以保护。"②公信原则具体表现在两方面:登记记载的权利人在法律上推定其为真正的权利人;凡是因信赖登记所记载的权利而与权利人进行的交易,在法律上应当受到保护。票据是付款工具,可以代替货款进行支付,我国规定票据的签发必须有真实的交易为依据,允许当事人自行定义"票据",违反了票据法上的真实交易原则。

---

① 参见王利明等著:《中国物权法教程》,人民法院出版社 2007 年版,第 44 页。
② 同上书,第 51 页。

纸质可转让单据的法律并未限定其强制的范围只限于合同当事人以外的第三方。恰恰相反,由于票据关系中完全意义上的第三方很少,票据法的强制性主要是对合同当事人而言的。

3. 合同约定不能改变法律的强制性规定

电子记录不具有纸质的形式,不符合法律对形式的要求。以合同方式约定使用自行定义的"电子提单""电子仓单""电子票据",最大的局限在于,合同不能违反法律的强制性规定,而且合同只约束合同双方,无法产生对第三人的效力。

以当前商业实践中比较成功的电子提单系统 BOLERO 为例。BOLERO 电子提单的服务商进行了复杂的合同安排,以使 BOLERO 提单能取代纸质提单。BOLERO 有一个"规则手册",其中包括两个重要条款。第一个是"占有转移"条款(transfer of possession)。根据该条款,在一份电子提单创建后,可通过指定新的持有人而转让。在指定新的持有人时,承运人应承认是从指定开始即为新的持有人占有货物。第二个是"合同更新"条款(novation of the contract of carriage)。根据该条款,在创建了 BOLERO 电子提单后,如果指定了新的提单持有人,应该意味着承运人、托运人、前一持有人和新持有人同意所有以下条件:在接受了新指定的提单持有人后,承运人与新提单持有人之间就成立一个合同,合同条款与提单记载完全一样。新的提单持有人接受原来运输合同下的全部权利和义务。原持有人的权利和义务终止。BOLERO 服务商认为通过合同安排,BOLERO 提单的各方当事人地位完全等同于纸质提单的当事人地位。然而,BOLERO 恰好是一个合同约定不能赋予 ETR 法律地位的例子,即使合同安排再周密也是一样。因为所有合同条款都只能保证在当事人之间,电子提单转让的效力尽管与纸质提单转让的一样,但对第三方没有约束力。因此我们看到 BOLERO 提单不能对抗实际提货的人,也不能使银行放心接纳为融资担保。BOLERO 模式以"合同更新"理论说明电子提单持有人的权利。即每一次电子提单转让,都等同于一次合同的当事人变更。但合同变更后,合同内容没有变化,因此电子提单持有人得到的权利并不比其前手多。而提单持有人的权利是后手有可能优于前手的,即受让提单的人的权利不受出让提单的人的权利瑕疵的影响。这一点通过合同安排可能很复杂甚至根本无法达到。例如,在一个英国案例[①]中,托运人向承运人"借"出提单,保证不转让,但随后将提单抵押给银行。法

---

① The Lyacon,[1983]2 Lloyd's Rep. 548.

院判决，银行有权向承运人主张提单权利。但如果这个案例中承运人签发的是一份电子提单，则持有电子提单的银行就可能无权向承运人主张权利。因为在电子提单的"合同更新"安排下，银行与承运人之间的合同与托运人与承运人之间的合同是一样的，托运人的权利瑕疵，将影响银行的权利。再举一个例子。如果托运人未付运费，但未在提单上载明，纸质提单的持有人可以向承运人主张权利并无需支付运费。但电子提单的持有人向承运人主张提单权利时，就可能必须面对承运人作出的运费未付的抗辩。

通过可转让单据转让权利，与通过合同转让权利，是两种不同的权利转让途径。通过可转让单据进行的权利转让具有一般财产权转让不同的特点，这些特点有些可以通过合同安排基本达到，有些却不能。《ETR 示范法》制定之初，对包括 BOLERO 在内的各种当前使用的 ETR 进行了考察，并且认识到，BOLERO 下不能使用可流通票据，因为此种使用是以合同协议为基础的。该系统没有提供一种保护第三方的机制，当第三方参与跨境交易时，就会产生困难。①

---

① A/CN.9/737，第 37 段。

四、替代"纸质"要求:现有立法例

(一) 现有的代表性立法

1. 澳大利亚电子提单立法

澳大利亚是最早颁布法律允许使用可转让电子运输记录的国家。其1991年《海上货物运输法》(Carriage of Goods by Sea Act)(1998年修正)就授权当事人自由使用电子提单。[1]

澳大利亚《海上货物运输法》来自于调整海上货物运输的国际公约——《海牙—维斯比规则》,但《海牙—维斯比规则》将其调整的"运输合同"定义为:"提单或类似物权凭证下的合同",而澳大利亚《海上货物运输法》则将"运输合同"的定义改为:"海上运输单据下的合同"(a contract of carriage covered by a sea carriage document)。"海上运输单据",包括提单,既可以是纸质的,也可以是电子的。电子的运输单据与纸质运输单据的法律地位完全相同。当一份数据信息被创造出来,并在相关运输合同的各方使用的系统内构成签发时,一份海上运输单据就视为签发。当一份数据信息被生成,并在相关运输合同的各方使用的系统内构成转让时,一份海上运输单据就视为转让。[2] 同时,该法将"书面"定义为"包括电子邮件、电子数据交换、传真以及计算机系统下的数据库的进入权"[3]。同时增加"数据信息"的定义[4]。

澳大利亚《海上货物运输法》的特点是将何为"电子运输单据"及其如何

---

[1] 参见 Emmanuel T. Laryea, Paperless Shipping Documents: An Australian Perspective, *Tulane Maritime Law Journal*, Winter, 2000。

[2] (a) a sea carriage document is issued when a data message is generated in a way that constitutes issue of such a document within the system being used by the parties to the relevant contract of carriage; and (b) a sea carriage document is transferred when a data message is generated in a way that constitutes transfer of the sea carriage document within the system being used by the parties to the relevant contract of carriage.

[3] "Writing" includes electronic mail, electronic data interchange, facsimile transmission, and entry in a database maintained on a computer system.

[4] "Data message" means information generated, stored or communicated by electronic, optical or analogous means (including electronic data interchange, electronic mail, telegram, telex or telecopy) even if the information is never reproduced in printed form.

签发和转让完全交由当事人自主决定,承认一切当事人承认的电子运输单据,包括可转让电子运输单据的合法地位。

2. 韩国电子提单立法

韩国 2007 年 8 月 3 日颁布《商法》修订稿(第 9746 号法律)第 862 条,对电子提单赋予了等同于传统提单的法律地位。为执行韩国《商法》第 862 条的规定,2009 年又颁布了《商法对电子提单规定试行的相关规定》(总统令第 20829 号)。这些规定一起建立了一套独特的电子提单法律制度[①],其特点可以简单概括为:法定模式、法定机构、法定程序。

"法定模式"是指韩国只承认登记制模式的电子提单。根据韩国《商法》第 862 条第 1 款:"承运人除根据第 852 条(提单的发行)或第 855 条(租船合同和提单)发行提单之外,还可以以取得托运人或租船人的同意后向法务部长官指定的注册机构进行注册的方式发行电子提单。此时,电子提单具有与第 852 条及第 855 条的提单相同的法律效力。"即只肯定了登记制电子提单的合法性。

"法定机构"是指韩国只承认法定机构作为登记处的登记制电子提单。韩国《商法》第 862 条第 5 款规定:"电子提单注册机构的指定条件、发行和背书的电子方式、货物领取的具体程序以及其他必要事项由总统令进行规定。"《商法对电子提单规定试行的相关规定》第 1 条规定,"电子提单"是指以电子文件的形式制作,依据《商法》第 862 条第 1 项在电子提单注册机构注册的提单。"电子提单注册机构"是指由法务部长官指定,处理电子提单的发行注册、转让、书面提单转换及相关电子记录保存等业务的部门。根据该《规定》第 3 条,欲被指定为电子提单注册机构必须具备五项条件,即必须是法人;具备法定的技术能力;具备法定的财政能力;具有法定的设施和设备;具备法定的管理、运营步骤和方法,以及符合法定条件的业务准则。该《规定》第 4 条详细列明了注册机构的指定步骤,第 5 条规定了注册机构事项变更的法定程序。注册机构必须按照法定程序指定和变更。根据《规定》第 14 条,法务部长官应监督注册机构遵守相关法律及该令的状况,并可对依第 3 条第 1 项的注册机构的技术、财政能力、设施和设备的安全运营等内容进行确认。根据《规定》第 15 条,符合以下任意一项时,法务部长官可取消注册机构的指定:以谎言及其他不当的方法取得指定时;严重违反第 3 条第 1 项各号的指定条件时;由于法人的合并、破产、倒闭等原因事实上终止其营业时。法务部长官

---

① 详见 www.eblkorea.or.kr。本书引用的韩国《商法》第 862 条及《商法对电子提单规定试行的相关规定》全部由北京大学法学院韩国留学生李泰昀同学翻译,谨在此致谢。

若要依据第1项取消指定时应听取意见。法务部长官若要依据第1项取消指定时,应立即把其内容发布于公报,并在法务部网站发布公告。法务部长官针对依据第1项被取消指定的注册机构,可采取继续进行对已发行电子提单的转让等业务、向其他注册机构移交相关电子记录保管业务、依据第12条转换为书面提单等必要的措施。《规定》第16条规定,为了执行注册机构的指定等相关业务有需要时,法务部长官可以向计划财政部长官、产业通商资源部长官、海洋水产部长官以及金融委员会申请协助。2008年9月,韩国政府指定韩国贸易信息通讯机构(KTNET)为电子提单的登记机构。该机构是一家私营企业,大股东是韩国贸易协会。① 2009年3月,该机构正式开通电子提单服务网站。②

"法定程序"是指韩国在法律中详细规定了电子提单的发行、转让、变更和注销等程序。

关于发行,根据韩国《商法》第862条第2款,电子提单中应包含第853条(提单的记载事项)第1项各目的信息,由承运人进行电子签名后发送,租船人或托运人接收其时,才发生效力。《商法对电子提单规定试行的相关规定》第6条规定,承运人欲发行电子提单,应在包含法定信息的发行注册申请电子文件中附加承运人的公认电子签名和能够确认托运人同意电子提单发行的证明文件(包括电子文件),并发送至注册机构。这些法定信息包括《商法》第853条第1项规定的事项(有关纸质提单上要求记载的事项);货物的发送、提取地址;以电子方式表示的承运人或其代理人的签名。承运人应向注册机构发送其电子提单的条款内容。注册机构接收符合法律要求的发行注册申请后,应在电子注册簿发行注册包含法定信息的电子提单,并以电子文件的形式立即向托运人发送。已发行电子提单的情况下,不能再发行纸质提单。

关于转让,韩国《商法》第862条第3款规定:"电子提单的权利人可以以制作记载背书意思的电子文件并附加电子提单,通过指定的注册机构将其向对方发送的方式转让其权利。"第4款规定:"根据第3项中规定的方式,对方接收载有背书意思的电子文件时,具有与依据第852条及第855条进行提单背书交付相同的效力;接收第2项及第3项的电子文件的权利人将取得与接收第852条及第855条的提单的持有人相同的权利。"根据这些规定,电子提单转让方式与纸质提单转让方式法律地位等同。根据《商法对电子提单规定试行的相关规定》第8条,电子提单的权利人转让电子提单时,应制作记载背

---

① 韩国的贸易公司建立的民间经济团体。
② http://www.eblkorea.or.kr.

书意思的电子文件并与电子提单一同向注册机构申请发送至受让人。该转让申请电子文件中应包含以下信息：表示电子提单的同一性的信息；受让人的相关信息；转让人的公认电子签名。接收转让申请的注册机构应向电子注册簿记载包含前述各项信息的转让有关内容后，把该事实以电子文件的形式立即发送至受让人，并把该事实立即以电子文件的形式通知转让人。受让电子提单的受让人应事先向注册机构注册姓名、身份证号或营业执照编号、地址等有关自己的信息。

关于变更，《商法对电子提单规定试行的相关规定》第9条规定，电子提单的权利人欲变更电子提单上记载的内容时，应以电子文件的形式向注册机构申请变更。注册机构接收依第1项的变更申请时，应以电子文件的形式立即通知承运人。承运人接到依第2项的通知后，应以电子文件的形式通知注册机构其同意与否。注册机构从承运人接收依第3项作出的其同意与否的相关通知时，应立即以电子文件的形式向电子提单的权利人通知其内容。此时，若承运人同意记载内容的变更，那么应变更电子注册簿记载事项后进行通知。

关于注销，《商法对电子提单规定试行的相关规定》第10条规定，电子提单权利人若要进行提货时，应制作记载提货意向的电子文件并附加电子提单发送至注册机构，注册机构应将此文件以电子文件的形式立即发送至承运人。若有依第1项的提货申请时，注册机构应在电子注册簿记载相关电子提单不能再进行转让的意思。若接收依第1项的提货申请的承运人拒绝提货，应向注册机构发送载有其意思及事由的电子文件，注册机构应把该电子文件立即向申请提货的电子提单权利人发送。根据该《规定》第11条，通过注册机构接收提货申请的承运人应确认申请人是否为电子注册簿上的电子提单权利人后移交货物。承运人移交货物后应向注册机构以电子文件的形式通知领取人、移交日期，接到通知的注册机构应立即在电子注册簿记载后，废止电子注册簿，并向承运人和领取人以电子文件的形式发送通知。依据第1项和第2项移交货物时，视为向承运人偿还电子提单。

另外，《商法对电子提单规定试行的相关规定》还规定了两项电子提单特有的制度。

一是电子提单转换为书面提单的程序。根据该《规定》第12条，注册机构从电子提单权利人接到将电子提单转换为书面提单的申请时，应向他交付书面提单。此时，以电子方式记载的记名盖章或签名视为《商法》第853条第1项中的记名盖章或签名。注册机构应在依第1项被转换的书面提单的背面记载电子提单转让相关记录。第2项书面提单背面所记载的转让相关记录具有与背书同等的法律效力。注册机构依据第1项交付书面提单时,应在电子注册簿记载被转换为书面提单的事实,并废止该电子提单的电子注册簿后,以电子文件的形式将该事实通知承运人。针对依据第1项被转换、交付的书面提单上所记载的事项,将其视为注册机构已担保其准确性。

二是电子提单的信息留存。根据该《规定》第13条,依据第3条第1项第5目的注册机构的业务准则中,应按以下要求规定电子提单及其发行、转让和受让、转换、变更等相关电子记录保管所规定的期间的内容:货物被移交的情况下,从被移交之日起10年;货物未被移交的情况下,从制作电子提单记录之日起10年;已转换为书面提单的情况下,从废止相关电子提单的电子注册簿之日起10年。

3. 美国关于电子可转让记录的法律

(1) 关于电子物权凭证的规定

美国电子商务立法一直走在世界前列。美国1999年制定的《统一电子交易法》(Uniform Electronic Transactions Act, UETA)中第一次提出了可转让记录的概念。这个概念在2000年《联邦全球和国内贸易中的电子签名法案》(Federal Electronic Signatures in Global and National Commerce Act, E-SIGN)中继续沿用。《统一电子交易法》授权创建电子单据,如信用证交易中的电子提单。不过该法出台后,并没有引起航运界对电子提单的很大热情。

美国《统一商法典》(UCC)第7编"物权凭证"编在2003年进行了首次修订,以适应电子商务的发展。[①] 该编有两款与物权凭证的电子化有关,即Section 7-105 "以新媒介重新签发"(reissuance in alterative medium)和 Section 7-106 "电子权利凭证的控制"(control of electronic document of title)。在这两条中,UCC建立了一套基于"控制"这个核心概念的电子可转让记录制度。[②]

UCC的Section 7-106一共有6款,规定了如何实现"控制":

① 一方对一份电子物权凭证具有控制,如果用来证明电子凭证中的权利转让的系统可靠地证明该方是电子凭证签发或转让的对象。

② 如果凭证创设、储存和转让的方式满足以下要求,则一个系统满足前

[①] UCC第7编是在1906年《统一仓单法》和1909年《统一提单法》的基础上制定的,自1952年推出后一直保持不变,直到2003年才进行了第一次修订。这一次修订主要是为了给电子物权凭证的进一步发展提供一个法律框架,同时适应联邦、州和国际相关法律的新发展。

[②] "控制"并非全新概念,最早出现在第8编有关投资证券的规定中,随后《电子期票交易法》也采用了这一概念。

款的要求，一方被视为具有对电子物权凭证的控制：

（A）存在一份单证的单一权威本，且是独一无二的、可辨认的并且除下述③④⑤另有规定外，是不能改变的。

（B）权威本指明该主张控制的人是

（a）单据签发的对象；或

（b）如果权威本表明单据已被转让，单据最后转让的对象。

③ 权威本被传送给并被保留于主张控制的人或其指定的人处。

④ 复制或增加或改变权威本的指定受让人的修改只有在主张控制的人同意的情况下才能进行。

⑤ 权威本的每一复制，或复制本的每一复制可以被容易地识别为复制本而非权威本。

⑥ 对权威本的修改可以被容易地识别为经授权的或非经授权的。

UCC定义的"控制"，主要是通过"权威文本"的指定和保留来证明。"权威文本"的权威性既是关于文本所在信息内容真实完整的，也是关于文本作为权利人识别外在标准的。它的内容不能改变，存在独一无二。存在一份权威文本，并且由权威文本指明为单据签发或最后转让的对象，并且持有权威文本，是"控制"存在的方式之一。但"控制"还可以由其他方式证明，只要这种方式能可靠地证明一人是电子凭证签发或转让的对象。

UCC的Section 7-105一共有4款，规定了电子与纸质两种媒介的互相转换：

① 根据电子物权凭证下有权的人的请求，电子凭证的签发人可以签发一份有形的物权凭证替换电子凭证，如果：

（a）电子凭证下有权的人将对电子凭证的控制缴回给签发人；

（b）有形单据签发时包括一个说明，它是作为电子凭证的替代签发的。

② 当根据前款规定签发了一份有形物权凭证以替代电子物权凭证时，

（a）电子凭证的效力即告终止；

（b）得到有形单据的人向所有其后对有形单据有权的人保证，当保证人将对电子凭证的控制缴回给签发人时，保证人是电子凭证下有权的人。

③ 根据有形的物权凭证下有权的人的请求，有形物权凭证的签发人可以签发一份电子物权凭证替换有形物权凭证，如果：

（a）有形物权凭证下有权的人将对凭证的占有缴回给签发人。

（b）电子物权凭证签发时包括一个说明，它是作为有形物权凭证的替代签发的。

④ 当根据前款规定签发了一份电子物权凭证以替代有形物权凭证时，

(a) 有形物权凭证的效力即告终止；

(b) 得到电子凭证的人向所有其后对电子凭证有权的人保证,当保证人将对有形凭证的占有缴回给签发人时,保证人是有形凭证下有权的人。

美国《统一商法典》第 7 编对提单和仓单都适用。对仓单,美国联邦执照下的仓库适用《联邦仓库法》(United States Warehouse Act, USWA),而各州执照下的仓库适用州法。UCC 第 7 条,除被《联邦仓库法》取代的部分,普遍适用。《联邦仓库法》主要规范仓单的格式和签发。法律要求仓单"签字"并且是"书面"或"打印"。且应注明"可流通"或"不可流通"。同时还有关于遗失或被毁的仓单的规定,将货物交付给持有人的义务,并且将签发限制在"除非签发时农产品已经实际装在仓库中"。《联邦仓库法》不涉及物权凭证中持有人的权利等,后者由 UCC 规定。因此前者对后者的替代非常有限。1994 年,美国两次修改《联邦仓库法》,使其为一定情况下自愿使用电子仓单提供法律基础。① 美国允许在一种特殊的可替代农产品——棉花包(打上标签和数字的)中基于自愿使用电子仓单。依法签发的电子仓单对棉花包确立的权利和义务与纸质收据的完全一样。

(2) 关于电子票据的规定

美国关于电子票据的规定主要见于 UCC 第三编。UCC 第三编为"流通票据"(Negotiable Instruments),主要规范汇票、本票和支票。票据要可流通,必须满足一长串的正式要求,包括要使用一些特定的字眼如"Pay to the order of"以及是纸质的。由于传统的要求对票据电子化形成无法跨越的障碍,为了便于商业实践中采用纸质票据的电子替代品,1990 年,美国就对 UCC 第 3-501 条进行了修订,规定只要当事人之间存在协议,"电子提示"也被视为有效的提示方式。1998 年美国对 UCC 第 9-105 条进行了修改,意在允许在几十年未见的规模基础上再造不动产贷款和设备租赁的商业流程。1999 年,美国《统一电子交易法》(UETA)颁布,该法第 16 条"可转让记录"确立了"控制"作为"占有"的电子等同所确定持有人的规则。2010 年,UCC 第 9-105 条再次进行了修改以与之前的相关立法协调。

美国对电子票据的规定更多适用于电子支票和电子汇票,电子汇票主要是用于国内市场的商业承兑汇票。美国国内的不动产市场高度依赖商业承兑汇票,因而票据的电子化以及电子票据的立法具有重要的商业意义。②

---

① U. S. C. A, Sections 259, 270. 参见 Donald B. Pedersen, Electronic Data Interchange as Documents of Title for Fungible Agricultural Commodities, *Idaho Law Review*, Vol. 31, 1995。

② Jane K. Winn, Electronic Chattel Paper: Invitation Accepted, *Gonzaga Law Review*, Vol. 46, 2010—2011。

4. CMI 电子提单规则

国际海事委员会(CMI)似乎是第一个对电子提单进行考虑的国际组织。1989年5月,CMI在英国伦敦召开了CMI电子提单专题委员会第一次会议,1990年1月在法国巴黎召开了第二次会议,会议的成果之一是产生了题为"在运输途中电子转让货物所有权"的规则草案。1990年6月,在巴黎召开的CMI第三十四届大会电子提单专题委员会上对该草案进行了逐条审议,并由大会最终通过。规则定名为《国际海事委员会电子提单规则》(CMI Rules For Electronic Bill of Lading)。

《国际海事委员会电子提单规则》共11条。该《规则》设计了一种技术性、程序性的电子转让物权的方法,供当事人在自愿的基础上引用。根据该《规则》,提单被简化为一组数据由承运人的计算机保存。承运人交给托运人一个密码,托运人可凭该密码控制在途货物。如果要进行转让,托运人只需要将转让的意图和对象通知承运人,并告知自己的密码。承运人核对无误后,设计一个新的密码通知买方,并将托运人手中的密码作废。这样通过密码的改变就实现了提单的转让。持有最新密码的人就是提单持有人。① 最后收货人凭密码提货。每个持有人的密码是独一无二的,承运人和持有人应保证密码的安全。

《国际海事委员会电子提单规则》是合同性质而非法律性质的,但其中规定,如果当事人自愿采用了《规则》,则不能再提起提单不是书面的主张。

5. 联合国国际贸易法委员会1996年《电子商务示范法》

联合国国际贸易法委员会1996年《电子商务示范法》中只有一条与电子可转让记录有关,即第17条"运输单据"(transport documents)。该条共7款,建立了一套基于"独一无二性"要求的电子提单法律制度。②

第17条首先确立了对电子提单的"不歧视"原则。根据该条第1款,除第3款另有规定外,如果法律要求第16条提及的任一行为应以书面或使用纸质单据达成,如果该行为是以一个或多个数据电文达成,也满足法律的要求。第2款规定,如果第1款提及的法律要求是以一项义务或法律只是规定

---

① 《国际海事委员会电子提单规则》第2条将"持有人"定义为:"通过占有一个有效密码而拥有第7条所述权利的人。"
② 第17条位于《电子商务示范法》第二部分"电子商务的特定领域"第一章"货物运输"。该章共两条,另一条是第16条"与货运合同有关的行动",该条中包括了在货物运输方面使用的各种单据,例如提单和租船合同。

不以书面或纸质单据达成的后果的形式,第 1 款仍然适用。这两款规定来源于第 6 条"书面形式"。在运输单据中,不仅要确立有关第 16 条所列行动的书面信息的功能等同物,而且还应确立通过使用书面单据来履行这些行动的功能等同物。第 1 款和第 2 款的意图是既取代书面运输合同的要求和背书要求,也取代提单占有的转让。①

关于核心的"独一无二性"规定在第 17 条的第 3 款和第 4 款。第 3 款规定,如需将一项权利授予一人而不授予其他人,或使一项义务由一人而不是任何其他人获得,如果法律要求,为达此目的,权利或义务必须通过一份纸质单据的转让或使用来转移给该人,则如果使用了一项或多项数据电文来转移权利或义务,只要采用了一种可靠的方法来使这种数据电文独一无二,即满足了该项法律要求。第 4 款规定,第 3 款中要求的可靠的标准应根据权利或义务转移的目的以及所有情况,包括任何相关协议来衡量。第 3 款与第 4 款合在一起是要确保某项权利只能移交给一个人,而且,任何时刻均不能让多于一个的人拥有该权利。这两项规定的效果是引入一种可被称为"保证单一性"的要求。如果采用了一种程序,使一项权利或义务可以由电子方式而非纸质单据传输,保证单一性必须是这种程序的最重要特点之一。②

第 17 条第 5 款是对"独一无二性"的一个必要补充。该款规定,如果用一份或多份数据电文来实施第 16 条第 6 款和第 7 款中提及的行为,除非数据电文的使用已经被停止并被纸质单据的使用所替代,否则被用来实施任何该类行为的纸质单据是无效的,用纸质单据替代电子信息不应影响涉及的各方的权利或义务。

第 17 条第 6 款规定,如果一条法律规则强制性适用于一个记载于或证明于纸质单据的货物运输合同,该法律规则也应适用于以一条或数条数据信息证明的货物运输合同,如果该合同是以该数据信息而非纸质单据证明。第 6 款的目的是直接处理某些法律适用于海上货物运输合同的问题。例如,《海牙规则》适用于提单下的海上货物运输,而不自动适用于一项或多项数据电文下的海上货物运输。第 6 款是为了确保《海牙规则》这样的规则的适用并不因为使用了数据电文替代纸质提单而被排除。

第 7 款规定,本条规定不适用于[……]

---

① 联合国国际贸易法委员会《电子商务示范法》及其《颁布指南》,第 113 段。
② 联合国国际贸易法委员会《电子商务示范法》及其《颁布指南》,第 115 段。

6. 联合国 2008 年《全程或部分海上货物运输合同公约》(《鹿特丹规则》)①

《鹿特丹规则》是联合国制定的最新海上货物运输公约。制定该《公约》的目的之一,即是使海上货物运输法适应电子商务的发展,因而该《公约》对运输单证的电子化进行了专门规定,主要包括在第 1 条"定义"条款和第三章,即《公约》第 8、9、10 条中。这部分规定被认为是《鹿特丹规则》"先进性"的重要体现之一。②

根据该《公约》"定义"条款中的规定,"电子运输记录"(electronic transport record)是指承运人在运输合同下以电子通信方式发出的一条或者数条电文中的信息,包括作为附件与电子运输记录有着逻辑联系,或者在承运人签发电子运输记录的同时或者之后以其他方式与之链接,从而成为电子运输记录一部分的信息,该信息:(1) 证明承运人或者履约方收到了运输合同下的货物;并且(2) 证明或者包含一项运输合同。"可转让电子运输记录"是指满足下列条件的一种电子运输记录:(1) 其中通过"凭指示"或者"可转让"之类的措词,或者根据该记录所适用的法律承认具有同等效力的其他适当措词,表明货物已经交运,且应按照托运人的指示或者收货人的指示交付,且未明确注明为"不可转让"或"不得转让";并且(2) 其使用符合第 9 条第 1 款的要求。

该《公约》第三章题为"电子运输记录",规定了何种情况下可以使用电子运输记录,电子运输记录的效力和使用程序,以及可转让电子运输记录与可转让运输单证的替换。

第 8 条规定了电子运输记录的使用和效力。③ 该条共两段。

第 1 段包含两层意思。第一层意思是,凡是在书面运输单证中记载的内容,都可以记载在电子运输记录中。这是一个关于使用电子运输记录的授权条款,即法律明确允许使用电子运输记录替代书面运输单证。第二层意思

---

① 2008 年 12 月 11 日由联合国大会第 63 届大会第 67 次会议审议通过。根据该《公约》第 94 条的规定,应于第 20 份批准书、接受书、核准书或加入书交存之日起一年期满后的下一个月第一日生效。

② 联合国 1978 年《海上货物运输公约》(《汉堡规则》)已经对提单的电子化提供了一定法律依据。该《公约》1978 年由联合国大会通过,1992 年 11 月,在第 20 个国家递交加入书后一年生效,现有 32 个参加国。该《公约》第 14 条第 3 款规定:"提单上的签名可采取手写、影印、打孔、印章、代号等方式或以任何其他机械或电子方法为之,但需不抵触提单签发地所在国的法律。"

③ 第 8 条规定:"在不违反本《公约》所述要求的情况下:(a) 凡根据本《公约》应在运输单证上载明的内容,均可在电子运输记录中加以记载,但电子运输记录的签发和随后的使用须得到承运人和托运人的同意;并且(b) 电子运输记录的签发、排他性控制或者转让,与运输单证的签发、占有或者转让具有同等效力。"

是,虽有法律授权,但实际是否使用电子运输记录,需要有承运人与托运人双方的同意。该款对"同意"没有限制性规定,应理解为明示同意与默示同意均可。在电子运输记录转让的情况下,本款未提及受让人的同意,应解释为受让人接受电子运输记录,就可推定其同意使用电子运输记录。

第2段规定电子运输记录的法律效力。只要当事人同意了使用电子运输记录,则电子运输记录的签发、排他性控制或者转让与书面运输单证的签发、占有或者转让具有相同的效力。电子运输记录的"排他性控制",法律地位等同于书面运输单证的"占有"。

第9条规定了使用可转让电子运输记录的程序。① 该条分两款。第1款规定,使用可转让电子运输记录,应当符合一定的程序,而这些程序应当包括以下内容:

第一,向预期持有人签发和转让该电子运输记录的方法。《公约》第1条第21项和第22项对可转让电子运输记录的"签发"和"转让"有专门定义,即:"签发"是指按照确保该记录自生成至失去效力处于排他性控制之下的程序签发该记录;"转让"是指转让对该记录的排他性控制。本款提及的签发和转让可转让电子运输记录的方法,应当是承运人与托运人在约定签发可转让电子运输记录时另行专门约定的,如具体使用何种电子传输系统或者模式,但同时也应符合前述定义。

第二,使可转让电子运输记录保持完整性的保证。这主要是指保证电子通信系统的质量和安全。但可转让电子运输记录如何才算具有"完整性",《公约》条款中并未提出具体要求。

第三,持有人能够证明其持有人身份的方式。根据《公约》第1条第10项的有关定义,电子运输记录的持有人是指可转让电子运输记录的被签发人或受让人。但该定义中又特别指明,签发或转让要符合第9条第1款的规定。持有人证明身份的方式受其采用的电子运输单证系统或模式的影响。

第四,已向持有人交付货物的确认方式,或可转让电子运输记录已失效的确认方式。已向持有人交付货物的确认方式为何,《公约》没有限制,可根据采用的电子运输单证系统或模式决定。可转让电子运输记录已失去效力的确认方式,则应根据第10条第2款关于以运输单证替换电子运输记录的规定,或第47条第1款中关于一经向持有人交付货物,该电子运输记录即失

---

① 第9条规定:"(1)使用可转让电子运输记录,应当遵守包含以下内容的程序:(a)向预期持有人签发和转让可转让电子运输记录的方法;(b)可转让电子运输记录保持完整性的保证;(c)持有人能够证明其持有人身份的方式;和(d)已向持有人交付货物的确认方式,或者根据第10条第2款或者第47条第1款第(a)项第(ii)目和第(c)项,可转让电子运输记录已失去效力的确认方式。(2)本条第1款中的程序应当在合同事项中载明且易于查明。"

去效力的规定。

本款对电子运输记录使用程序的规定比较简略,当事人有很大的自主性。这体现了减少程序上的强制性要求,使更多电子记录能被纳入公约调整范围的立法意图。

第2款规定,第1款中提及的程序应当在合同事项中载明并易于查明。载明的方式可以是逐一列举,也可以是用简短的词语指引去另一文件中查明。但如果是后一种,应保证文件的查明是方便可行的。对违反法律规定,未在合同事项中载明相关程序的后果如何,本款并未明示。当前主要有两种观点。一种观点认为,即使使用可转让电子运输记录的程序没有包括本条提到的事项,也不影响公约对电子运输记录涉及合同的调整和适用,否则当事人就有可能通过在程序方面的安排而规避公约调整的目的。另一种观点则认为,电子运输记录只有在合同事项中载明本条提及的程序,才能被视为与纸面运输单证在功能上等同,因而也才受公约调整。由于公约制定过程中一直力图避免因为程序上的强制性要求而限制对电子运输单证的调整范围,因此第一种观点似更符合公约的立法意图。

第10条规定了可转让运输单证与可转让电子运输记录的互换。① 该条共两款。

第1款规定,如果已经签发可转让运输单证,如何替换成可转让电子运输记录。这分为三个步骤进行:第一,持有人将全套运输单证提交给承运人;第二,承运人向持有人签发一份可转让电子运输记录,其中包括一项替换该运输单证的声明;第三,运输单证失效。运输单证的收回与可转让电子运输记录的签发应该同步进行,但如果出现时间差,允许的最长时间差是多长,《公约》未规定。运输单证的失效发生在何时也未规定。按通常理解,应该是在可转让电子运输记录签发时。

第2款规定,如果已经签发可转让电子运输记录,如何替换成可转让运输单证。这只需要两步就能完成:第一,签发可转让运输单证;第二,电子运输记录失去效力,即电子运输记录并无"交回"承运人的问题。只要承运人与持有人达成协议,承运人签发可转让运输单证,替换就算完成了。

---

① 第10条规定:"(1)已签发可转让运输单证,且承运人与持有人约定以可转让电子运输记录替换该运输单证的:(a)持有人应当向承运人提交该运输单证,签发一份以上单证的,应当提交所有单证;(b)承运人应当向持有人签发一份可转让电子运输记录,其中应包括一项替换该运输单证的声明;并且(c)该运输单证随即失去效力。(2)已签发可转让电子运输记录,且承运人与持有人约定以可转让运输单证替换该电子运输记录的:(a)承运人应当向持有人签发一份替换该电子运输记录的可转让运输单证,其中应包括一项替换该电子运输记录的声明;并且(b)该电子运输记录随即失去效力。"

这两款规定的前提都是承运人与持有人有约定的情况,即互换不能以单方面意思表示而达成。这与此前一些关于电子单证的设计并不一致,如国际海事委员会《电子提单规则》中的规定即是单方意思表示即可。承运人与持有人的约定以何种形式达成,是否需要记载在可转让运输单证或可转让电子运输记录上,《公约》没有说明。这两款规定表明,可转让电子运输记录与可转让运输单证不能同时存在。对同一批货物,或者使用可转让电子运输记录,或者使用可转让运输单证。

《鹿特丹规则》肯定了电子运输记录的合法性,规定了电子运输记录可以与纸质运输单证具有同样的法律地位,为电子运输记录的使用提供了基本法律依据。但该《公约》的内容比较原则,未能对电子运输记录的使用提供一套统一、完整的法律框架。在可转让性方面,该《公约》要求电子可转让运输记录的持有人能排他性控制电子可转让运输记录,电子可转让记录的转让通过转让排他性控制而实现。但《公约》未能对何为"排他性控制"进行规定,难以为商业实践提供有确定性的指导。《公约》要求电子可转让运输记录的使用必须遵守包含若干内容的程序,但并没有规定这些内容具体如何,也没有规定应遵守的程序的性质如何。而且,《公约》第 9 条第 2 款要求可转让电子运输记录的使用程序应当在合同事项中载明且易于查明,可能使人产生这些使用程序是合同性质的,可以由当事人自由决定的印象。①

值得注意的是,虽然《鹿特丹规则》是联合国主持下制定的,但关于电子运输记录的部分却未经各国充分辩论,而是更多体现了专家的观点。2005 年 2 月,第三工作组和第四工作组在伦敦举行了有关电子运输记录的联合会议,会议形成一些共识②,这些共识基本被第三工作组在其后的讨论中全面接受。例如,在 2007 年 4 月召开的第三工作组第 19 届会议上,针对电子可转让记录的规定,"会议普遍认为,公约的现有条款是运输法和电子商务法两方面专家共同仔细研究的成果,具有很强的技术性,因此该次会议上几乎没有对相关的条文进行详细讨论,各方接受现有的条款。"③

---

① 关于《鹿特丹规则》第 9 条规定的"使用程序"应当是强制性还是任意性的,理论上仍有争议。参见吴焕宁主编:《鹿特丹规则释义》,商务出版社 2010 年版。
② 参见 A/CN.9/WG.III/WP.47。
③ 参见 A/CN.9/621,第 26—27 段。

(二)现有立法例分析

1. "单独立法"与"功能等同立法"

由于法律对可转让单据的"纸质"形式有明确的强制性要求,只有通过修改法律,才能替代原有立法的效力,从而使电子可转让记录取得和纸质可转让单据完全相同的法律地位。① 而修改法律主要有两种方法:"单独立法"或采用"功能等同立法"的方式。②

"单独立法"是指将电子可转让记录视为一种新的现象,直接根据这种新现象的特点制定专门的法律,而不是将其与纸质可转让单据相比,并以赋予其与纸质单据同等法律地位为目标。这种为只存在于电子环境中的现象立法的典型立法例是日本《电子记录债权法》。

2007年6月20日,日本通过了《电子记录债权法》,自2008年12月1日施行,内容包括电子登记债权的发生、让与、保证、质押以及电子债权登记机构的设立、登记业务的展开以及对电子债权登记机构的监管等。电子记录债权是一种不同于票据债权等现存债权的新型金钱债权,其发生、让与和消灭以登记为生效要件。③ 电子记录债权也被视为一种证券,是金钱证券、完全的有价证券、记名证券、要式证券、文义证券和无因证券。电子记录债权的权利内容以及其他相关的一切事项均以登记为准,不受登记以外事项的影响,因此是文义证券。电子记录债权的让与以让与登记为有效要件。电子债权记录机构在发生登记的电子登记簿上登记受让人的有关事项后,即发生电子登记债权移转的效力。全国银行业协会设立统一的专业机构进行债权让与登记。电子登记机构有确认登记申请人真实身份的义务。对于无权申请人的登记申请,电子债权记录机构由于过失而进行了发生登记,对遭受损害的第三人承担推定过错责任。如果登记机构证明其在进行登记时尽了必要的注意义务,不承担损害赔偿责任。④

---

① 一种值得讨论的途径,是先通过长期的商业实践然后形成惯例,从而成为新的法律渊源。然而商业实践是否违背现行法律,以及多长时间才能确认惯例形成,这些问题充满不确定性。
② 也有人认为还有其他路径。如有人认为,有三种可能的规范模式:将电子物权凭证纳入已有的法律框架加以规范,使其使用纸质单据同样的概念原则等;创造一种新的基本法律框架,保持部分,如果不是全部的纸质单据的功能;混合体系,保持旧的不动,而允许电子物权凭证在一定范围内使用。
③ 崔聪聪:《日本电子记录债权法研究》,北京邮电大学出版社2015年版。
④ 参见日本《电子记录债权法》第14条。

"功能等同立法"是指将电子可转让记录视为纸质可转让单据在电子时代的对应物,以赋予电子可转让记录与纸质可转让单据同等法律地位为目标的立法方式。这种方法要求对纸质法律的要求进行分析,看其希望达到的"功能"是什么。只要电子环境下能实现这些功能,就认为电子的方式符合法律的规定,应该与纸质方式一视同仁。[①] "功能等同立法"方法是联合国国际贸易法委员会制定电子商务系列立法时一直采用的立法方法,并为其他各国制定国内电子商务立法时广泛遵循。

已经制定有电子可转让记录相关法律的国家中,除了日本,基本都采用了"功能等同立法"的方法。即使在没有专门立法的国家,司法实践中往往也会使用"功能等同立法"的方法来处理与电子可转让记录相关的案例。如英国虽然并未制定电子可转让记录相关立法,但司法实践中并不一概否认电子信息对纸质单据的替代作用。在一个英国案例[②]中,承运人签发了一份可转让提单,提单上明确写明:"如果这是一个可转让(指示)提单,商人应向承运人出具一份正当背书的正本提单……以交换货物或一份交货单……"货物是3只集装箱,从弗里曼特尔(Fremantle)运到安特卫普港。安特卫普港从2011年开始使用一种电子交货系统(electronic release system,ERS),该系统下承运人应向提单持有人提供一份计算机自动生成的密码,该密码与码头加密保存的一份密码对应。提单持有人将该密码交给码头以提货。2012年6月22日,承运人向提单持有人以电子邮件的形式给出了放货通知,给3个集装箱各一个密码,该密码从"卸船"到7月25日有效。船舶6月26日到港,并被卸下放到港口。同一天提单持有人将密码通知给其提货代理人,提货代理人6月27日去提货时,发现已经有2只集装箱被无权提货的人提走。法官认为:"在我看来,损失之所以发生,很可能是因为有人知道了密码并利用密码偷走了集装箱。"提单持有人向承运人索赔。承运人首先辩称,其对货物的操作符合提单要求,因为提单载明的是应对提单交付货物,或以一份交货单换回提单。承运人虽然没有交付货物,但密码构成了一份交货单。法院认为提单上的"交货单"应解释为船舶的交货单,而密码并不是这种单据,因为船舶的交货单应包括一个承运人对根据单据可确定的人的一个承诺,承诺将与单据相关的货物交予该人。而密码并不包含该种承诺。在使用密码的情况下,货物只是会被交给任何出示了正确密码的人。在该案中,法院并没有仅仅因为密码不具有纸质形式而否认其是"单据",但因为密码不具有交货单的功能

[①] 参见联合国国际贸易法委员会《电子商务示范法颁布指南》,第15—18段。
[②] Glencore International AG v. (1) MSC Mediterranean Shipping Company SA and (2) MSC Home Terminal NV [2015] EWHC 1989 (Comm).

（可以从单据本身确定一个具体的权利人）而否认了其是交货单。

"单独立法"的好处，是可以针对新的商业实践制定一套全新的规则，更有针对性。但这种"另起炉灶"式的立法的问题在于，可能割裂了可转让单据的历史发展，也不容易达成国际统一。与"单独立法"相比，"功能等同立法"的优势，恰好在于可以"联系古今，沟通各国"。"联系古今"是指它作为一种"过渡式"的立法方法，可以在电子化与非电子化之间迅速搭建一座桥梁。因为完全沿用旧的法律制度，包括概念、原则、原理等，使商业界无需适应一个全新的法律制度，从而获得可贵的确定性和安全感。而且在较长时期内，可能是电子化与非电子化手段共存，二者适用完全相同的法律，也能避免混乱。"沟通各国"是指"功能等同立法"更容易在各国之间达成一致，因为已经有纸质对应物的国际法律统一成果为基础，需要协调的部分相对较少。这也是联合国国际贸易法委员会采用"功能等同立法"的重要理由："公约的用意是允许各国调整其国内立法，以适应可应用于贸易法的通信技术的发展，而不必完全废除纸面要求本身或扰乱这些要求所依据的法律概念和方法。"[①]

在《ETR 示范法》讨论之初，各国一致决定，在当前阶段，对 ETR 而言，"功能等同立法"是比"单独立法"更好的制定国际规则的办法。

2. "授权式"与"规范型"的立法模式

在采用"功能等同立法"路径的立法例中，又大致可见两种立法模式。

第一种是"简单授权式"的。即原则上承认电子可转让记录的合法性，而不对其进行具体规范。典型的如澳大利亚《海上货物运输法》中对电子运输单据的规定。《鹿特丹规则》中对可转让电子运输记录的规定，也基本属于简单授权式的。

第二种是"规范型"的。即列明电子可转让记录必须符合的条件，符合法定条件的即赋予法律地位。大部分立法，如美国、韩国等的相关国内法，以及 UNCITRAL《电子商务示范法》等都采用的是"规范型"的立法路径。

采"规范型"立法模式的，因为设定法定条件不同而又有不同。有些国家直接在法律中规定了应采用哪种技术方法来达成"功能等同"，如韩国在电子提单的立法中直接规定了必须采用在法定登记处登记权利的方式来实现提单电子化。UNCITRAL《电子商务示范法》要求采用了使电子提单独一无二的技术。有的国家则采用了"列明要求加举例"的方法，如美国《统一商法典》

[①] 联合国国际贸易法委员会秘书处《关于〈联合国国际合同使用电子通信公约〉的解释性说明》，第 52 段。

规定对电子物权凭证必须具有"控制",而"控制"是指"用来证明电子凭证中的权利转让的系统可靠地证明该方式电子凭证签发或转让的对象",同时举例说明怎样就符合这一要求,使法律要求显得更加灵活。

采用"简单授权式"进行立法的问题在于,法律只承认电子可转让记录等同于纸质可转让单据,但并没有回答什么是电子可转让记录,或者直接将这个问题授权给合同当事人决定。但合同解决方案都是封闭性的,与开放性的"可转让"在性质上并不一样。而且这种解决方法违背了可转让单据制度的基本原理,将一个法定制度与一个合同制度相混淆。如果在合同约定的基础上确认一份电子记录具有可转让电子记录的地位,使其效力从合同搭建的封闭系统扩展到法律效力所及的开放系统,必然发生前述"请求权单一"与"可转让性"分离可能造成的各种危害。事实上,澳大利亚的概括性立法不仅没有多少国家追随,而且对澳大利亚的电子提单使用也没有起到多大促进作用。

"规范型"立法看起来比"简单授权式"立法更严谨,但也各有各的问题。在法律中直接指明应采用的技术路线的问题在于,法律的成败高度依赖于法律中指明的技术路线是否可以实现或足够完善,以及是否能被商业界所接受。如 UNCITRAL《电子商务示范法》第 17 条提出了"独一无二"的要求,但当前实际上并没有一种保证 ETR 独一无二的技术模式取得商业上的成功,因此迄今为止没有任何一个国家采用这种立法模式。韩国的电子提单立法采用了登记制,但由于韩国以外的其他国家的商人对在韩国设立的登记处缺乏足够信心,不能普遍接受,因而在登记处登记的电子提单十分有限,而且基本不能在韩国以外的地方流转。因此现在除了韩国,还没有其他国家对电子提单进行登记制立法。而像美国那样采用概括加举例的方法虽然更有灵活性,但由于其作为例子的方法是使电子记录"独一无二",而这种技术方法并未被广泛采用,而其概括性的描述又过于含糊,不能提供商业活动中非常需要的确定性,无法实现法律对实践的指导作用。因此,美国《统一商法典》也并没有明显促进美国电子提单的使用。

总的来说,现在可转让单据电子化的相关立法十分有限。许多国家没有规定,有规定的少数国家基本上也处在探索阶段,法律规定往往比较简单和原则,成就有限。而且已有的各国法从概念、原则到制度都非常不一致。国际统一立法的努力很少,迄今没有取得一项像样的成绩。这种情况不符合可转让单据电子化的商业实践所需,尤其不有利于其国际流转。

五、替代"纸质"要求:《ETR 示范法》的解决方案

(一)《ETR 示范法》的制定过程

1. 在联合国国际贸易法委员会的讨论

联合国国际贸易法委员会多年来一直为扫清电子商务领域的法律障碍而努力。1996 年《电子商务示范法》谈判时,最初并未专门谈及电子可转让记录的问题,但在谈判后期,约束可流通单据的电子复制的问题被关注到。[①] 1994 年,联合国国际贸易法委员会第二十七届会议上,第一次提出了国际贸易法委员会今后在使用计算机环境下货物权利流通性和可转让性问题方面开展工作的可能性。第四工作组提出建议,应当开始就电子环境中的货物物权可流通性和可转让性开展初步工作,这一建议得到了委员会的普遍支持。[②] 秘书处随后编写了研究报告《电子数据交换》,着眼于电子环境中的可转让提单问题。[③] 工作组认识到关于媒介中立的一般原则并不足以解决所有的问题,但仍然建议在《电子商务示范法》中包括一个条款,处理可转让运输单据,因为运输业已经在缺少法律规范的情况下开始使用可转让运输单据的电子版。[④] 最后《电子商务示范法》的起草者在秘书处研究报告《电子数据交换》中提出的立法建议的基础上拟定了第 16 条和第 17 条,为使用数据信息(data messages)替代可转让运输记录(transferable transport document)提供了一种模式。[⑤] 工作组认为电子可转让记录引发了很多问题,有一个文件来处理这些问题会有很多好处,因而鼓励继续考虑将该问题列入将来的工作计划。为此颁布了一些文件。如 2001 年,颁布了《电子商务方面今后可能的

[①] A/CN.9/387,第 177 段;A/CN.9/406,第 178—179 段。
[②] 《大会正式记录,第四十九届会议,补编第 17 号》和更正(A/49/17 和 Corr. 1),第 201 段。
[③] A/CN.9/WG. IV/WP. 69. 该文件着重讨论了纸面提单和电子提单及其他海运单据。
[④] 参见英国和美国的建议:A/CN. 9/WG. IV/WP. 66,附件二;A/CN. 9/WG. IV/WP. 67,附件;A/CN.9/407,第 115—117 段;A/CN. 9/WG. IV/WP. 69。
[⑤] 《电子商务示范法》分为两部分。第一部分是关于"电子商务",第二部分是关于"具体领域的电子商务",而第二部分只有两条(第 16、17 条),处理的是货物运输领域的问题。

工作:有形货物权利和其他权利的转让的秘书处说明》。① 这些文件仍然主要集中在对物权凭证的分析上,但也逐渐将范围扩展到关于货物权利和利益的电子转让的现有法律体系上。②

在 2005 年《电子通信公约》谈判时,电子可转让记录的问题也被提及。但这个《公约》最后专门排除了对电子可转让记录的适用。该《公约》第 2 条第 2 款规定:"本《公约》不适用于汇票、本票、运单、提单、仓单或任何可使持单人或受益人有权要求交付货物或支付一笔款额的可转让单证或票据"。排除的主要原因是电子可转让记录问题超过了该《公约》的范围。③ 但工作组认为这个问题很重要,需要专门规范。

因为电子可转让记录与海运业相关,2008 年《鹿特丹规则》也处理了这个问题。《鹿特丹规则》为可转让或不可转让的电子运输记录提供了一个法律框架。这个法律框架得益于联合国国际贸易法委员会已经进行的相关讨论,并可作为联合国国际贸易法委员会继续讨论的参考。但《鹿特丹规则》只处理电子运输记录,没有处理关于可转让电子记录的一般性问题。

2009 年,联合国国际贸易法委员会第四十二届会议根据其收到的两份建议:《今后可能就电子商务开展的工作——美利坚合众国就第四工作组(电子商务)今后的工作提交的建议》④和《西班牙代表团关于第四工作组今后工作的建议》⑤,提请秘书处编拟关于电子可转让记录的研究报告。

2010 年,联合国国际贸易法委员会第四十三届会议收到一份秘书处说明:《电子商务现行工作和今后可能开展的工作》。⑥ 该文件提及,自从编拟 WP69 和 WP90 这两份文件以来,在国际贸易中使用电子通信已获得进一步接受,包括在利用登记创设和转移权利方面。⑦ 该文件尤其重点介绍了韩国的电子提单立法。⑧ 在该届会议上,委员会请秘书处召集一次相关议题的学术讨论会,相关议题即电子可转让记录、身份管理、使用移动设备进行电子商务以及电子单一窗口设施。据此,于 2011 年 2 月 14 日至 16 日在纽约召开了电子商务问题学术讨论会。

---

① A/CN.9/WG.IV/WP.90。该文件概要讨论了与转移有形货物的权利及其他权利有关的法律问题,对转移有形财产的财产权和完善担保权益以及将这类方法应用于电子环境所构成的挑战作了比较性介绍,还介绍了利用电子手段转移有形财产权的进行中工作的情况。
② A/CN.9/421,第 106 段。
③ 联合国《电子通信公约》,文本和解释,第 81 段。
④ A/CN.9/681 和 Add.1。
⑤ A/CN.9/682。
⑥ A/CN.9/692。
⑦ A/CN.9/692,第 17 段。
⑧ A/CN.9/692,第 26—47 段。

2011年,联合国国际贸易法委员会第四十四届会议收到秘书处的一份说明:《目前和今后可能在电子商务领域开展的工作》①,其中概要介绍了电子商务问题学术讨论会的讨论情况。讨论之后,委员会授权工作组开展电子可转让记录领域的工作。会上回顾此类工作不仅将有利于普遍促进国际贸易中的电子通信,而且还可解决一些具体问题,例如协助《鹿特丹规则》的执行工作。另外,委员会商定,关于电子可转让记录的工作可包括身份管理、在电子商务中使用移动设备以及电子单一窗口设施等其他议题的某些方面。

2. 在联合国国际贸易法委员会第四工作组的讨论

根据联合国国际贸易法委员会的授权,秘书处将制定电子可转让记录法律文件的工作委托给第四工作组具体执行。这项工作的背景,是电子商务蓬勃发展,但商业中广泛运用的各种可转让单证在电子化过程遭遇了一些特殊困难,现有法律文件无法解决。联合国国际贸易法委员会希望通过在这个领域的工作,为各国立法提供示范,并与已经制定的其他法律文件一起,构建一个电子商务的国际法律环境。因此,这项工作有两个目标:引领各国立法和促成法律的国际统一。② 委员会各成员国一致认为,通过促进使用电子可转让记录,可以降低交易成本,并提高商业交易的效率和安全性。③

对电子可转让记录的立法是联合国国际贸易法委员会一系列工作的自然延展。联合国国际贸易法委员会希望,在有共性的一些问题上,各份文件间应基本保持一致。如果联合国国际贸易法委员会已经制定的法规中对处理相同事项的立法条文有不同表述方式,新的立法应当使用最近通过的法规的表述方式,以充分受益于这些条文的改进。偏离联合国国际贸易法委员会以前法规所载的定义时应当小心谨慎。

第四工作组第45届会议(2011年10月10日至14日,维也纳)开始研究与使用电子可转让记录有关的各种法律问题,包括工作组今后工作可能采取的方法。④ "与会者认识到,目前尚没有任何得到国际公认、普遍并且统一的法律框架处理在使用电子可转让记录中涉及的各种问题,因而不利于使用电子可转让记录。"⑤与会者普遍支持工作组继续开展电子可转让记录方面的工作,并强调有必要建立一种国际机制,便利跨境使用电子可转让记录。在这方面,与会者提到了查明电子可转让记录的具体类型或与其有关的具体问

---

① A/CN.9/728 和 Add.1。
② 参见《ETR 示范法》导言。
③ A/CN.9/761,第16段。
④ A/CN.9/737,第14—88段。
⑤ A/CN.9/737,第14段。

题并加以重点关注的可取性。会议确定了 ETR 需要的至少五个基本原则：书面的电子等同；签名的电子等同；单一性和保证唯一；权利转让；识别和确认持有人。① 而这五个问题都已经有一些现成的模式，需要工作组考虑。会上同时讨论了《与使用电子可转让记录有关的法律问题的秘书处说明》。② 该文件综合而摘要地介绍了与电子可转让记录的创设、使用和转移有关的关键法律问题。经过讨论，委员会重申了工作组在电子可转让记录方面的授权，并请秘书处继续报告电子商务方面的有关动态。

工作组第 46 届会议(2012 年 10 月 29 日至 11 月 2 日，维也纳)继续审议电子可转让记录流通期内产生的法律问题。③ 会上对拟订关于电子可转让记录条文草案表示了广泛支持。会上建议文件暂时以示范法形式拟定，但不妨碍工作组对文件形式作出其他决定。

工作组第 47 届会议(2013 年 5 月 13 日至 17 日，纽约)开始审议电子可转让记录法律文件的第一稿草案，即工作组第 122 号文件。④ 会议指出，虽然讨论工作的最后形式的时机尚未成熟，但条文草案在很大程度上与可能要实现的各种成果是一致的。

工作组第 48 届会议(2013 年 12 月 9 日至 13 日，维也纳)继续审议载于第 124 号文件的条文草案。⑤ 会议逐条审议了第 124 号文件，并概要讨论了第 125 号文件。会议还安排了四次各半个小时的演讲，分别是：韩国非政府组织 KFTC 介绍韩国电子本票的做法，国际货运代理协会(FIATA)介绍其电子提单系统，俄国代表介绍俄国参与亚太经合组织(APEC)的技术帮助和协作项目的情况，欧盟观察员介绍欧盟内部市场电子交易的电子身份和信任服务项目。

工作组第 49 届会议(2014 年 4 月 28 日至 5 月 2 日，纽约)继续就载于第 128 号文件及增编 1 上的条文草案进行讨论。⑥ 会议没有逐条审议第 128 号文件，而是从第 7 条开始审议核心条款，着重讨论了电子可转让记录的原件、单一性和完整性等问题。会议第五天上午上半段安排了欧盟代表介绍欧盟内部市场电子交易的电子身份和信任服务项目。

工作组第 50 届会议(2014 年 11 月 10 日至 14 日，维也纳)继续就载于工

---

① A/CN.9/WG.IV/WP.115.
② 同上。
③ A/CN.9/761,第 24—89 段。
④ A/CN.9/WG.IV/WP.122.
⑤ A/CN.9/WG.IV/WP.124.
⑥ A/CN.9/WG.IV/WP128 和 Add.1。

作组第 130 号文件及增编 1 上的条文草案进行讨论。① 会议前三天讨论了第 130 号文件的第 10、11、18、19 条,后两天讨论了第 20—29 条。工作组商定将着手拟定关于电子可转让记录的示范法草案,但需由委员会最后作出决定。会上提出,示范法草案既应就纸质可转让单据的电子等同件,也应就只存在于电子环境的可转让记录作出规定。应当优先拟定涉及纸质可转让单证的电子等同件的条文,随后对这些条文进行审查并酌情调整,以顾及只存在于电子环境的电子可转让记录的使用。第五天上午安排了一次欧盟委员会关于电子身份认证的讲座。

工作组第 51 届会议(2015 年 5 月 18 日至 22 日,纽约)继续就载于工作组第 132 号文件及增编 1 上的条文草案进行讨论。② 会议前四天讨论了第 132 号文件中的大部分重要条文,侧重于电子可转让记录、占有和控制权的定义。第五天下午讨论第四工作组的未来工作。

工作组第 52 届会议(2015 年 11 月 9 日至 13 日,维也纳)继续就载于工作组第 135 号文件及增编 1 上的条文草案进行讨论。③ 会议前四天讨论了第 135 号文件中的大部分重要条文,第五天上午讨论了第四工作组的未来工作,第五天下午讨论通过了工作组报告草案。

工作组第 53 届会议(2016 年 5 月,纽约)继续就载于第 137 号文件及增编 1 上的条文草案进行讨论。④ 由于在文件的核心问题,即可转让性如何功能等同的问题上还存在激烈争议,会议没能如预期的完成条文讨论并准备一份提交给大会审议的文稿。但剩下的问题已经很少。

工作组第 54 届会议(2016 年 11 月,维也纳)继续就载于第 139 号文件及其增编上的条文草案进行讨论。⑤ 会议完成了全部条文草案的讨论,并决定将最后定稿的草案交由各成员国以及受到邀请的国际组织发表意见,并提交下一届联合国国际贸易法委员会讨论通过。

3.《ETR 示范法》的通过

在《ETR 示范法》草案提交各国和各受邀的国际组织后,先后收到了哥伦比亚、德国、匈牙利、英国、科威特、科特迪瓦、卡塔尔、俄罗斯和中国等 9 个国家以及世界贸易组织(WTO)、加勒比法院、独联体成员国各国议会大会等 3 个政府间国际组织以及国际海事委员会(CMI)、国际货运代理协会等 2 个

---

① A/CN.9/WG.IV/WP130 和 Add.1。
② A/CN.9/WG.IV/WP132 和 Add.1。
③ A/CN.9/WG.IV/WP135 和 Add.1。
④ A/CN.9/WG.IV/WP137 和 Add.1。
⑤ A/CN.9/WG.IV/WP139 和 Add.1。

非政府间国际组织提交的意见。①

2017年8月,联合国国际贸易法委员会在维也纳召开了第50次会议。会上对电子可转让记录示范法草案进行了讨论,并最终审议通过了联合国《电子可转让记录示范法》。

第四工作组与ETR相关的各届会议概况

会议	时间	地点	讨论内容	参加国
第45届	2011.10	维也纳	A/CN.9/737	
第46届	2012.11	维也纳	A/CN.9/761	
第47届	2013.5	纽约	A/CN.9/WG.IV/WP.122	
第48届	2013.12	维也纳	A/CN.9/WG.IV/WP.124	12个成员国
第49届	2014.5	纽约	A/CN.9/WG.IV/WP.128	28个成员国
第50届	2014.11	维也纳	A/CN.9/WG.IV/WP.130	14个成员国
第51届	2015.5	纽约	A/CN.9/WG.IV/WP.132	
第52届	2015.11	维也纳	A/CN.9/WG.IV/WP.135	
第53届	2016.5	纽约	A/CN.9/WG.IV/WP.137	
第54届	2016.11	维也纳	A/CN.9/WG.IV/WP.139	
第50届大会	2017.8	维也纳	MLETR草案	

《ETR示范法》各草案结构一览

草案	第一章	第二章	第三章	第四章	第五章
WP122	通则(1—6)	电子可转让记录的使用(7—29)	第三方服务商(30—33)	电子可转让记录的跨境承认(34)	
WP124	通则(1—6)	关于电子交易的条文(7—10)	电子可转让记录的使用(11—28)	第三方服务商(29—30)	电子可转让记录的跨境承认(31)
WP128	通则(1—6)	关于电子交易的条文(7—12)	电子可转让记录的使用(13—30)	第三方服务商(31—32)	电子可转让记录的跨境承认(33)
WP130	通则(1—6)	关于电子交易的条文(7—9)	电子可转让记录的使用(10—30)	第三方服务商(31—32)	电子可转让记录的跨境承认(33)

---

① A/CN.9/921/和 Add.1,Add.2,Add.3。

(续表)

草案	第一章	第二章	第三章	第四章	第五章
WP132	通则(1—6)	关于电子交易的条文(7—9)	电子可转让记录的使用(10—27)	第三方服务商(28—29)	电子可转让记录的跨境承认(30)
WP135	通则(1—6)	关于电子交易的条文(7—9)	电子可转让记录的使用(10—24)	电子可转让记录的跨境承认(25)	
WP137	通则(1—5)	关于电子交易的条文(6—9)	电子可转让记录的使用(10—23)	电子可转让记录的跨境承认(24)	
WP139	通则(1—5)	关于电子交易的条文(6—9)	电子可转让记录的使用(10—19)	电子可转让记录的跨境承认(20)	
示范法草案	通则(1—7)	关于功能等同的条文(8—11)	电子可转让记录的使用(12—19)	电子可转让记录的跨境承认(20)	
ETR示范法	通则(1—7)	关于功能等同的条文(8—11)	电子可转让记录的使用(12—18)	电子可转让记录的跨境承认(19)	

(二)《ETR示范法》的主要内容

《ETR示范法》共四个部分,19个条款,分别是通则(第1—6条)、关于功能等同的规定(第8—11条)、电子可转让记录的使用(第12—18条)、电子可转让记录的跨境承认(第19条)。

关于示范法的形式,曾经有过较长时间的讨论。备选的形式包括公约、示范法、立法指南以及其他可能恰当的形式。从加强约束力而言,采用公约的形式最为有益。但鉴于电子可转让记录的法律调整仍属新事物,一些国家担心受到不利影响,力图避免公约形式而建议采取约束力最为宽松的立法指南形式。作为妥协,约束力居中的示范法形式受到多数国家代表团的青睐。在第50届会议上首次达成一致意见,将拟制定的法律文件的形式暂时确定为示范法。因此早期的版本都称为"关于电子可转让记录的条文草案"(Draft Provisions on Electronic Transferable Records),从WP132号文件开始则称为"电子可转让记录示范法草案"(Draft Model Law on Electronic Transferable Records)。其后的文本草案一直被称为"示范法草案",最后也以示范法的形式被通过。

1. 通 则

通则部分一共7条,包括法律的适用范围、定义、解释规则、当事人意思自治及合同相对性、信息提供的规定、电子可转让记录中的其他信息和对电子可转让记录的法律承认等。各条款主要内容和争议过程如下：

(1) 适用范围

关于适用范围的规定从草案第一稿到最后一稿变化不大。在历次谈判中，关于适用范围的争议点主要有四：第一，草案是否适用于仅存在于电子环境中的电子可转让记录；第二，草案是否适用于票据(汇票、本票和支票)的电子化；第三，草案是否需要明确与各国消费者保护法之间的关系；第四，需要将哪些单证明确排除在草案适用范围以外。

关于第一点，一些国家如日本认为其国内存在不与特定纸质可转让单据对应的"纯电子可转让记录"，因而希望示范法也适用于这种电子记录。但另一些国家则认为，在其国内并不存在没有纸质对应物的所谓"纯电子可转让记录"，示范法如果加以规定就超出了必要的范围，可能引发不必要的风险，因而不建议包括。

关于第二点，示范法首要考虑的是物权凭证的电子化[①]，后来扩展到考虑可转让的票据。但一些国家如德国、法国等作为关于票据的日内瓦公约的成员国，认为公约在其成员国内仍是有效的强行法，示范法的适用范围如果包括票据，可能导致其与日内瓦公约相抵触，因而不建议扩展到票据。

关于第三点，可转让单据与消费者保护之间的问题主要出现在美国法下。美国消费者保护倡导者曾经认为，票据法中的正当持有人规则对消费者不利，因为该规则使消费者对出售伪劣产品或欺诈的卖方丧失了追诉权。1974年，美国公平贸易委员会(FTC)宣布，如果签票据时不保留消费者对票据受让人的基于票据得以出具的交易产生的索赔或抗辩，要求消费者签票据是不公平贸易的做法。一些国家认为，有必要在《ETR示范法》中强调这一点，以避免在纸质单据中出现过的问题又在电子记录中重演。另一国家则认为，示范法不抵触各国实体法的原则已经足够避免这种情况，因而不建议专门提及消费者保护法。

关于第四点，对明确排除在示范法适用范围之外的单证应如何表述提出了不少意见。示范法草案第一稿采用的是"金融单证"(financial instruments)，但美国、韩国等代表团认为范围太广，应以更准确的词语替换。美国代表团提议用"投资证券"(investment securities)，马耳他代表团认为"投

[①] 会上提出的一个问题是，关于赋予持有人索赔权的单证(可转让票据)，在处理方法上是否应当不同于赋予持有人提货权的单证(物权凭证)。关于这一点，会上指出，工作组应当侧重于可转让物权凭证的讨论。参见 A/CN.9/737，第19段。

资单证"(investment instruments)是个更好的表述,阿尔及利亚代表团提议用"金融证书"(financial certificates)。

同时,对适用范围的规定方法,法国代表团认为,有两种规定适用范围的方法,或者是规定一个大范围,然后进行限制;或者是规定一个更为准确的、较小的适用范围。法国认为第二种方法更好。但多数国家支持第一种方法,最后第一种方法得到采用。

最后示范法第1条"适用范围"共包括了3款。第1款规定,本法适用于电子可转让记录。在解释性文件中说明,《电子通信公约》第2条第2款为界定示范法的使用范围提供了一个起点。而该款列明排除的可转让单据清单为:汇票、本票、运单、提单、仓单或任何可使持单人或受益人有权要求交付货物或支付一笔款项的可转让单证或票据。[①] 但最终是依据每一法域的法律确定哪些单证或票据是可以转让的。第2款规定,除本法另有规定外,本法不影响将适用于可转让单据或票据的任何法律规则,包括适用于消费者保护的任何法律规则,适用于电子可转让记录。第3款规定,本法不适用于证券(securities),如股票和债券(shares and bonds),以及其他投资票据(investment instruments),以及(待列明事项)。关于待列明事项,文件注释中写明,颁布法域似可考虑列入下列各项提及的内容:(a)可视为可转让、但不应属于《ETR示范法》范围的单证和票据;(b)属于1930年《统一汇票本票法公约》和1931年《统一支票法公约》范围的单证和票据;以及(c)仅以电子形式存在的电子可转让记录。[②]

(2)定义

定义条款是草案讨论中变化较多的条款。在WP122中,定义条款包含了12个词语的定义,包括变更、电子可转让记录、持有人、签发、签发人、履行义务、纸质可转让单证或票据、出票、替换、提交、第三方服务商、转让。其后的各轮谈判中,定义条款被多次修改,一度将一些包含实体权利义务的规定,如"控制"等都纳入定义条款中进行规定,但这些概念又逐渐被删除。

最后定义条款中只包括三个词语的定义,即可转让单据、电子可转让记录和电子记录。而且三个定义中都没有包含任何实体权利义务的规定。其中电子记录是指"通过电子手段生成、传送、接收或存储的信息",包括不是同时生成,但构成该记录一部分的信息。这个定义在示范法制定中没有引起太

---

① 联合国国际贸易法委员会《ETR示范法解释性说明》,第19段。
② 联合国国际贸易法委员会《ETR示范法》,脚注1;联合国国际贸易法委员会《ETR示范法解释性说明》,第28段。

多争论。可转让单据的定义争议也不大,只是在措词上有些不同意见,最后被定义为"在纸上签发的,使持单人有权要求履行单证或票据所载明义务并有权通过转让该单证或票据而转让其中载明的要求履行义务的权利的单证或票据"。"电子可转让记录"的定义,包括是否要设这一定义以及是否应该在定义中包括实质性内容,在示范法讨论中经过反复争论。如曾经被定义为:"指持票人有权要求履行电子可转让记录中载明的义务的任何纸质可转让单证或票据的电子等同件"。最后通过的定义非常简单:"是指符合第 10 条要求的电子记录"。

(3) 解释规则

本条效仿自《电子商务示范法》第 3 条,在历次讨论中争论不大,最后通过的条文与最初拟定的条文差别不大。

解释规则共 2 款。第 1 款规定"本法源于有国际渊源的示范法。解释本法应考虑国际渊源以及促进统一适用本法的必要性"。其中第一句"本法源于有国际渊源的示范法"是决定采取示范法的形式后,根据工作组第 47 届会议的决定加上的。① 这些用语并未出现在联合国国际贸易法委员会的其他法规中。这一款中还曾经包括"遵守诚信的必要性"。② 但关于"遵守诚信"是否应该被列入本法的解释规则争议很大。一些国家认为,遵守诚信是行为规则而非解释规则,不应被列入。还有一些国家提出遵守诚信在票据法中有特殊含义,在此列入该词语容易引起误解。最后各国同意删除这一提法。

第 2 款规定"与本法所管辖事项有关的问题,在本法中未明确解决的,应依照本法所依据的一般原则加以解决"。所谓"本法所依据的一般原则"应当包括功能等同、技术中立、不歧视等原则③,这些原则在以前已为联合国国际贸易法委员会在电子商务领域的其他立法所普遍遵循,在本示范法起草之初即被确定,在历次讨论中没有受到任何挑战。④ 但关于这些原则应写在条文中还是写在解释性文件中有些不同看法,后来决定写在解释性文件中。

(4) 当事人意思自治及合同相对性

本条效仿自《电子商务示范法》第 4 条。关于本法应该给当事人意思自

---

① A/CN.9/768,第 35 段。
② 如 A/CN.9/WP.122,第 4 条第 1 款。
③ A/CN.9/WG.IV/WP.137,第 35 段。
④ 中国代表团曾提出,功能等同原则应该排在技术中立原则之前,因为只有在不同技术都能满足功能等同的前提下才能谈到对不同技术的同等对待。该意见提出后,各国一致同意将这两条原则的位置对调。但遗憾的是,最后秘书处未能将该意见落实到起草的文稿中,而中国代表团也未坚持修改。

治留下多大空间,存在两种截然相反的观点。一种观点认为,本法应该基本上是强制性的,只有少数条款是任意性的,可以由当事人协议修改。另一种观点认为,本法应该基本上是任意性的,只有少数条款是强制性的,不可以由当事人协议修改。一些代表团如美国代表团曾表示,希望尽量不要采取强制性规定,以为电子技术留下发展空间。另一些代表团则提出,本法律文件的主体规定应该是强制性而非任意性的。WP122第5条规定:"可以减损本法的规定,或者协议改变其效力。"WP137第4条改为两款,第1款规定:"当事人可以通过协议减损或改变本法的规定,但……条除外,除非该协议根据适用法律无效或不具效力。"第2款规定:"任何人,凡不是此类协议当事人的,该协议概不影响其权利。"第2款是为了表明任何减损和改变不应影响第三方,尤其是不能为此而规避物权法定原则。对任何协议不约束当事人之外的第三方这一点,没有任何反对意见。但对第1款,即本法应该原则上是强制性的还是任意性的产生了激烈的争议。WP139的秘书处说明指出:"《示范法》在强制法律限度内规定了广泛的当事人意思自治,且不得影响第三人的权利和义务。"①但"广泛的当事人意思自治"的提法被认为有误导嫌疑,经过争论后被删除。

最后《ETR示范法》本条包括两款,第1款规定:"当事人可以通过协议减损或改变本法的下列规定:[……]"第2款规定:"凡不是此种协议当事人的,该协议概不影响其权利。"第1款方括号后应列入哪些条款,由各国根据其国内法自行决定。在《示范法》的解释性说明中,指出本条对两种观点的兼顾:当事人意思自治必须在强制性法律限度内,且不得影响第三方的权利和义务。有些法域,尤其是属于大陆法系的那些法域,承认可转让单证或票据的物权法定原则,《示范法》并不着眼于提供规避物权法定原则的手段。同时,《示范法》也不以任何方式限制当事人改变实体法的能力。②

(5) 信息提供的规定

第5条规定,本法中的规定概不影响适用任何可能要求某人披露其身份、营业地或其他信息的法律规则,也不免除某人就此作出不准确、不完整或虚假说明的法律后果。这一条来自于《电子通信公约》第7条。该条提醒当事人遵守其他国内法中可能存在的信息披露的义务,在WP122中纳入后,从未经过任何修改,最后原样保留在正式文本中。这一条对ETR比较独特的一点是,提供信息的规定并不禁止在实体法允许的情况下签发不记名ETR,

---

① A/CN.9/WG.IV/WP139,第54段。
② 联合国国际贸易法委员会《ETR示范法解释性说明》,第50段、第51段。

而 ETR 管理系统可能允许为监管目的(如反洗钱)而非商业目的(如追索诉讼)识别电子可转让记录的控制人。

WP139 的第 15 条规定,本法不要求签发电子可转让记录时提供比签发纸质可转让单据时需要提供的更多的信息。这里信息具体何指,是谁提供,向谁提供都不明确。最后在示范法通过时,该规定被删除。

(6) 电子可转让记录中的其他信息

这一条规定很简单:"本法中的规定概不妨碍在电子可转让记录中纳入可转让单证或票据所包含信息以外的信息。"这一规定主要是指明电子可转让记录中可以纳入由于媒介性质不同而在可转让单据中通常不包含的信息,如由于技术原因而必须包含的元数据或独一标识及基于外部来源的周期性变化或持续性变化信息,如公开交易商品的价格及船舶位置等。中国代表团曾指出,有的国家实体法明确禁止在可转让单据中记载某些信息。① 为此,《电子可转让记录示范法解释性说明》指出,示范法第 1 条第 2 款已经排除在 ETR 中记载不为实体法所允许的其他信息。②

(7) 对电子可转让记录的法律承认

这一条有 3 款,是早期版本中的两条合并而成。第 1 款规定不得仅以电子形式否认电子可转让记录的法律效力、有效性或可执行性,事实上是以前的"不歧视电子形式"的条款。第 2 款和第 3 款规定概不要求某人未予同意即可使用电子可转让记录,同意可根据行为推断,事实上是以前关于"同意"的条款。

关于"同意"的规定依据的是《电子通信公约》第 8 条第 2 款,从 WP122 开始就一直包含在草案中。早前版本中并未将关于"同意"的条文和当事人意思自治的条文放在一起,内容是未经一方同意,不能强令其使用电子可转让记录,但同意可从其行为推定。WP139 将该条位置与当事人意思自治放在一起,并改为 3 款。后来在示范法正式通过时,又将"同意"的规定与"意思自治"的规定分开,而与"不歧视电子形式"的规定一起放到第 7 条中。第 7 条第 2 款规定:"本法中的规定概不要求某人在未予同意的情况下使用电子可转让记录。"这一条本意没有问题,是否使用以及使用怎样的可转让记录无关公共事务,本来就应该是当事人自己决定的。同意的意思可从行为推定也符合合同法一般原理,但放在流通证券法的环境下,有可能产生不好的后果。

---

① 如日内瓦《统一汇票本票法公约》第 33 条规定:"规定他种到期日或分期付款之汇票无效。"
② 联合国国际贸易法委员会《电子可转让记录示范法解释性说明》,第 58 段。

因为流通证券讲求的是证券的外观性,是否同意也许并不重要,证券表面是如何记载的才重要。而有些人可能受电子可转让记录的影响,是否受影响取决于其同意,由于"使用"一词的使用而不够清楚。如实际承运人,是否受承运人同意的电子提单影响。第 7 条第 3 款规定:"可根据某人的行为推断其是否同意使用电子可转让记录",这一规定借鉴了《电子通信公约》第 8 条。但后者第 2 款规定"本公约中的规定概不要求当事人使用或接受电子通信,但可以根据当事人的作为推断其是否同意使用或接受电子通信。"相比之下,示范法中对"同意"的要求比较低。

2. 关于功能等同的条文

这一部分共 4 条,规定了"书面""签字""可转让单据"和"占有"的功能等同。

在示范法第一稿即 WP122 中,就已经包含"书面"和"签字"的功能等同的条文。这两个条文处理的是电子商务活动中共同面临的问题,是根据联合国国际贸易法委员会现有的电子商务立法拟定,这些条文已为许多国家颁布,其解释和适用也没有产生任何特别问题,因而历次会议都没有对这些条文的具体内容进行过多的争论。主要的争论在于是否将相关内容纳入本草案,以及如果纳入如何放置,是与通则合并还是组成单独的一节。

一些国家认为,"书面"和"签字"的问题并非 ETR 所特有,而是所有电子商务中都会面临的共同问题。而且许多国家已经根据联合国国际贸易法委员会《电子商务示范法》或《电子签名示范法》制定相关国内法处理这些问题。如果在本示范法中另行规定,可能导致对"书面"和"签字"的法律规则在一般电子商务活动与涉及 ETR 的商务活动中不同的"双元制度"(dual systems),因而建议将这些条文整体删除。但另一些国家认为,在还没有进行电子商务立法的国家,如果要使关于 ETR 的规定有意义,提供"书面""签字"等的一般规则是必要的,因而建议保留。示范法最后保留了这两个条款,但在《解释性说明》中提及,第 8 条和第 9 条的颁布方法可以有不同[①],即各国可以根据自己的需要决定是否在依据示范法颁布的国内法中包括这两条。并且,无论如何要考虑到建立一种"双元制度"对电子记录和电子可转让记录提出不同的功能等同要求的后果。[②]

在 WP122 中,"书面"和"签字"的条款与"不歧视电子可转让记录"一起,被放入第二部分"电子可转让记录的使用"中。从 WP124 开始,将这 3 条单

---

① 联合国国际贸易法委员会《电子可转让记录示范法解释性说明》,第 68 段。
② 联合国国际贸易法委员会《电子可转让记录示范法解释性说明》,第 72 段。

独编为第二部分"关于电子交易的条文",并增加了 1 条"原件(正本)"。但 WP130 又将"原件"删除,此后这一部分包括 3 个条文并单独作为一个部分的做法一直保持到 WP139 中。而在示范法通过时,又将"不歧视电子可转让记录"的条文移动到第一部分"通则"中,而将原来放在第三部分"电子可转让记录的使用"中的两个条文"可转让单据"和"控制"移动到了本部分,组成"关于功能等同的条文"。

《示范法》第 8 条是关于"书面"的规定,具体内容为:"法律要求信息应为书面形式的,就电子可转让记录而言,如果其中所包含的信息能够调取供日后查用,即为满足这一要求。"

《示范法》第 9 条是关于"签字"的规定,具体内容为:"法律要求或允许由某人签名的,如果使用了一种可靠方法识别该人身份并表明该人对电子可转让记录所包含信息的意图,该要求即由电子可转让记录得到满足。"

这部分中的"可转让单据"和"控制"是整个示范法的核心条文,也是示范法制定过程中争论最多的条文,因而放在后文专门叙述。

3. 电子可转让记录的使用

在 WP122 中,这一部分共 18 条,示范法正式文本中缩减为 7 条,而且多数条文经历了重大变动,只有少数条文基本维持了原貌。各条主要内容如下:

(1) 可靠性一般标准

示范法中有多个条款都要求使用一种"可靠的方法"实现某一功能。为此,在第 12 条列举了与评价可靠性有关的要素,以增加法律的确定性。第 12 条共两款,第 1 款列明了 7 项与评价可靠性有关的要素,第 2 款规定如果事实上已证明履行了该方法欲履行的功能即为可靠。示范法中提及的各种"可靠的方法"都需要依据第 12 条列明的标准评价,而每一种方法是否可靠,则需要根据该方法所欲实现的功能来评价。

具体地,第 12 条规定:

从所有相关情形来看,所提及方法对于使用该方法所要实现的功能既应适当,也应可靠,相关情形可包括:

(1) 与系统的可靠性评估相关的营运规则;

(2) 数据完整的保证;

(3) 防止非授权的进入和使用系统的能力;

(4) 硬件和软件的安全性;

(5) 一个独立机构审计的经常性和范围;

(6) 关于方法的可靠,存在一个监管机构或资格鉴定机构的声明,或一个自愿体系;

(7) 任何适用的行业标准;或者

该方法本身或者结合其他证据能证明已经完成被赋予的功能。

第12条旨在通过指明可能与评价可靠性有关的要素来提高法律的确定性。第12条所列要素是示例性的,因此不是穷尽的。

(2) ETR记载的时间和地点及各方营业地的确定

WP122中不包含这两个条款的内容。这两个条款分别是第51届和第52届会议后根据新加坡代表团的意见加上的。

第13条规定,如果法律要求或允许表明关于可转让单据或票据的时间或地点时,应采用一种可靠的方法表明关于电子可转让记录的时间和地点。在讨论中,许多国家代表团指出这一条并不必要,但新加坡代表团非常坚持。这一条在WP137中还是全部放在方括号中的,表明是否保留有疑义,但最终在示范法中被保留。

第14条规定有两款。第1款规定,一个地方并不仅仅因为符合以下条件之一就是营业地:(1) 支持一方使用的与电子可转让记录相关的一个信息系统的设备和技术所在地;(2) 信息系统可以被其他人进入的地方。第2款规定,一方使用了一个与一个特定国家相联系的信息系统的电子地址或一个信息系统的其他因素并不成立一个假设,即它的营业地位于该国。

第14条关于营业地的规定灵感来自于《电子通信公约》,与该公约第6条第4款和第5款完全一致。这一条的问题仍然首先在于是否有必要。支持规定的人认为,这样才可使电子可转让记录的法律本身完整,从而避免无其他电子商务立法的国家无法适用本法。但此问题虽然是电子可转让记录使用过程中必然发生的问题,却并非电子可转让记录特有的,如单独专门规定可能与一国其他规范电子商务的法律重复或抵触。而且同类型的问题还有很多,在本示范法中实际上无法穷尽。由于这一条虽然缺乏支持,但也没有特别强烈的反对意见,最后在示范法中得以保留。

(3) 背书和修改

背书、修改都是具体操作行为的功能等同规则。围绕这些条款的主要争议在于要不要这些条款,以及如果要,如何书写才能符合各国国内法的要求。示范法最后只保留了关于背书和修改的规定,分别规定在第15条和第16

条。这两条都是很简单的功能等同要求。对背书,只要信息能被记入电子可转让记录,并且符合示范法第 8 条和第 9 条的规定,即满足法律要求。对修改,只要使用了一种可靠的方法使修改过的信息能被辨识,即为满足法律要求。讨论过程中曾提出应该使修改过的信息能被"容易地"辨认,但为了避免解释上的困难,这一限定词最后被删除了。

(4) 媒介转换

关于纸质和电子媒介的转换,是示范法中唯一的实体规则。因为传统法律中不存在这一规则,故而不可能遵循功能等同原则设定这一规则。关于这一条款的争论主要有四点。一是是设定双向转换的规则,还是只设定从电子到纸质的转换规则;二是转换需要哪些人的同意;三是如何确定转换后新媒介生效及旧媒介失效的时间点;四是这一规则的性质是强制性还是任意性的。

由于不同国家以及不同商业运营商之间技术发展水平各不相同,电子可转让记录在必要时可以转换回纸质可转让单证,对促进商业实务中接受电子可转让记录十分重要。在有些国家,纸质可转让单据与电子可转让记录可以双向转换,即既可以从纸质转换成电子形式,也可以从电子形式转换成纸质。如美国《统一商法典》Section 7-105 规定了电子物权凭证与纸质的互相转换。在另一些国家,则只允许单向转换。如韩国《商法对电子提单规定试行的相关规定》第 12 条规定电子提单可以转换成纸质,但已经签发的纸质提单则不再能转换成电子提单。示范法制定过程中曾有人提出只应允许将纸质单证转换成电子记录,这样做会促进更广泛地使用电子手段。但反对意见认为,应当允许双向转换,以反映当前的商业现状,而且便于信息技术手段有限的当事人使用纸质单证。[1] 最后示范法用第 17 条和第 18 条两个条款分别规定了从纸质转向电子,以及从电子转向纸质的转换。即在媒介转换的方法"可靠"的情况下,允许双向转换。

对于同意的要求,有人认为应提及承付人,因为持有人有权要求承付人履约。但反对意见认为,只有承付人是签发人时,如在提单和本票中,承付人才能签发替换件。在汇票中签发人和承付人是不同的当事人,要求其对媒介转换表示同意,范围太广了。而且票据关系中的背书人也是债务人,如果要求其同意,将导致要求不直接受媒介转换影响的多个当事人同意,大大增加了时间和成本。[2]

---

[1] A/CN.9/761,第 74 段。
[2] A/CN.9/828,第 99 段。

确定新媒介生效及旧媒介失效的时间点的困难，主要是考虑到如下情况：如果旧媒介在新媒介签发之前即不再具有效力，一旦新媒介签发没有完成，可能就会导致持有人或控制人没有任何单证或记录。反过来，如果旧媒介在新媒介签发之后仍然未被终结，则义务人可能面对分别基于新、旧媒介而提出的多重请求权。①

在多次讨论不能取得一致意见后，示范法基本采用了原则性的规定方法，只要求转换后的媒介应包含前一媒介的所有信息，并加上表明转换发生过的记录。当后一媒介签发时，前一媒介失效。媒介转换不影响各方权利义务。示范法回避了媒介转换需要哪些人同意，新旧媒介生效和失效的具体时间点等技术性问题。这一规定是强制性的还是任意性的，则取决于各国在进行国内立法时如何对第 4 条进行规定。

4. 电子可转让记录的跨境承认

跨境承认是所有与电子可转让单证有关的问题暗含的一个目标。②《ETR 示范法》关于跨境承认的条文只有一条，包括两款，分别规定示范法不影响适用于纸质可转让单证的国际私法规则对电子可转让记录的适用，以及不得仅以电子可转让记录的签发地为外国为由拒绝承认电子可转让记录的法律地位。这两条都是普遍承认的规则。

在示范法草案讨论过程中，秘书处一直呼吁对这一部分的内容加以丰富，从而能促进示范法的适用。其间也曾经做过多次努力。如曾有提议，应明确对于某一不允许签发或使用电子可转让记录的法域签发或使用的电子可转让记录，如果该记录在其他方面符合适用的实体法的要求，该记录在颁布示范法的法域仍然可以得到承认。③ 但该提议未被采纳。另有提议增加如下规定："国际私法规则导致适用一项因电子可转让记录的形式而不承认电子可转让记录的签发和使用的法律的，适用本法。"这一提议的效果是，取代仅因电子可转让记录的电子形式而不允许承认电子可转让记录的国际私法规则。④ 但该提议也被工作组拒绝了。多数国家认为，跨境承认的条款应该是一条体现"非歧视"原则的条款，而不是一个新的功能等同规则。⑤

---

① A/CN.9/828，第 98 段。
② A/CN.9/737，第 56 段。
③ A/CN.9/WG.IV/WP.137/Add.1，第 57 段。
④ A/CN.9/WG.IV/WP.137/Add.1，第 61—63 段。
⑤ 在第 53 届会议的讨论中，新加坡等国家认为跨境承认条款不应该仅仅涉及非歧视问题，但中国、美国、德国、比利时等国家都支持跨境承认应该仅仅涉及非歧视原则。

5.《解释性说明》提及的"其他相关问题"

有一些内容在《ETR 示范法》起草过程中曾被提出或讨论，但因为种种原因最终未包括在示范法正文中，但在《解释性说明》中进行了专门说明。这样的问题有以下四项：

(1) 正本

与"书面""签字"一样，"原件"也是一般电子商务活动中都会涉及的概念。在《ETR 示范法》中，"正本"作为一个条文虽然被删除，但在《电子可转让记录示范法解释性说明》进行了特别说明。根据这一说明，《电子商务示范法》第 8 条提及的"原件"是一种静止概念①，而电子可转让记录就其本身性质而言是流通性的，因此，电子可转让记录语境下的"正本"概念不同于联合国国际贸易法委员会早期通过的法规中采用的"原件"概念。《ETR 示范法》中的"完整性"要求就是为了实现"原件"的功能等同。而且，可转让单据的"正本"概念对于防止多重请求特别重要，但在《ETR 示范法》中是通过"单一性"和"控制"概念来实现这一目标的。②

(2) 签发多份正本

"签发多份正本"的规定也是从 WP122 就有的。商业实践中，提单和票据都存在签发多份正本的做法。对《ETR 示范法》中是否应该设置相关规定，曾经进行多次讨论。一种意见认为，商业实践中存在签发多份正本的做法，《ETR 示范法》中应对这种做法是否以及如何在电子化的情况下保留加以规定。另一种意见认为，签发多份正本的做法起源于以前邮寄纸质单据时担心纸质单据遗失的考虑，在电子环境下不存在这种考虑，因此也不应该允许签发多份正本。签发多份正本的规定在最后提交大会的示范法草案中还依然保留（第 15 条），但在大会讨论中，CMI 代表提出，《鹿特丹规则》中是不允许签发多份正本电子运输记录的，示范法草案第 15 条因而与《鹿特丹规则》直接抵触。大会讨论后，最终决定删除第 15 条。这也成为示范法草案中最后被删除的条款。由于是删除而非修改，电子环境下是否允许签发多份正本的问题实际上是留给了各国国内法解决。在《电子可转让记录示范法解释性说明》中，也对这个问题进行了专门说明。

---

① 《电子商务示范法》第 8 条中处理了"原件"的要求并将其与信息的完整性、可靠性相关联。
② A/CN.9/WG. IV/WP139,第 81 段、第 82 段。联合国国际贸易法委员会《电子可转让记录示范法解释性说明》，第 189 段。

(3) 存储和归档

《ETR 示范法》的某些草案版本中还提到过关于信息留存和归档的责任，但这些规定后来都被删除了，而只在《电子可转让记录示范法解释性说明》中对"存储和归档"进行了简单说明。根据这一说明，《ETR 示范法》未载有关于存储和归档的具体规定，但其他法律，包括隐私和数据留存的法律中所有适用的留存要求均应得到遵守。存储和归档概念可适用于 ETR 所包含的信息，而不是 ETR 本身。①

(4) 第三方服务商

关于"第三方服务商"的内容一开始被认为很重要，因而在 WP122 中被单独作为一节规定。但这一节后来根据第 49 届会议的决定被整体删除。理由是，普遍认为这些条文过于详细，又未必完全尊重技术中性原则。而且这些条款草案具有规范性质，其效果可能妨碍竞争。不过虽然被移出了示范法条文，第三方服务商的问题在《电子可转让记录示范法解释性说明》中被进行了特别解释。《电子可转让记录示范法解释性说明》重申《ETR 示范法》是技术中性的，因此与所有模式兼容；《ETR 示范法》是一部授权文书，不涉及监管问题，这些问题应该在其他法规中加以处理。同时，还特别指出，《ETR 示范法》中提及电子可转让记录管理系统，并不意味着系统管理人或其他形式中央控制的存在。②

6. 曾经讨论但最终未被包括的内容

在《ETR 示范法》制定之初，有许多专属于 ETR 的问题被提出来讨论。包括创设一份 ETR 的条件、可以签发成电子形式的可转让单据的类型、转让的条件、持有人的识别和识别标准、电子记录所附着的权利内容，等等。③ 其他一些附带的电子商务的一般性问题也被认为应该考虑，如第三方服务商的责任、使用电子代理 (electronic agents) 时的通信错误的责任等。但谈判中逐渐缩小范围，最后集中到 ETR 的使用。而关于 ETR 的使用，草案最初的设想是将电子可转让记录使用过程中可能涉及的环节都尽量加以规定。因此在 WP122 中，设立了 ETR 的签发、转让、提示、终结、重新签发、分割或合并等条文。但这些条文在历次会议讨论中逐渐被删除，理由是，这些概念在不同国家的实体法中可能有不同的含义，示范法加以规定可能会违背"不影响

---

① 联合国国际贸易法委员会《电子可转让记录示范法解释性说明》，第 196 段。
② 联合国国际贸易法委员会《电子可转让记录示范法解释性说明》，第 197 段。
③ A/CN.9/484，第 88 段。

现行各国实体法"的原则。而且,这些概念一般都依赖于对"单证"和"占有"的解释,通过设置"单证"和"占有"的功能等同规则,在适当的解释下,即可得到这些概念的功能等同规则。

(三)《ETR 示范法》的路径之争

ETR 立法的核心,是设定电子可转让记录与纸质可转让单据之间"功能等同"的条件。而如何设定这种条件,《ETR 示范法》在制定过程中,主要在"独一无二性"和"控制"两条路径之间摇摆。① 这种摇摆构成了《ETR 示范法》整个文件起草的主线。

1. "独一无二"加"控制"

在《ETR 示范法》最初的设计中,"独一无二"和"控制"被作为两个核心概念。② "独一无二"要求应使用一种方法,使一份 ETR"独一无二"。而"独一无二"被定义为不能被复制,或虽然能复制但可以辨识出唯一的一份"正本"(original copy)。③ "控制"是与纸质单据的"占有"相对应的概念。如果用以证明电子可转让记录权益转让的方法可靠地确定某人为电子可转让记录的被签发人或被转让人,该人对该电子可转让记录拥有控制。④ 转让对 ETR

---

① "控制"这个概念的使用有较长历史。在 1992 年国际海事委员会《电子提单统一规则》中即已采用,美国《统一电子交易法》和《国际与国内商务电子签名法》中关于可转让记录的规定最早采用了将"控制"与"占有"类比并用以确定出让人对电子记录是否有权利的做法。"独一无二"的要求则最早可见于《电子商务示范法》。

② 在 2012 年第四工作组第 45 届工作会议讨论文件中,在"功能等同"项下,只讨论了"独一无二性"和"占有"的功能等同。其中"控制"被作为"占有"的功能等同(A/CN. 9/737,第 30、31段)。示范法草案第一稿,即联合国国际贸易法委员会第四工作组第 122 号文件(A/CN. 9/WG. IV/WP. 122)中,分别用两个条款处理了"独一无二"和"占有"的功能等同。

③ WP122 第 13 条题为"电子可转让记录的独一无二性",具体规定如下:
"1. 应使用一种方法,使一份电子可转让记录独一无二[防止流通与同样履约义务有关的多重单证][仅赋予单一持有人要求履约的权利]。
2. 满足第 1 款的方法应
(1) 确保电子可转让记录无法被复制;或者
(2) 按照第 17 条草案规定的程序,指定电子可转让记录的正本。"

④ WP122 第 17 条题为"控制",具体规定如下:
"如果用以证明电子可转让记录权益转让的方法可靠地确定某人为电子可转让记录的被签发人或被转让人,该人对该电子可转让记录拥有控制。
凡以下述方法签发或转让电子可转让记录的,该方法即为满足第 1 款的要求,该人即被视为拥有对该电子可转让记录的控制:
(1) 电子可转让记录存在唯一的正本,此正本是唯一的、可辨认的,除第 20 条另有规定外,还是不可更改的;
(2) 正本中指明拥有控制的人:(A) 是被签发的人;(B) 是最近被转让的人;
(3) 正本被发送到声称拥有控制的人并被其保管;
(4) 正本的唯一性和完整性得到保全;
(5)[易于辨认正本的每一复本以及任何复本的复印不是正本][易于辨认正本是正本]。"

的控制即可实现对 ETR 的转让。①

在接下来的一稿,即 WP124 中,基本保留了 WP122 的思路,但在文字上作了进一步梳理。其第 11 条"一份电子可转让记录的独一无二性"中规定:

"1. 应使用一种可靠方法,使一份电子可转让记录独一无二(uniqueness)。

2. 一种方法满足第一款的规定,如果它:

(1) 指明一份电子可转让记录的权威版本,并使其易于被识别;

(2) 保证该权威文本不能被复制。"

同时定义条款中规定:"ETR 指电子环境中使用的记录,该记录可通过转让该记录本身转让记录中记载的要求履行义务的权利"(means a record used in an electronic environment that is capable of transferring the right to performance of obligation incorporated in the record through the transfer of that record)。在该份草案的评议中指出,草案第 11 条反映了工作组的理解,即"独一无二"的目的是只授予一个 ETR 持有人要求履行的权利,并防止与同一义务履行相关的多份记录流转。与 ETR 的完整性一样,独一无二性应该是一种在 ETR 的整个生命周期都被保证的品质。②

2. 只要"控制"

但是到了第三稿,即 WP128 中,在"独一无二"问题上发生了重大转折。"独一无二"作为一种独立要求的必要性受到了质疑。在该草案的秘书处说明中提到:"就独一无二的概念而言,会议上表达了对如下观点的支持:独一无二不是对 ETR 的一个一般性要求,实践中,在电子环境下可能很难获得独一无二性。因此,独一无二性不应被视为一种自己的品格,而是应将重点放在独一无二性可获得的效果,即防止多重请求权(prevention of multiple claims)。电子环境下存在多种能复制该功能而又不要求独一无二性的方法。有些情况下,控制的概念足以防止义务人被要求多次履行的风险。"③根据这种观点,"控制"可以替代"独一无二性"而不是作为包含或并列于"独一无二性"的一个要求。

这种变化并非是工作组的讨论触发了突如其来的新想法,而只是一种一直存在的观点占了上风。事实上在《ETR 示范法》讨论之初,即有意见指出,独一无二性可以通过对电子可转让记录的控制的适当运用来实现,而这种控制又取决于能否对行使控制的一方进行可靠的识别和认证。还有人认为,这

---

① WP122,第 19 条。
② WP124,第 36 段。另见 A/CN.9/761,第 33—37 段;A/CN.9/768,第 51 段和第 76 段。
③ WP128,第 43 段。A/CN.9/797,第 48 段和第 50 段。

种可靠的识别和认证方法必然要借助于身份管理系统。①

为此,提出了三种备选方案,即方案 A、B、C。其中只有方案 A 保留了"独一无二性"作为独立条款。在这一方案中,第 10 条、第 11 条和第 12 条分别题为"原件""ETR 的独一无二性"和"ETR 的完整性"。第 11 条规定,应使用一种可靠的方法使 ETR 单一,或使 ETR 能被识别为包含构成 ETR 的权威信息。一种方法如果能指出 ETR 的权威版本,并保证其不能被复制,就是可靠的方法。② 方案 B 只有一条即"原件",然后将"独一无二性"作为原件必须满足的条件之一。方案 C 包括两条,第 10 条"原件"包含了"独一无二性"的要求,第 11 条是增加的"一般可靠性标准"。WP128 保留了 ETR 的定义,但在措词上有所变动。"ETR 是一份使其持有人有权得到记录中[所含]义务的履行,并能通过转让记录转让[其所记录的]权利的[电子记录]。"

该草案的评议第 51 条如下:

"'防止一份电子可转让记录的非授权复制'这样的用语在起草第 11 条时被作为起草的一种选项,用以反映独一无二的功能,即防止非授权复制电子可转让记录,而不是独一无二这个概念本身。考虑到有些系统,如基于登记处的系统,可能不需要一种方法来达到独一无二但仍然能防止非授权的复制,这种途径可能是更有益的。"③

在第 49 届会议的工作报告中,记录了以下一些意见:"具体提及排他性控制,则可以避免提及'独一无二'概念,这种概念造成了法律上和技术上的难题。"④"会上指出,在基于登记处的系统中可能并不存在任何独一对象,要想在这种系统中实现电子可转让记录的独一无二概念可能是不现实的,但在权利凭证式系统中则有可能创建单一标识。会上表示,不应在条文草案中作为 ETR 的一种特性提及独一无二性。"⑤

到第四稿,即 WP130 时,删除了"ETR 的独一无二性"这个条款,而是另设了一个条款即第 10 条"纸质可转让单据",题目另设"可使用的电子记录"和"ETR"两个备选项。条款的具体内容是:当法律要求一份纸质可转让单据,该要求可通过使用电子记录满足,如果采用了一种方法,使该电子记录被识别为可使用的电子记录并防止非授权的复制;使该电子记录在其生命周期内一直可被控制;保持 ETR 的完整性。

---

① A/CN.9/737,第 26 段。
② 参见联合国国际贸易法委员会第四工作组第 128 号文件(A/CN.9/WG.IV/WP.128),第 43 段。
③ A/CN.9/797,第 50 段。
④ A/CN.9/804,第 66 段。
⑤ A/CN.9/804,第 69 段。

第五稿即 WP132 第 10 条标题为"纸质可转让单据"或"可使用的电子记录"(operative electronic record)或"ETR"。该条规定，如果法律要求使用纸质可转让单证，该要求可通过使用电子记录满足，只要采用了一种可靠的方法，确定该电子记录是作为电子可转让记录使用；且防止该电子可转让记录被非授权的复制；使该电子记录始终在控制下。①

在第四稿、第五稿中，由于要求的是防止 ETR 被"非授权的复制"，实际上就放弃了对 ETR 独一无二的要求。因为其意味着 ETR 是可以经授权复制的。对 ETR 下请求权单一的保障，主要由"控制"这一要求来完成。

"控制"这一概念在《鹿特丹规则》下也有使用。《鹿特丹规则》将电子可转让运输记录的"排他性控制"与纸质可转让运输单证的"占有"等同，但并未对何为"控制"或"排他性控制"进行界定。而且在《鹿特丹规则》下，"控制权"是指在运输合同下向承运人发出与货物有关的指示的权利。拥有控制权的人即是控制人。② 即在《鹿特丹规则》下的"控制权"是对人（承运人）而非对物（货物）的权利，与单证持有人对单证的占有不相关。

另一个包含"控制"概念的法律是美国《统一商法典》。在该法中，"控制"主要是通过"单一权威文本"的指定和保留来证明。即"控制"概念包含"独一无二"的要素。但"控制"还可以由其他方式证明，只要这种方式能可靠地证明一人是电子凭证签发或转让的对象。

《ETR 示范法》讨论中的"控制"是指有一种可靠的方法确认电子可转让记录的签发人或转让人。这个概念与前述两部法律中的"控制"概念都不同。它不是针对特定人的，而是针对所有人的；它不包含"独一无二"要素，而是特别剔除了"独一无二"的要求。

3. "控制"加"单一性"

如果不要求"独一无二的 ETR"而只要求"控制"，首先需要回答的问题是：控制什么？多数意见认为，控制的是 ETR。但如果"控制"的是"ETR"，那么仍然必须要求 ETR 只有一份。因为如果 ETR 有多份，一人控制其中一份，即使对该份的控制是排他性的，也不能排除其他人控制其他各份的情况。如果有多份 ETR 而每份 ETR 都能被单独控制，就会出现多个控制人。如果有多份而所有 ETR 都被一个人控制，就需要证明一共有多少份，这些份是否都被一人排他性控制，这和证明 ETR 的单一性并无本质区别，就与纸质的一

---

① 参见联合国国际贸易法委员会第四工作组第 132 号文件（A/CN. 9/WG. IV/WP. 132），第 10 条。

② 参见《鹿特丹规则》第 1 条"定义"，第 12、13 个定义。

式多份的情况类似。在《ETR 示范法》讨论过程中，曾经给"控制"下过一个定义，将控制定义为一种"事实上的权能"①，但对这种事实上的权能是针对什么事实的，却始终无法取得一致意见。为避免引发纠纷，最后放弃了下定义的做法。

正如主张"独一无二"要求的人无法说清楚一份电子记录的独一无二如何在技术上实现，主张"控制"要求的人也无法说清楚控制的对象到底是什么，控制是如何实现"防止多重请求"的。两种路径之争一时陷入了僵局。在 2015 年 5 月第 51 届会议上对 WP132 进行讨论时，针对这个问题进行了长达 3 天的讨论，最后得出结论，不能放弃单一性要求。应该把普遍流行的两种做法，即"单一性"和"控制权"合并起来，以避免多重履约请求。②

这里的一个重要转折，是提出了"单一性做法"。"单一性"作为一个术语被特别与"独一无二"相区别。虽然"独一无二"被承认可能是做不到的或不需要的，但"单一"被认为是可以做到的。

"单一"这层意思用哪个词语表达，引起了长时间的讨论。首先提出的是"权威的"(authoritative)或"有效的"(effective)。但反对意见认为，"权威的"或"有效的"不包含对"单一性"的要求。首先，暗含有存在"不权威的""不有效的"ETR 的意思。其次，一份 ETR 可以使其控制人有权收款或提货，并不表示其他人就无权收款或提货。两份权利并存是可能的，也正是可转让单据通过"占有"这个要求要排除的，而"有效的"只表明了有一份权利，没有包含不存在其他权利的意思。例如购物券、电影票，都是有效的，但并不排除其他人购买同一类型物品、看同一部电影的权利。其后又提出过"唯一的"(the only)等词，但又担心与"独一无二"混同，最终都未获普遍认可。

第六稿即 WP135 是对第 51 届会议讨论结果的一个反映。WP135 第 10 条题目同前两稿，但内容上有重大变化。它要求 ETR 中包含必须被载入纸质可转让单据的所有信息，并且采用了一种方法，该方法对确认电子记录是构成 ETR 的权威记录既是妥当的也是可靠的，使该记录在生命周期内处于控制之下，并且保持完整性。在这一稿中，删除了"防止非授权的复制"的要求，而且由于对用词无法达成一致，干脆没有采用一个词语来说明要求 ETR "只有一份"，而只要求识别出"该电子可转让记录"。秘书处没有指出，删除 "防止非授权的复制"并非为了放弃单一性要求，而是为了明确单一性要求。相反，秘书处评述中重新引用了以前各次讨论中关于这个问题的讨论，冲淡

---

① 参见 WP132, 定义条款。
② A/CN.9/834, 第 86 段。

了第 51 届会议上讨论的结论。① 第 9 条第 1 款第 2 项规定了确认电子记录是载有确定该记录为电子可转让记录所需要的可凭使用信息或权威性信息的记录的要求。虽然第 9 条第 1 款第 2 项被认为是对"单一性"做法的体现②,但由于没有采用一个明确的词语提出这一要求,不是熟知条文产生过程的人可能很难领会到这一重要要求。尤其是在一些语言中没有用"定冠词加单数名词"来表示单一的表达方法,这使单一性要求变得含糊。好在 WP135 中保存了 ETR 的定义,该定义规定:ETR 是指其中包含的权威信息使控制该记录的人有权要求履行记录中的义务并且能够通过转让记录转让权利的电子记录。这个定义比较清楚地反映了 ETR 应该是一份单一的记录。

第七稿即 WP137 基本沿用了 WP135 的条文,但 WP137 修改了 ETR 的定义,将其改为:ETR 是包含使一份可转让单据有效的所有信息并符合第 9 条要求的电子记录。这个定义将重点放在 ETR 包含的信息上,而没有提及任何 ETR 可使其控制者得到的权利。这样一来,ETR 与单一性的关联性已经很难从文字表面读出来。

接受一些国家的批评意见后,第八稿即 WP139 在文字上作了一些改动。主要的改动有两点。首先,在关键的第 9 条第 1 款第 2 项中,中文和俄文版本增加了"单一"字样;其次,在正式评论中,增加了对单一性要求的说明。

最后提交 UNCITAL 大会审议的草案是这样规定的:

第 10 条 对使用电子可转让记录的要求

1. 当法律要求使用可转让单证或票据的,如果符合以下条件,即可以用电子记录替代:

(a) 该电子记录包含必须被载入可转让单据或票据的信息;并且

(b) 采用了一种可靠的方法:

(i) 指明该电子记录是单一电子可转让记录;

(ii) 使得该电子记录能够自其生成至其失去任何效力或有效性期间被置于控制之下;并且

(iii) 保全该电子可转让记录的完整性。

2. 完整性的评价标准应该是,除正常传送、存储和显示过程中出现的任何改动之外,电子可转让记录所包含的信息,包括自其生成至其失去任何效

---

① 参见联合国国际贸易法委员会第四工作组第 134 号文件(A/CN.9/WG.IV/WP.134),秘书处评述,第 68 段至第 75 段。

② 参见联合国国际贸易法委员会第四工作组第 132 号文件(A/CN.9/WG.IV/WP.137),第 56 段;A/CN.9/834,第 86 段。

力或有效性期间产生的任何经授权的改动,是否仍然完整且未被更改。

第 11 条 控制

1. 当法律要求占有一份可转让单证或票据时,就电子可转让记录而言,使用了一种可靠方法即为满足该要求,该方法:

(1) 证明某人对该电子可转让记录享有排他性控制;并且

(2) 指明该人为有控制的人。

2. 当法律要求或允许转移对可转让单证或票据的占有时,就电子可转让记录而言,转移对电子可转让记录的控制,即为满足这一要求。

秘书处说明中指出,第 10 条第 1 款第 2 项是"单一性"做法的体现。该规定的目的是,指明相对于不可转让的其他电子记录的电子可转让记录,仅凭指明就足以表达单一性做法。《示范法》英文"the"、法文和西班牙文各文本以定冠词足以点明单一性做法,从而避免使用任何限定词及相关困难。《示范法》阿拉伯文、中文和俄文各文本意在表达同样概念。[1]

对"单一"的反映在三种语言中没有体现在具体的某个词语上,而是体现在"定冠词 the 加单数可数名词"这种表达方法上,秘书处的解释文件中指出:"之所以略去限定词,是因为限定词可能造成解释上的困难,尤其是在某些语文中,有可能被解释为是指已被放弃的'独一性'概念,而且还有可能招致诉讼。"[2]而当前的表达方法已经体现了"单一性"要求。"单一性办法要求对电子可转让记录持有人有权要求履行其中指明的义务的电子可转让记录进行可靠识别,从而避免对同一项义务提出多重请求。"[3]

第 11 条"控制"作为"占有"的功能等同条款,但没有采用"占有"而是采用了"控制"作为标题,这是因为工作组认为"控制"这个概念作为"占有"的功能等同十分重要,需要直接在标题中出现以突出其重要性。

在《示范法》草案被提交给各国征求意见后,关于"单一性"与"控制"的争论仍未停止。对草案第 10 条进行说明的秘书处说明第 67 段原文为:"在《示范法》中采用'单一性'和'控制'概念,其作用之一是防止系统未经授权复制电子可转让记录。"德国建议删除该段中"和控制"字样,改为:"在《示范法》中采用'单一性'概念,其作用之一是防止系统未经授权复制电子可转让记录"。德国提出,第 10 条是确保电子可转让记录"单一性"的核心条款。请求的单一性是体现履约义务的记录的单一性(和真实性)的结果。控制(在功能上等同于占有)有些不同,不一定与这些概念关联。必须将控制与单一性区

---

[1] A/CN.9/920,第 77 段。
[2] A/CN.9/WG.IV/WP139,第 19 段。
[3] A/CN.9/WG.IV/WP139,第 10 段。

分开来。在任何情况下,必须考虑到这样一个事实,即"单一性"允许将特定电子记录识别为使控制人有权要求履约的电子可转让记录。① 与德国意见完全相反,美国提出:"解释性说明第 67 段指出,'单一性'和'控制'的作用之一是防止未经授权复制电子可转让记录。在这方面,必须认识到,虽然应当防止未经授权而复制,但构成电子可转让记录的数据可能仍有多个版本。防止出现多重履约请求的是'控制'。遗憾的是,出现了将单证或记录的单一性与请求的单一性相混淆的情况。《示范法》寻求实现的是后者。由于系统可能保留数据副本,可能不会有单一记录。然而,'控制'应解决此种可能性带来的关切,因为《示范法》草案中的控制概念专门处理请求的单一性,因而使得没有必要确定单一记录以防止多重请求。根据定义,控制限制了可就电子可转让记录提出请求的当事方,使得没有必要设计一个提供单一记录的系统。"② 不过,最后这两种观点都没有被采纳,《示范法》草案按原来的样子提交大会讨论并最终通过。

4. "定冠词加单数名词"的解读

(1) 可能发生的解释争议

《ETR 示范法》最后是四种官方语言中以"定冠词加单数名词"(如英语中是"The ETR"),两种官方语言中以专门的限定词(如中文中是以"单一 ETR")代表对"单一性"的要求,并在解释性文件中加以说明。这种写法是"独一无二"与"控制"两种路径互相妥协的结果。

对主张"控制"路径的人,因为相信"控制"本身就已经足够表达对"请求权单一"的要求,因而主张不应该要求,或起码不应该强调 ETR 本身有什么特点。ETR 就是"控制"的对象,如此而已。按这种意见,当前文本中的第 10 条中某些语言版本的"单一"措词应删除,而且正式评论中的与"单一性"要求相关的段落也应删除。

持相反观点的人则认为,"控制"本身不足以保证"请求权单一",必须对 ETR 本身的特质提出要求。ETR 只能有一份,这层意思最好能用一个词语准确、明确地表达在一个条款中。按此意见,当前文本中的第 10 条应该写得更清楚一些。有人因此嘲讽《ETR 示范法》当前的写法是:这么多国家的专家一起找一个词找了五年,结果却没有找到!

作为妥协的成果,当前文本似乎为两种路径都留下了一点儿解释的空

---

① 参见 A/CN.9/921,德国对《示范法》草案的评论意见。
② 参见 A/CN.9/921,美国对《示范法》草案的评论意见。

间。倾向于"控制"路径的人可能将"The ETR"视为对"独一无二"乃至"单一"的彻底否定,持相反观点的人则可能倾向于将"The ETR"视为"单一"的另一种说法。因此看起来,当前文本可能综合了两种路径的优点,也可能集合两种路径的缺点。效果如何,与如何解释和适用有很大关系。

(2)"The ETR"的正确解读

虽然采用了比较含糊的写法(The ETR),但《ETR示范法》对ETR本身要求"单一"应该是明白无误的。

严格地说,英文中仅用"The ETR"代表对单一性的要求,确实有被误读的可能。英语中的定冠词"the"的作用更多是"识别"(特定化)而非"排他"。根据词典,英语中的定冠词具有确定的意思,用以指特定的人或事物,表示名词所指的人或事物是同类中的特定的一个,以别于同类中其他的人或事物,相当于汉语中的"那个"或"这个"的意思。"识别"的目的是归类或定性,可识别未必就是排他的。如门禁系统使用的卡片,持有卡片的人可以被识别为有权进入的人,因此卡片是识别权利人的一种可靠方法。但这并不表示权利人只有一个。

定冠词"the"可以和单、复数名词,也可以和不可数的名词连用。"信息"显然是不可数的。"电子记录"是可数还是不可数的呢?看起来有些含糊,但在《ETR示范法》中应该是可数的,因为在有些条款中,"ETR"出现了复数形式。那么"the"加上单数形式的"电子可转让记录",是否就有排他效果了呢?看起来也有些悬。设想一把锁有一套三把钥匙,每把钥匙都可以开这把锁。识别出其中的一把,也叫做"identify the key to the door",但这里的单数名词"key"并不能排除其他两把钥匙的存在,而其他两把钥匙也可以分别叫做"the key to the door"。

具体到ETR,"可识别The ETR",解释重点可能被放在"可识别"上。要求"控制人"能指出一份电子单据是电子可转让单据,这是要求电子可转让单据"可识别"而不是要求"单一"。这两种要求的区别在于,"可识别"是不排他的,即同时存在两份电子可转让记录并不违背"可识别"的要求。如果已经先有一条规则,规定ETR只能有一份,则识别出该ETR,自然是识别出一份。但如果规则是ETR可以有多份,则仍然可以说"识别出该ETR"。简单说,"可识别单一ETR"如果解释成只要求有一种方法指出一份ETR,那么对排他就没有任何保障。因为即使没有任何标准地任意指定一份也可能符合这种要求。

但是,结合《ETR示范法》的讨论过程、立法意图、上下文联系等,可以清楚地看出"The ETR"要求的就是"单一"。

　　从法律解释方法来说，每个法律条款的解释应该使其有意义。第10条第1款第2项要求有一种可靠的方法辨明电子可转让记录，而电子可转让记录根据第2条的定义，是符合第10条要求的电子记录。因此第10条第1款第2项多出的意思仅是"有一种可靠的方法辨明"。而如果"电子可转让记录"中不包含"单一"的意思，对"可靠"的判断自然也不包含是否保证单一的标准。这样第10条第1款第2项将成为没有实际意义的条款。而这显然与其公认的核心地位不符。《ETR示范示》的正式解释在多个地方指出，第10条是全部示范法条款中最重要的条款之一。可转让单据的有效不仅依赖于包含全部法定信息，还依赖于全部信息包含在纸张这一法定形式上。只要求包含全部信息并不包括对形式的要求。而单一性要求包含在对形式的要求中。

　　更重要的是，虽然《ETR示范示》只有中文版本和俄文版本中明确使用了"单一"这个词，而在英语和其他三种语种的版本中采用了"定冠词加单数名词(The ETR)"的表达方法。但是，《ETR示范示》对"单一 ETR"的要求是足够清楚的。《示范法》在第10条的说明性文件中特别指明，该条第2款第2项采用"定冠词加单数名词"的表达方法，是为了避免使用"独一无二"这个词。但六种语种的文本表达的意思完全一致。这表明"The ETR"应该做和"单一"同样的解释。同时，《示范法》第10条规定"如果法律要求可转让单据，该要求可以由电子可转让记录满足，如果……"这样的措词也清楚表明电子可转让记录是与可转让单据对应的。如果可转让单据是唯一的，电子可转让记录也应该是唯一的。当然，最好的方案是六种语言都采用一个形容词，而没有实现最好方案也表明了在这个问题上仍然存在争议的可能性。

　　(3)"单一"与"控制"的关系

　　"单一 ETR"与"控制"是两个独立的要求，分别是"纸质可转让单据"与"占有"的功能等同。前者明确权利的客体，后者明确权利的主体。前者确保只有一个对象，后者确保只有一个人和这个对象建立联系。"单一"要求的关键，是要求一份自始至终单一存在的电子可转让记录，权利与该记录结合在一起，凭该记录才能行使和转让权利。"控制"要求的关键，是能将一个人排他性地与电子可转让记录联系在一起。如果只是要求有办法指出一份电子可转让记录，却不将权利与该记录结合在一起，指出电子可转让记录与权利的排他性就失去了连接点。此时要求只指出一份电子可转让记录是没有意义的。

5. 法律要求的性质

《ETR示范法》第10条第1款第2项要求"采用了一种可靠的方法"来识别ETR和使ETR处于控制下,第11条要求"使用了一种可靠的方法"来证明排他性控制的存在及指明有排他性控制的人。在《示范法》的其他一些条文中,也提及"一种可靠的方法"。第12条对如何判断一种方法是否"可靠",列举了若干参考因素。第12条不仅对第10条和第11条适用,也对《示范法》中所有提及"可靠的方法"的条款适用。

在《ETR示范法》最初引入"可靠的方法"概念时,将"当事人之间的约定"列为判断可靠性时需要考虑的一个因素。① 针对这一规定,工作组审议时出现了激烈的争执。② 美国、白俄罗斯等国支持这一规定,认为可靠性应依据当事人的协议,在业界自治的框架下解决。中国、韩国、新加坡、法国、德国等则强烈反对这一规定,认为可靠性问题是一个公共政策问题,应该基于客观而非主观标准确定,不应以协议为基础。最后第二种意见取得了更广泛的支持,因而在可靠性标准中删除了"当事人之间的约定"这一因素。

但持第一种意见的国家随即提出修正观点,认为在涉及第三人时,可靠性标准可以是法定的。但在不涉及第三人时,可靠性标准应依据当事人之间的协议确定。这种修正观点得到了部分国家的支持,其后版本将"可靠性标准"规定为两款。除在第1款列举了各种判断"可靠性"的参考因素外,同时在第2款规定:"为评估一份协议的当事人之间的所要求的可靠性的水平,必须考虑该协议的相关内容。"③ 即可靠性标准在一般人之间与当事人之间是不同的,当事人之间是否可靠的判断与当事人约定相关。第2款"是当事人意思自治原则的体现,旨在凸显当事人的任何约定在评价可靠性时的相关性"④。其主要依据是,可以通过当事人意思自治解决权威性问题。当事人认为可靠的就可靠。只要规定任何电子可转让记录的使用都必须先征得当事人的同意,那么当事人自愿使用,就是当事人认为权利转让方式可靠的证明。将什么是电子可转让记录,如何创设、转让电子可转让记录等诸多事宜

---

① A/CN.9/WG.IV/WP.130.
② 关于可靠性的讨论在《联合国国际货物销售合同公约》咨询委员会和商法研究中心这两个协会观察员共同起草的建议案基础上进行。该建议案的基本立场是以当事人协议为基础确定使电子可转让记录与纸质可转让单据功能等同的方法的可靠性标准。
③ A/CN.9/WG.IV/WP.137,第10条。
④ A/CN.9/WG.IV/WP.137,第76段。

都交由当事人自己决定,才有助于商业实践和电子技术的发展。① 由于对第 2 款的反对意见很大,第四工作组秘书处在对第 10 条第 2 款进行解释时又进行了限制性说明:"工作组似应注意的是,第 2 款的范围限于因方法可靠性约定而产生的赔偿责任的分配。因此,第 2 款不应影响第三方,也不应影响强制性实体法规定,例如,那些与电子可转让记录有效性有关的规定。"②但批评者认为,如果只涉及当事人之间因约定产生的赔偿责任,这是一个合同法问题,不应在此规定。第 10 条第 2 款处理的是"当事人的任何约定在评价可靠性时的相关性",而作关于可靠性的评价是为了确定 ETR 的有效性。因而这一款会让人认为,在当事人之间,约定与 ETR 效力相关。存在一种在当事人之间有效,而对外无效的 ETR。不管是票据、提单还是仓单,都不存在这样的情况。而纸质可转让单据的法律中也都没有类似这样的规定。

《ETR 示范法》的最后版本中,删除了第 2 款的内容。这表明《示范法》下判断可靠性的标准是一个客观标准,不管是在当事人之间还是当事人与第三人之间,都不需要考察当事人之间的约定。

另外,《ETR 示范法》要求"有一种可靠的方法"识别出单一的 ETR 和排他性控制权人,但没有写明是谁可以使用这种方法识别。"控制"是"占有"的功能等同。而占有除了是一种指出权利人的方法外,更是一种物权公示的方法。当前文本中,对"控制"的关注重点在"可以识别出权利人"这一项功能,没有充分揭示出"控制"的权利公示功能。但是从可转让单据的性质看,应该是公众可以识别,而不是"只要有人可以识别",否则系统随意的指认也可以作为一种"识别",则该种识别的权威性毫无保障。

虽然《ETR 示范法》中删除第 12 条第 2 款是由于绝大多数国家反对将当事人之间的约定作为判断一种方法可靠与否的标准。但也有一种意见认为,删除并不表明可靠性标准中无需考察当事人之间的约定。因为在《ETR 示范法》第 4 条中规定了示范法各条款的强制与否的性质由各国自行决定。一国完全可以通过第 4 条将第 12 条甚至更多的条款规定为任意性的,从而使当事人对可靠性的约定高于法律规定的所有考虑因素。

第 4 条"当事人意思自治"中规定:"当事人可以通过协议减损或改变本法的下列规定:[……]"根据《ETR 示范法解释性说明》中的说明,该条中可以列明哪些条款应由各颁布国根据国内法决定。这一条并非赋予各国任意决定示范法性质的自由,而是为了尊重各国现有的实体法,以避免与各国实

---

① 如 Emmanuel T. Laryea, Paperless Shipping Documents: An Australian Perspective, *Tulane Maritime Law Journal*, Vol. 25, Issue 1, pp. 255—298。
② A/CN. 9/WG. IV/WP. 137,第 77 段。

体法抵触。同时,在该《解释性说明》中也特别提及对这一条"显著破坏统一性"的担心。从当前各国实体法来看,关于票据、提单、仓单的法律多为强制性的,因而第4条赋予"当事人意思自治"的范畴,起码在多数国家应不及于修改第12条的规定。

同时,《ETR示范法》第4条从早期版本中的"当事人不可以改变本法的列明条款",经过激烈争论后改成了"当事人可以改变本法的列明条款",这一变换本身暗含对本法基本是强制性的肯定。因为如果本法基本是任意性的,则本条中需列明可改变的条款将很长,从法规起草格式上看将会显得很奇怪。在《ETR示范法》第4条的讨论过程中,秘书处曾经数次要求各代表团指明示范法中的哪些条款肯定应该是任意性的,但仅有一两条被如此指出,而且第12条从来没有被如此指出。因此根据第4条得出第12条是任意性的可能性应该是很小的。同时,从联合国国际贸易法委员会的电子商务立法看,并未推翻意思自治受公共政策例外限制这一各国公认的原则。可转让单据法律中关于纸质的要求是为了保证请求权单一,而请求权单一涉及交易秩序和金融安全,可视为与公共政策相关的规则。因此从立法本意来看,第4条也不是为了限制第12条的强制性。

第4条的主要问题在于,根据当前规定,一国可以根据本国法律决定《ETR示范法》中的规定是强制性还是任意性的。而实际上各国关于纸质可转让单据的法律规范基本都是强制性的。当前规定为本应该是毫无疑义的强制性规则变为任意性规则留下了伏笔。

(四)《ETR示范法》路径之争的要点

纸质可转让单据制度事实上是一种信任制度。在这种制度中,人们对纸质单据能够与权利形成"一对一"关系,从而能够代表权利形成了一种普遍信任。而这种信任又得到了可转让单据立法的确认。在没有纸张的情况下,人们应该信任什么?法律应该对何种信任进行背书?这就是ETR立法要回答的核心问题。

说多清楚是指对信任机制的描述要多清楚。采用"功能等同"立法方法,需要对"功能等同于一张纸"的一种可信任的机制进行描述。这种描述要多详细?这是ETR立法必然要经历的过程。

最后,当ETR立法对信任对象进行了或详细或概略的描述后,这种描述的效力如何?或者说,法律规定是强制性还是任意性的?

路径之争延续多年,《ETR示范示》最后是一个妥协的结果。现在《ETR示范法》已经通过,等待各国采用。这部《示范法》的成败如何,当然是见仁见智,最终也许只有时间才能给出答案。但基于基本原理的分析,有助于我们在现阶段对这部《示范法》作出一个尽量准确的评价。以下从ETR立法的任务、方法和完成情况来评析《ETR示范法》。

六、网络环境的信用共识

（一）"纸质"要求的信用共识

对纸质单据的信任，来源于"纸质单据作为一个有体物肯定是独一无二的"，其可靠性来源实际是"每一个物体都是独一无二的"这一物理规则。而这一物理规则是公理性的，不会因为主张的人或地点不同而得出不同的结论。因此纸质单据实际上是依靠物理规则构建了一个简单明了、全球通行的信任提供系统。在这一点上，事实上纸质并非不可替代，以一个铜牌、一个塑料牌代表一个权利也是完全可行的，只是纸张由于其廉价、方便而成为公认的最好的权利载体。

信任的建立是一件复杂而困难的事情。事实上纸张虽然在物理性质上是独一无二的，但一张纸和另一张纸却可能肉眼难以区分，就犹如世界上没有两滴相同的水，但每滴水之间却又是无比相似的。这使纸质单据的造假在现实世界中层出不穷，而各种防伪措施也应运而生。但纸质的独一无二终究还是获得了大多数人的信任，而且这种信任在长期实践中也经受住了考验。因此，对纸质单据，信任是由长期商业实践中建立起来的，最后信任纸质单据成为一个商事习惯，从而创造出信任的"共识"。一份单据基于这种信用共识而获得可转让的市场。①

可转让单据立法的核心内容，在于规定单据这张纸应该如何处理才可以被信任，通过对纸张、格式、记载方式、背书等一系列外在表现的严格要求，使纸张独一无二的特点更加加强并更易于从表面识别，从而使纸质单据成为一种明确可见的信任对象。可转让单据立法是对纸质单据可信度的一种背书，其后果是创设公信力，并承诺对这种信任提供司法保护。只要是符合法律要求的纸质单据，就一定能得到法律对这张单据下的"权利"的保护，而不需要任何外部证据。如果一个持有表面状况完好的提单的人在提货时被要求证明提货权的存在，则整个提单制度就坍塌了。法律各种严格要求的核心，都

---

① 英国法下最初提单是根据商事习惯而拥有了"物权凭证"的地位，并因而能通过转让提单转让提单项下的权利。确认商事习惯的判例可见 Bechuanaland Exploration Co. v. London Trading Bank Ltd.，[1898] 2 QB 658 和 Edelstein v. Schuler & Co.，[1902] 2KB 144。

在于保证权利与单据的一一对应关系。可转让单据代表的权利并非凭空创设。任何可转让单据都有其签发的基础原因关系。可转让单据代表了一个债权或一批货物,可转让单据立法的各种关于单据签发、转让的程序性要求,都在于使单据从签发时就与权利结合在一起,到权利兑现时就注销。单据与货物或债权的一对一关系是可转让单据制度的基础,没有这个关系就不是可转让单据制度了。用以保证一对一的方法是将物权或债权"锁定"在纸质单据中,然后通过跟踪单据的流转跟踪权利的转让,并根据单据的最终占有确定权利的最终归属。这套做法成功的关键是纸质单据作为一个有体物的独一无二性。法律的各种程序性要求对第三者而言是一种信用保障,严格是为了产生公信。一张纸是否值钱可以从这张纸的使用是否遵守了法律的各种程序性要求上看出。因此也可以说,可转让单据立法的任务是背书信用模式,给纸张的商业信用加上法律信用。

法律对纸质单据的可信度背书基于两个前提:一是纸质单据信用本身的特点;二是商业实践的长期验证。可转让单据立法基于商业实践中形成的对纸质单据的信任,反过来又促进了这种信任。经过法律加持后,纸质与单一的关系就无需当事人慎重判断是否可信赖,而是可以为所有人所安全地信赖。纸质单据下的权利不仅单一,而且是一种所有人都"看得见""可信赖"的单一。

(二) 当前 ETR 的信用模式

1. "权利凭证"的信用模式

可转让单据制度可以看做是一个关于权利流动的信用体系。纸质充当的是信用提供者。电子化的一种最直截了当的方法,是在网络环境中寻找一种与纸质一样"独一无二"的东西,并以此替代纸质作为信用保障。各种"权利凭证式"的商业模式,似乎就是依据这种思路进行的探索。"权利凭证"是一个尽量模仿纸质单据的电子记录。如果一个电子记录能够做到和一张纸一样"独一无二",当然也就可以和纸张一样充当权利凭证。按这种思路来设计的电子可转让记录,其信用基础也是物理规则。

但是,电子信息或电子可转让记录在技术上真的可以做到"独一无二"吗?

在《ETR 示范法》制定过程中,对这个问题的观点多有反复。多数国家对此持肯定态度。工作组认为,虽然多数现行电子可转让记录的法律都基于保证电子记录的独一无二性在记录本身的设计层面是不能解决的,但理论上讲,创建真正独一无二的不可复制(至少是复制可辨认出是复件)且可以转移的电子单据在技术上是可能的。① 在《ETR 示范法》制定中,有三种技术:数字对象识别(digital object identifiers,DOI)、数字权利管理(digital rights management,DRM)和时间戳(time stamp)在讨论实现独一无二性有关的技术时被多次专门提及。

数字对象识别是一套识别数字资源的机制,包括的对象有视频、报告或书籍等。它既有一套为资源命名的机制,也有一套将识别号解析为具体地址的协议。DOI 码由前缀和后缀两部分组成,之间用/分开,并且前缀以. 再分为两部分。例如,一个典型的 DOI 识别号可以是:10.1006/jmbi.1998.235,其中的 10.1006 是前缀,由国际数字对象识别号基金会②确定。其中,10 为 DOI 目前唯一的特定代码,用以将 DOI 与其他采用同样技术的系统区分开;1006 是注册代理机构的代码,或出版社代码,用于区分不同的注册机构。后缀部分由资源发布者自行指定,用于区分一个单独的数字资料,具有唯一性;以书籍为例,它可能是国际标准书号。发布者可以选择以何单位进行注册,例如,一本书可以注册单一的 DOI,也可以依各章节分别注册,甚至独立注册其中的一个表格或图片。

数字权利管理指的是出版者用来控制被保护对象的使用权的一些技术,这些技术保护的有数字化内容(例如软件、音乐、电影)以及硬件,处理数字化产品的某个实例的使用限制。本术语容易和版权保护混淆。版权保护是指应用在电子设备上的数字化媒体内容上的技术,使用 DRM 保护技术以后可以控制和限制这些数字化媒体内容的使用权。数字权利管理为内容提供者保护其数据产品免受非法复制和使用提供了一种手段。这项技术通过对数字内容进行加密和附加使用规则对数字内容进行保护。

时间戳是指格林尼治时间 1970 年 01 月 01 日 00 时 00 分 00 秒(北京时间 1970 年 01 月 01 日 08 时 00 分 00 秒)起至现在的总秒数。时间戳通常是一个字符序列,唯一地标识某一刻的时间,它能够表示一份数据在一个特定时间点已经存在,因而可以作为数字签名技术的一种变种应用。时间戳产生的过程通常为:用户首先将需要加时间戳的文件用 Hash 编码加密形成摘要,然后将该摘要发送到解码时间戳(DTS),DTS 在加入了收到文件摘要的

---

① A/CN.9/WG.IV/WP.115,第 37 段。
② 国际数字对象识别号基金会(International DOI Foundation)是成立于 1998 年的非营利组织,它是 DOI 系统的行政主体,目的在保障与 DOI 系统相关的知识产权,推广 DOI 的运用,并确保 DOI 系统的一切改进(如创造、维护、注册、解析与相关决策)能为全体注册者使用。

日期和时间信息后再对该文件加密（数字签名），然后送回用户。书面签署文件的时间是由签署人自己写上的，而数字时间戳则不然，它是由认证单位DTS来加的，以DTS收到文件的时间为依据。早在1993年美国设计首个电子支票时，就已经使用了时间戳技术。为了防止商店将受理的顾客数据复制并存储起来，用同一张支票请求兑现，特别在电子支票数据中附加了对支票签发日期安全保护的数字时间戳，并将支票兑现期限设置得相当短。顾客的开户银行兑现电子支票时，会将支票已经兑付的信息保存起来。接到兑付请求时，首先会确认电子支票是否已经兑现。时间戳也分为自建时间戳和可信时间戳。电子文件加盖可信时间戳，能有效证明电子文件权属、产生时间及电子文件是否被篡改。目前我国司法实践中已经承认时间戳的证据效力。①

电子记录取代纸质单据的核心挑战，是难以保证电子记录的"独一无二"性，从而难以保证权利的单一性。各种现有的解决方案都在试图跨越这一障碍。如果有一种保证信息"独一无二"的技术，各种迂回的解决方案自然就不再需要了。但问题的关键，是这种技术的可得性和成熟度。以上三种技术更多体现在使电子信息能被特定化及能被识别出来，但如何使特定电子信息能不依赖"复制"这种互联网传输信息的常规方法而又能被互联网传输，原理实际并不清楚。从实践情况看，当前DOI和DRM这两种技术都主要用于数字版权领域，并没有用于ETR的商业方案。时间戳技术在有的ETR模式中有被用来使用的，但也未能被用来保证通过网络传输独一无二的ETR。因此，也许技术的进步本身可能带来终极的解决方案，但目前来看还不是一时就能达到的。

2. "登记制"的信用模式

与"权利凭证式"的思路不同，"登记制"的思路是放弃直接照搬纸质特点，而只求达到纸质的同样效果。

可转让单据电子化难题的起源，主要在于单据作为一张纸是一个实物，不能通过网络传输。但是单据这张纸作为一种实物，与货物作为一种实物有很大区别。货物作为一种实物，其使用价值就是实物本身，取得货物是为了消耗货物。单据作为一种实物，其使用价值却不是要消耗这张纸，而只是证明某种权利。单据转移的实质是权利转移，或者说是一种记账方式。从这个

---

① 2008年11月，深圳市龙岗区法院审理的"利龙湖"一案被认为是国内首例时间戳技术司法应用案例。此后有诸多案件承认了时间戳的证据效力。如在"福建七匹狼实业股份有限公司诉陈国珍侵害商标权纠纷案"（[2015]浙知终字第154号）中，浙江省高级人民法院确认了由时间戳认证的相关视频的证据效力。

意义上讲,货物是不可能用电子化手段替代的,大米不可能转换成电子大米。但单据却没有这么极端,只要能在不用纸张的情况下证明权利,就有可能用电子化手段替代单据。

但是,这实际上是给互联网提出了一个技术难题,因为传输价值超过了互联网本身预设的功能。互联网诞生之初,要解决的核心问题是信息制造和传输,其本质是"信息互联网"。信息的传输是通过复制,信息的复制并不影响其价值。而价值不是信息。价值是唯一的,不可复制的。价值传输的要求,是价值本身在传输过程中必须保持"总量不变",不能增加也不能减少;而且必须"得失相抵",价值的转出方减少了一部分价值,价值的转入方就必须相应增加该部分价值。互联网通过不断复制将信息传遍全球,却不能通过复制将价值从一地转移到另一地。价值转移依赖于对转移过程"总量不变,得失相抵"的信任,而互联网本身并不提供信用。①

将互联网用于价值转移,在之前并不是完全白纸一张。许多基于互联网的金融服务即是这方面的尝试。既往的尝试基本都采用了一种方法,即在网络之外引入一个外部机制,由这个机制来提供价值转移的认证服务。例如,银行网络支付系统,虽然价值转移的计算和信息传递是通过计算机程序自动完成的,但却必须由银行来保证这种计算的正确性,作为价值转移的证明人。登记制电子可转让单据就是利用了这个原理。在这种形式下,互联网仍然只是传输信息,是价值转移的辅助手段而不是主要或唯一手段,另有一个被集体信任的对象来证明电子可转让单据的转出和转入,以保证"总量不变,得失相抵"。登记处就是这个被集体信任的对象。

当前采用登记制的电子可转让记录中,登记处的性质大约有以下三种:

第一种是由国家直接或间接设立的公共性质的中央登记处,典型的如中国的电子商业汇票系统运营者和韩国的电子提单注册机构。中国的电子商业汇票系统运营者根据中国人民银行的规定设立,履行相应的职责,承担相应的责任。韩国的电子提单立法不仅规定了电子提单的具体发行程序、转让程序、记载内容的变更等,还重点规定了电子提单注册机构的设立条件、业务准则、监督机构和监督内容及程序等。只有符合法定条件的注册机构登记的电子提单,才能被认定为合法的电子提单。

第二种是由私人机构设立的纯商业性质的独立登记处。这种登记处通常以合同为基础为签约客户提供登记服务,典型的是进行电子提单登记的BOLERO电子提单登记系统。虽然这种电子提单采用了"登记制"模式,但

---

① 参见龚鸣:《区块链社会》,中信出版社2016年版。

其登记处的信用并非由立法保障,而是在合同基础上运行的。合同只对合同当事人有效,在合同范围外的人既无权利也无义务信任 BOLERO 登记处。这样的"登记制"与通常理解的权利登记制并不一样。而且,合同约定的情况下,登记处往往用标准合同明确排除自己的责任。如 BOLERO 明确规定不对电子提单的真实性、可靠性等承担任何责任。① BOLERO 将自己的责任限制在 1000 美元。而且,其标准合同将纠纷解决地点确定在伦敦,适用英国法,这为偶然使用其服务的中小商人增加了很大困难。权利登记的目的是为了取得公信力。合同基础上的权利登记不可能取得公信力,不能向第三人主张,并不是真正意义上的"权利登记"。有的登记处的信用得到了行业协会的"加持"。如国际保赔协会宣布其承认 BOLERO 电子提单,为这种电子提单增加了一层权威的光环。但实际上,国际保赔协会并非同意赔偿这种电子提单下由于登记处登记失误等造成的损失,而只是承认这种电子提单具有与纸质提单同样的效力。也就是说,并没有在登记处信用的基础上加上行业协会自己的信用。而且,由于行业协会本身的私人性质,即使加上行业协会的信用,也并不改变合同模式登记制的本质。

第三种是由电子可转让记录的使用者一方作为登记处。典型的是《CMI 电子提单规则》所设计的登记制。根据该规则,承运人作为电子提单签发人同时也承担了权利登记处的角色,电子提单签发后的所有转让情况都要通知承运人,由承运人负责根据通知销毁旧密码,签发新密码,并最后核实密码的正确性。这种做法的最大问题是加重了承运人的负担,而且未必会得到各方共同信任,因而基本没有进入商业实践。

(三) 信用的中心化与非中心化

1. 登记制是中心化的信用

对"登记处"的信任与对纸质单据的信任很不一样。可转让单据之所以可转让,根本原因在于社会信任"单据代表权利"。这种信任在长期商业实践中逐渐形成,又得到了国家立法的承认。这种信任的事实基础,是纸质单据作为一种有体物肯定是独一无二的。而对纸质单据"独一无二性"的信任是一种"非中心化"的信任体系。在这样的体系下,所有参与方共同承认一种体

---

① 根据 BOLERO 公司的 Rule Book,BOLERO 公司是作为承运人的代理人行事。通过签署 Rule Book,每个承运人指定 BOLERO 公司作为其代理人认可承运人为系统指定的持有人持有货物,并接受持有人拒绝转让的通知。

系可信任。但这种体系并不提供一个中心来保证信用,而是以一种共同信任的规则保证信用。各方基于对这种规则的信任行事,并自担风险。在可转让单据的情况下,共同信任的规则就是"一张纸是独一无二的"这个物理规则。

由于互联网不能提供一个独一无二的东西来替代纸张,"登记制"转而寻求一个第三方来进行权利登记。这实际上不仅改变了权利转让的具体方式,更根本的是改变了权利转让所依赖的信任体系。对第三方的信任是一种"中心化"的信任体系。在这样的体系下,所有参与方都依赖一个中心来保证信用。各方基于对中心的信任行事,中心通过设立、运行的规范化及赔偿责任的承担等树立其信用。

2. 两种信用共识的法律性质差异

对"中心化"与"非中心化"的信用,法律监管的重点完全不同。"非中心化"信用体系的设计,关键在于保障各方所信赖的规则的可信度。由此需要对规则本身的合理性、技术标准等进行规范。而"中心化"信用体系的制度设计,关键在于对信用中心进行各种监管,以使其确实可靠。由此需要对中心的设立资格、运行规则、法律责任等各方面进行规范。例如,登记制模式下,是由登记处来对权利的单一进行保证。为了保证权利的单一,就必须保证登记处的保证是可靠的。法律承认登记处的权威性,必须对登记处提出最低的要求。这种区别,有点儿像现金支付和银行转账。当现金支付时,每个人对钞票的真伪进行检查,然后根据对钞票支付能力的信任采取行动。法律的要点是对现钞防伪进行监管,并确保现钞的支付能力实现。而银行转账时,转出者和转入者都是基于对银行的信任行事,并不考虑银行内部具体如何实现资金的流动。法律的要点是对银行的资质和活动规范进行监管。

纸质可转让单据转让时,每个受让人独立检查单据的真实性,然后依据对单据的信赖支付款项。法律监管的对象是单据本身是否可信,因而会提出单据如何作成,如何背书以及如何防止伪造、变造等要求。"登记制"的电子可转让记录转让时,受让人是基于对登记处的信任支付款项。法律监管的对象自然应该是登记处本身是否可信,因而必须规定登记处的设立条件、运行规则和法律责任等。可转让单据制度的立法核心是保障单据的信用,而权利登记制度立法的核心,是建立和保障登记处的信用。纸质可转让单据法律中的关键内容,如背书、持有等,都是为了保证"物"的真实、唯一,而这些制度对依赖于登记处信用的登记制完全没有意义。登记制下,传统可转让单据法中对单据应该如何记载、如何背书等等的形式要求全部沦为空谈。因此,从性质上说,登记制与可转让单据制是两套不同的制度,登记制并非简单优化传统模式,而是实质性改变了传统模式。从这个意义上说,不指明具体对象的"登记制"电子可转让记录是消灭了可转让单据制度而不只是对其进行了现代化。

作为一种追踪权利变动的方式,"登记制"在不动产权属登记等领域早就被采用了。这是与可转让单据制度完全不一样的一套制度,有自己不同的理论、原则和概念等。这种区别在德国早已经被注意到,德国法因而区别了"有价证券"与"有价值的权利":"有价证券必须是把权利表彰于证券(纸)上,使无形的权利有形体化于纸上(证券化),所以无形体化即无有价证券可言。透过形体化于证券的要件,使有价证券与所谓'有价值的权利'有所区别。这些所谓的'有价值的权利'亦具有与有形体化之资本市场证券类似的经济功能,但它们却无所谓'表彰于一证券上'的情形,而是将之登录于特别的登记册纸上。然后以记账过程取代物权上的处分。"[①]

3. 信用中心化带来的问题

(1) 成本问题

信用中心的建立和运行需要费用,对"信用中心"的监管也需要人力、物力的投入,因此信用中心化往往意味着更高的成本,而增加的成本只能由签发和使用电子可转让记录的各方承担了。以电子提单为例,BOLERO 公司最初都向用户收取高额费用。中国远洋运输集团公司加入 BOLERO 时,需要向 BOLERO 缴纳 5 万美元的年费,每签一份提单,还要再交一次大约 10 美元的开票费。由于业务发展不顺利,现在 BOLERO 虽然不再向出口商收费,而只向进口商和银行收费,但根据商业活动的规律,这些收费很多会被再转嫁给出口商。而且现在不收费,也不表明以后都不收费。再以电子汇票为例。在传统商业汇票背书中,背书人是将票据按照要求填写完毕背书信息后交送给被背书人即可,而在电子商业汇票系统(ECDS 系统)中,背书人填写背书信息时必须包括被背书人账号及其开户行行号,也就是说,被背书人必须选择一个银行去签收该张电子票据,这张票据也将理所当然地被托管在这家银行的系统中,后续业务或收款也将很可能顺理成章在这家银行办理。于是,争夺企业电子票据的托管就将成为各个银行之间竞争的一个焦点。而这部分业务,是纸质票据下不存在的一项业务,对当事人而言也意味着额外的开销。中心失误导致的损失可能非常巨大,有人估计即使万分之一的出错

[①] 王仁宏:《有价证券之基本理论》,载台湾大学法律学系主编:《郑玉波先生七秩华诞祝贺论文集》,台湾三民书局 1988 年版,第 9 页。

率,也可能导致 2000 万美元以上的损失,这可能使中心的商业保险费高到难以接受,甚至无人敢承保。①

票据、提单和仓单等可转让单据的特点是每一份的价值未必巨大,且权利变动频繁,处理方式复杂。而且商业中真正依赖票据、提单、仓单以求得融资便利的,往往恰恰是中小商人。从这个意义上说,票据、提单、仓单等可被称为"草根金融工具"。成本提高对可转让单据的"草根"属性是个巨大挑战。信用中心的高成本,成为商人利用信用中心的门槛,将无法承担此类成本的商人堵在门外。以前通常只对重要的价值或权利,如房地产等才建立法定的登记制。投入社会成本,对这些"草根金融工具"建立严格完善的法定登记制是否必要,显然是一个需要论证的问题。

(2) 信用监管问题

"登记制"下的信用共识是对"登记处"的信任。所有基于登记的权利转让制度,都将对登记机构的监管作为重点。

以物权登记为例。"(物权)登记是一种以国家信用为基础的公示方式,它是由法律确定的行政机关依照法定的权限和程序从事的活动,具有高度的真实性和准确性,当事人对其产生了高度的信赖,因此即使登记记载的权利和内容与正式的情形不符,第三人对此的信赖也会受到法律的保护,法律上对此种信赖的保护效力就是公信力。"②我国《物权法》第 9 条规定不动产物权的设立、变更、转让和消灭,经依法登记,发生效力;未经登记,不发生效力,但法律另有规定的除外。这是对物权登记权威性的保护。但我国《物权法》紧接着就对登记机构的设立、职责等进行了规范。第 10 条规定,国家对不动产实行统一登记制度。统一登记的范围、登记机构和登记办法,由法律、行政法规规定。第 12 条规定登记机构应当履行四项法定职责,第 13 条规定登记机构禁止从事的行为。第 18 条规定了登记机构提供不动产登记资料查询、复制的法定义务。第 21 条规定了登记错误时登记机构的赔偿责任。

股权登记是另一个例子。中国证券登记结算有限责任公司是中国负责股权登记注册的机构。该公司根据我国《证券法》和《公司法》组建,负责为证券交易提供集中登记、存管与结算服务,是不以营利为目的的法人,主管部门是中国证监会。2006 年,中国证监会发布《证券登记结算管理办法》(2017 年 12 月 7 日修订),规定证券登记结算业务采取全国集中统一的运营方式,由

---

① George F. Chandler, Maritime Electronic Commerce For The Twenty First Century, *Tulane Maritime Law Journal*, Vol. 22, Issue 2, Summer 1998, pp. 463—510.
② 王利明:《物权法研究》,中国人民大学出版社 2007 年版,第 180 页。

证券登记结算机构依法集中统一办理。证券登记结算机构实行行业自律管理。证券登记结算机构的设立和解散,必须经中国证监会批准。中国证监会依法对证券登记结算机构及证券登记结算活动进行监督管理。证券登记结算机构应当妥善保存登记、存管和结算的原始凭证及有关文件和资料。其保存期限不得少于 20 年。证券登记结算机构应当保证证券持有人名册和登记过户记录真实、准确、完整,不得隐匿、伪造或者毁损。①

在一个国家以内,因为有单一政府,在国家权力的保障下,可以使一个中心登记处的信用覆盖全国市场,从而使登记处的权威性得到保证。典型的例子是韩国的电子提单和中国的电子汇票。通过由国家机关主导设立一个中央登记处对权利归属进行登记和证明,权利转让得到了权威的信用。同时,如果法律规定登记处的登记是对外公开可查的,则信用的对世性也不难取得。然而,在国际范围内,由于单一政府的缺位,一个全球信任中心的建立很困难,从而使跨境交易中的登记处很难做到被国际普遍信任。

一种可能的做法,是建立若干可靠的机构并在各机构之间进行互认,如建立国别登记中心,再通过国际协议互相承认。然而,虽然不同登记机构认证的权利在各机构之间达成相互承认比较容易,但要在不同登记机构之间继续转让就很困难了。因为不同登记机构的机制未必一样。以电子提单领域的两个重要平台为例,ESS 是直接签发电子提单,而 BOLERO 则是采用将纸质提单扫描进电脑系统,仅这一点差异就使两种系统之间很难完成对接。采用登记制,需要不同国家的登记处的信用能够互相承认,才能完成国际流通。在票据的情况下,因为银行之间的国际合作长期存在,互信互换还是有可能做到的。在提单和仓单,则从来不存在这样一个机制,凭空建立这样一个机制的难度可想而知。

另一种可能的做法,是建立一个统一的全球化登记机构。这种做法也并非没有先例。如国际民航组织和国际统一私法协会 2001 年通过的《移动设备国际利益公约》(《开普敦公约》)②即为国际利益的登记建立了一套国际电子登记系统,使第三方可以得到国际利益存续的通知,使债权人可保有其对后登记利益、未登记利益及债务人的破产管理人的优先受偿权。《开普敦公约》规定的国际登记的组织架构有两部分,一是国际登记的监管机构,二是"国际登记处"。然而,这种实践是否成功还有待观察,而且建立全球性的权利登记机构需要大量的投入,很难在价格低、交易频繁的财产权利变动中采用。

---

① 详见《证券登记结算管理办法》第 4 条、第 6 条、第 12 条和第 30 条。
② 我国全国人大常委会于 2008 年 10 月 28 日审议批准了该《公约》。

韩国通过立法,确立了登记制电子提单在本国的法律地位。但由于其确立的登记制电子提单必须在本国法定登记处登记,在本国市场的使用没有法律障碍了,但一旦需要在国外使用,就必须转换成纸质提单才能流通。而电子提单主要需要在国际层面流通。这导致韩国的电子提单立法对电子提单推广的促进非常有限。2010年到2012年韩国各年签发电子提单的数量分别为17份、55份和19份。截至2017年3月,来自登记机构(KTNET)的信息显示,韩国的电子提单使用率仍然很低。个中原因,现行制度未考虑"外国发行—韩国流通"或者"韩国发行—外国流通"的情况被认为是重要的一个。另外,现行制度下没有规定如果发生事故,登记机构如何赔偿,使用户不够信赖电子提单系统也被认为是一个原因。

2011年、2012年韩国电子提单使用情况①

2011年使用人数	2012年使用人数	保管文件数	主要用户
6	7	710	H公司、E公司

中心化信用体系下必须信任一个具体的人或者机构,因此其使用范围也只能将信用局限在该人或机构的信用能覆盖的地区或者国家范围之内。在国际层面上,这种方案具有特别的难点,即寻找跨国信用共识。在纷繁复杂的全球体系中,要凭空建立一个全球性的信用共识体系是很难的,由于每个国家的政治、经济和文化情况不同,两个国家的企业或政府完全互信几乎难以做到,这也就意味着无论是以个人或企业、政府的信用进行背书,跨国之间的价值交换即使可以完成,也有着巨大的时间和经济成本。在实践中,当票据、仓单不需要跨国使用时,采用登记制就相对成功,而提单主要在国际贸易中使用,因而采用登记制就不够成功。全球化信用的取得成为信用中心一个难以逾越的障碍。

(3) 信息安全问题

在线的信用中心还有一个特殊的问题:对用户信息的汇集和使用。

与传统纸质单据不同,登记制的电子可转让记录都会在一个登记处登记,从而使大量信息被提交给登记处。而信息聚集会产生新的权力,也会产生特殊的信息滥用风险。登记处每天接收和保留大量信息,通过数据挖掘、

---

① 图表来源:Hyong-Cheol Kim, A Study on Connection of e-B/L for Improving the Efficiency of International Logistics and e-Nego, *Journal of International Trade & Commerce*, Vol. 6, 2014, p.351. 北京大学2016级韩国留学生,现韩国太平洋律师事务所律师梁敏锡翻译,特此致谢。

整理，还可以在这些信息基础上得出更多新的信息。信息时代，信息本身就是资源。如果登记处将这些信息用于商业目的或其他目的，可以获得极大的利益和权力。登记处可能有很强的动力在搜集信息的目的之外使用这些信息。同时，登记处由于故意或过失，可能在信息的登记或提供过程中出错，从而产生数据错误的风险。如果在电子可转让记录立法中不对登记处的资格、责任和监管等进行任何规定，一个收集和掌握了大量交易信息而又不用承担任何强制性的法律责任的登记处可能对当事人信息安全造成极大的威胁。当前各国信息保护政策存在较大差异，短时期内难以形成统一的监管理念，如果按不同的理念规制登记处的信息使用，又可能给登记处的跨境信用提供造成极大的法律障碍。

信息安全方面的担忧绝非空穴来风。SeaDoc 电子提单之所以失败，一个很重要的原因，就是商人们不愿意有一个中央登记处记录他们的交易，使竞争对手和税务机关有机会查阅。①

4. 信用模式与 ETR 的可转让性

（1）信用模式对 ETR 可转让性的限制

可转让单据的法律制度，可以看做一个对单据下的权利转移过程进行监督，使之有公信力的制度。纸质的功能，是充当保证"请求权单一"的明确信用来源。纸质单据能充当这种功能，依据是"有体物的存在是唯一的"这个简单而有效的物理规则。基于这个规则，一个可信的非中心化的价值转移机制得以建立，可转让单据的全球性的市场得以形成。

与纸质单据不同，可转让单据电子化的过程中采用了多种商业模式，依靠了不同的信任来源。其中"权利凭证式"力图在电子环境中再现这种通过将权利"锁定"在单一对象中并追踪该单一对象的转让轨迹确定权利归属的做法，试图复制纸质单据的信任提供方式，但因为"每个物体都是独一无二的"这一物理规则在电子环境下不够好用而受挫。"登记制"试图通过登记处对权利变动的登记来追踪权利的变动轨迹，但因为登记处本身的信用不能得到如物理规则一样的广泛信赖而无法做到同样的证明力。

由于证明权利单一的方法本身并不具有权威性或权威性有限，电子可转让单据的可转让性必然受损。当前电子提单、电子票据的实践已经清楚地证

---

① Boris Kozolchyk, Evolution and Present State of the Ocean Bill of Lading From a Banking Law Perspective, *Journal of Maritime Law and Commerce*, Vol. 23, Issue 2, April 1992, pp. 161—246.

明了这一点。

转让性受限首先体现在跨境业务中。虽然现在各国都在大力推动电子票据的使用,但在国际贸易中,几乎没有使用电子票据进行跨境支付的实例。在我国,电子票据完全局限在国内使用。提单主要在国际贸易中使用,这导致电子提单使用极为有限。尽管 BOLERO 宣传其提单与纸质提单完全相同,但实际上其电子提单只在与其签约的人之间有效,对未签约的人而言毫无价值。根本原因,就在于 BOLERO 的权威性并不是国际上公认的,BOLERO 关于可靠性的保证也不是对全世界作出的。因而,不会所有人都觉得接受 BOLERO 提单与接受一张纸质提单一样安全,也就不会像接受了纸质提单一样放心地付款。韩国电子提单的权威性虽然有政府背书,但因为无法取得跨境信用,导致其在国际贸易中几乎没有人使用。

转让性受限的另一体现是当前的电子提单一般只用在短链条业务中。最多的是干散货交易中,直接的买方和卖方之间,最多加上银行。在需要多次转让提单的油轮运输和集装箱运输中几乎不使用电子提单。

转让性受限的再一表现,是中小商人更少使用电子可转让记录。事实上有些电子化方案如 BOLERO 电子提单,直接将中小商人排除在使用者范围之外。

跨境、长链条、中小商人,这些场景恰恰是国际贸易中最需要信用的场景。可见,"信用不足"已经成为阻碍电子可转让记录发展的核心问题。

可转让的程度是可转让单据的核心价值,可转让单据的价值就在于可以连续转让形成流通。可转让性不足是电子可转让记录的一种根本性的缺陷,这种缺陷使电子可转让记录无法与可转让单据相提并论。这就如现金与商场的购物券价值不同、自由兑换的货币与非自由兑换的货币价值不同一样。由于各种模式的"电子可转让记录"都没能做到其所对应的纸质单据的可转让性,因而当前的现实生活中,无论是电子提单还是电子票据,都没能取代纸质单据的地位,而只是作为补充存在。以中国为例,电子票据提出后,长期没有推广,现在完全是在政府的强制性命令下才得以推广。而电子提单因为没有政府的强制性推广,始终用户有限。主要的问题不是没有人开发或愿意使用,而是没有人愿意接受。这似乎表明商人对可转让单据的电子化"用脚投票"了。

信用抵达的范围,就是单据可转让的范围。电子可转让记录可转让性不足的原因,是支持转让的网络环境下的信用共识不足;发展电子可转让记录的关键,则是建立足以等同于纸质单据的信用共识。因为买卖标的自由转让需要有一个市场,而市场的存在则依赖于对买卖标的价值的普遍信任。没有信任,就没有买卖。电子可转让记录的转让范围与达成信用共识的范围完全一致。当信用是靠合同建立的,可转让的范围就是在合同当事人之间;当信用是靠行政命令建立的,可转让的范围就是在行政命令管辖范围内;当信用是靠国家立法建立的,可转让的范围就在一国法律适用的范围内;当信用是靠某种通行全球的公理建立的,可转让的范围就在全球范围内。从全球范围看,当前的电子可转让记录通常是在一个封闭系统内转让,要实现从"封闭"到"开放"、从"国内"到"国际"的转让,必须找到一个开放环境下的全球性信用共识。

(2)"登记制":走得早,不一定走得远

当前商业实践中对可转让单据电子化的尝试,主要都是在"登记制"基础上展开。一些国家非常推崇"登记制",甚至认为这是电子时代唯一能实现可转让单据电子化的方式。如美国《统一电子交易法》第 16 条为电子可转让单据规定了一个登记制模式[1],并且在官方解释中写道:"一个依赖于第三方登记处的体系可能是满足要求最有效的方式……使可转让记录保持单一、可被识别和不可被改变,同时提供方法保证受让人被清楚地表明和确定。"[2]《ETR 示范法》制定时,也对登记制考虑比较多,原因是许多人认为"权利凭证模式"在目前商业实践中尚无获得成功的先例,而"登记制模式"则已在商业实践中取得比较好的成绩,如采用登记制的 BOLERO 提单是目前国际贸易实务中使用最广泛的电子提单。

登记制实际改变了纸质可转让单据下国际价值转移的信用模式,以一个中心化的信用模式取代了原来的非中心化的信用模式。这种信用模式的转变在当前技术条件下有其必然性,但局限性也很明显。最重要的,一个被广泛信赖的国际信用中心十分难于建立。而没有这样一个中心,国际范围的"可转让"就不可能。这使所有"登记制"模式的"电子可转让记录"在可转让的范围上没有一个能达到纸质可转让单据的广度,从而也就不可能与纸质可转让单据的功能真正等同。从这个角度看,以登记处提供信用的模式实际具有天然缺陷,难以实现全球自由转让,并可能造成额外的费用以及带来信息滥用等额外风险,其实并未实现 ETR 与纸质可转让单据的功能等同。按严

---

[1] 美国 1999 年《统一电子交易法》(Uniform Electronic Transactions Act)第 16 条。
[2] "a system relying on a third party registry is likely the most effective way to satisfy the requirements…that the transferable record remain unique, identifiable and unalterable, while also providing the means to assure that the transferee is clearly noted and identified." The Official Comment of UETA 1999.

格标准,当前的"登记制"实际上也没有成功的案例。这也许能解释登记制电子提单为什么三十多年前就开始试用,但在国际贸易中始终无法推广。可转让单据电子化采用完全的登记制,是取代、消灭了可转让单据制度而非对其的完善或现代化。由于中心化信用的难以形成,这种取代很难实现。而由于中心化信用的高成本、信息滥用风险等,这种取代也未必值得期待。

在《ETR示范法》起草之初,工作组其实就已达成共识,应以谨慎的态度探索登记制做法。"第一,会上指出,现有的登记处都是针对特定需要设立的,例如,根据《开普敦公约》设立的登记处是以处理高移动性、重大价值的设备为目的的。第二,会上提出,设立和营运此种登记处的费用也必须认真加以考虑。第三,有人担心不要因采用登记处办法而损害技术中性原则。"①经过讨论,工作组一致认为,不应将登记处办法看做是实现电子可转让记录功能等同的唯一可用办法。

(四) 区块链:一种新型信用模式?

1. "区块链"的信用模式

在《ETR示范法》谈判的后期,"区块链"(block chain)开始越来越多地被提起。作为当今最受关注的新技术之一,区块链技术被寄予厚望,因为它可以支持一种接近于纸质单据的信用模式,同时又是一种可得的技术。

所谓"区块链",是指通过去中心化和去信任的方式集体维护一个可靠数据库的技术方案。② 该技术方案主要让参与系统中的任意多个节点,通过一串使用密码学方法相关联产生的数据块(block),每个数据块中包含了一定时间内的系统全部信息交流数据,并且生成数据指纹用于验证其信息的有效性和链接(chain)下一个数据块。每个区块包含三种要素:本区块的ID、若干交易单、前一个区块的ID。每个区块都能找到其前一个节点,一直倒推到起始节点,从而形成一条完整的交易链条。③ 区块链技术为电子可转让记录的实现提供了新的技术基础,以提单为例,一种简单化的设想,可以是承运人签发电子提单,发布第一个区块,其后每一次转让信息形成一个新的区块,最后

---

① A/CN.9/737,第39段。
② 区块链的概念首次是2008年末在论文《比特币:一种点对点的电子现金系统》(Bitcoin: A Peer-to-Peer Electronic Cash System)中提出的,作者为自称中本聪(Satoshi Nakamoto)的个人(或团体)。区块链技术在《ETR示范法》制定期间取得了重大发展,因而在谈判中引起了各代表团的广泛关注,很多设想都是建立在该技术可以被应用于ETR的基础上的。
③ 龚鸣:《区块链社会》,中信出版社2016年版,第3页。

承运人注销提单的信息构成最后一个区块。整个区块链形成的按照时间顺序叠加的、不可逆向修改的记录，非常近似传统单证背书形成的"连续背书"的效果。与背书越多单据越可信赖一样，区块越多，电子记录也越可信赖。

区块链最有名的应用是比特币，然而区块链绝不仅是比特币的底层技术。区块链解决的核心问题，是在信息不对称、不确定的环境下，如何建立满足经济活动赖以发生、发展的"信任"生态体系。区块链具有四个基本特征：去中心化（decentralized）、去信任（trustless）、集体维护（collectively maintain）、可靠数据库（reliable database）。由这四个特征又会引申出另外两个特征：开源（open source）、匿名性（anonymity）。如果一个系统不具备这些特征，将不能视其为基于区块链技术的应用。①

区块链基础上的电子可转让记录与一般的"权利凭证式"和"登记制"都有不同，由于采用"记账"方式来跟踪权利变动，形式上比较像"登记制"；但由于并不信任某个登记处，而是信任一套数学算法，因此其信用模式是"非中心化"的，在这一点上更接近"权利凭证式"。区块链实际提供了一种新型的信用模式。具体到 ETR，区块链提供了一种可能性：信任的是 ETR 的单一，而 ETR 的单一由全球共同信任的数学法则保障。这样的信任具有支持纸质单据的单一性的物理法则同样的可靠性，而又符合网络环境的需求。

区块链技术为电子可转让记录的发展提供了新的机会。纸质单据电子化最大的难点在于如何保证"电子记录"如"纸张"一样只能有一份。在传统的信息技术下，这几乎成了不可跨越的障碍。因为电子信息的特点就是可复制，而且很难辨识出谁是"原件"，谁是"复制品"。区块链技术利用给信息加上"时间戳"等方法，可以使每条电子记录被单一化出来。通过对电子记录的每一修改都必须征得参与协议的大多数用户同意的方法，使电子记录的复制可以被禁止或被跟踪。这样实际上完成了对电子记录"单一化"的保证。而且与登记处的保证不同，这种保证基于对参与使用协议的所有用户的集体信任，是非中心化的，因而也更难被操纵和挑战。

2. 区块链的应用现状

（1）一般应用状况

区块链技术的优势已经迅速被认识和加以利用。一种乐观的看法认为，作为"一个公开透明的可信赖的账务系统"，它在全球价值交换和传输领域具有无比广阔的应用前景。通过去中心化、分布式结构的底层技术架构，可完

---

① 龚鸣：《区块链社会》，中信出版社 2016 年版，第 3 页。

成资产的认证、记录、登记、注册、存储、交易、支付、流通等内容。相较于传统的信用形成方式,区块链可省去大量人力成本、中介成本,所记录的信用信息更为完整、难以造假。作为当今金融、物流等众多行业所期待的创新技术,许多国家政府、金融和商业机构已争相投入资源研究开发,许多新兴互联网公司已开始尝试使用这项技术。如2015年9月,13家国际顶级银行加入了一个由金融技术公司R3领导的组织。① R3公司将会利用区块链技术作为框架。此前,另外9家银行已经签署了R3的初创协议,由此总计22家银行加入财团,这代表着首次银行之间对将区块链技术用于金融层面达成了共识。另外,瑞银集团、桑坦德集团和纽约梅隆银行等银行宣布已经联手开发新的电子货币,希望未来能够通过区块链技术来清算交易,并成为全球银行业通用的标准。

除了商业上的应用,区块链在法律领域的承认也取得了一些进展。如美国佛蒙特州2018年5月通过了与区块链业务发展有关的法案,以求通过扩大区块链技术来刺激经济发展,该法案于2018年7月1日起生效。该法案中有一项是规定区块链技术验证过的事实或记录可以被认定为真实有效。以区块链技术证明的文件将被法院采纳。②

(2) 在ETR上的具体应用状况

区块链技术在近年发展迅速,获得了极大关注。虽然国内外都还没有将区块链技术用于票据、提单或仓单的电子化的大规模商业实践,但一些机构和组织已经开始对区块链技术的应用跃跃欲试,各种实验、测试的消息不断传出,可谓"每天都有新进步"。

进展比较快、比较引人瞩目的,是Wave电子提单。这是以色列的初创公司Wave建立的一个点对点的(peer-to-peer)完全非中心化的(completely decentralized)网络系统下签发的电子提单。这个网络系统据称可以连接所有的承运人、银行、货运代理人、贸易商和国际贸易供应链上的其他各方。利用非中心化的技术,各方之间的所有通信都可以直接进行而不用通过一个特定的中央机构。因为其非中心化的特性,Wave网络系统将没有一个单一的

---

① R3公司于2014年在美国成立。宣布加入的13家银行是:汇丰银行、德意志银行、花旗银行、美国银行、摩根士丹利、德国商业银行、法国兴业银行、瑞典北欧斯安银行、纽约梅隆银行、三菱日联金融集团、澳大利亚国民银行、加拿大皇家银行和多伦多道明银行。参见R3公司官网:http://www.r3.com。
② 参见荣格财经:http://www.jungmedia.cn,2018年7月11日。

失败点,不依赖于任何单一的主体。通过在区块链上管理文件所有权,Wave 的应用消除了纠纷、造假和不必要的风险。① Wave 系统下进行了全球第一笔用区块链技术结算的贸易。该笔交易的出口商品是爱尔兰农场出产的芝士和黄油,进口商是位于离岸群岛塞舌尔的贸易商 Seychelles Trading Company,银行是英国巴克莱银行。该笔贸易结算是在 Wave 系统的区块链平台上执行完成的,耗时仅 4 个小时,而通常采用信用证方式计算则需要 7 天至 10 天。2017 年 11 月,以色列航运公司以星综合航运与 Sparx Logistics、Wave Ltd 三家公司合作,将 Sparx Logistics 的集装箱货物由以星综合航运从中国运至加拿大,而在 Wave 系统上签发、传输电子提单,并且顺利完成,没有出现任何故障。②

其他的如国际货运代理协会联合会(FIATA)2016 年已开始筹划一个基于区块链技术的"开放式"(open system)的电子提单应用。③ 2016 年 8 月,美国银行、汇丰银行和新加坡政府的咨询通信发展局(IDA)合作,共同搭建了一个基于超级账本(Hyperledger)协议的区块链应用程序,旨在复制银行、出口商和进口商之间的信用证交易流程。实验发现金融公司想要探索分布式账本如何在各参与方之间建立信任,因为当前的信任是建立在银行发布和认证的纸质文件的基础上,来推进贸易向前发展。该概念证明机制包括七个步骤,证实了分布式账本系统如何应用于数据验证。这次实验首次发现区块链技术可以解决现实生活中消费者面对的挑战。④

2017 年 5 月,现代商船公司与韩国的物流企业、相关政府部门和研究单位共同成立了区块链航运和物流联盟,该联盟共有 15 个成员,意在共同开展区块链技术的相关研究,以降低航运和物流成本,提高数据的安全性、透明度。2017 年 9 月 7 日,现代商船公司宣布,该公司已经完成基于区块链技术的首次试航。该航次于 8 月 24 日从釜山港出发,于 9 月 4 日最后到达青岛港结束,充分试验了区块链技术在从订舱到货物交付的全过程中所起的作用。同在 2017 年 9 月,安永咨询公司发布消息称,该公司已经与马士基航运公司、Guardtime 公司和微软公司共同建立了一个区块链海事保险平台。⑤

---

① 参见 http://wavebl.com,2016 年 8 月 1 日。
② 信息来源:航运界网(www.ship.sh),2017 年 11 月 21 日。
③ 根据对 FIATA 专家的访谈。
④ 转引自搜狐网 2016 年 8 月 11 日消息。
⑤ 信息来源:航运界网(www.ship.sh),2017 年 11 月 21 日。

（3）我国的应用状况

我国对区块链的应用研究也十分火热。全国首张区块链电子发票已经在深圳开出。① 虽然还未见将区块链技术应用于电子可转让记录的商业实践，但理论上的研究已经展开。如有专家提出建议，应该研发和试行数字票据。并具体建议由中国人民银行承担数字票据的统筹决策、组织研发和试行、推广工作职责，现阶段先形成纸质票据、电子票据和数字票据共存的格局，筹建数字票据交易所，承担数字票据技术核心职能等。② 2018年6月，区块链电子存证的法律效力首次获得我国法院的认可。③

3. 对区块链技术的担心和解答

随着"区块链热"兴起，对区块链技术的各种质疑也相应产生，比较重要的担心有以下几点：

第一，区块链真的可以做到"去中心化"，不会被人为控制吗？有人指出，区块链技术也隐含着通过垄断计算能力掌握网络控制权的风险，并使一个值得信赖的、分权的系统退化为一个自利的、中央机构控制的系统，虽然这种危险至少在当前看来极其微小。还有人怀疑危险已经发生，比如有人指控中国公司对比特币实行控制："虽说比特币是一种无国界货币，但实际上其网络的主要控制权已落入几家中国公司手里。它们通过精明的投资和分布于中国各地大量的计算机服务器'农场'来实现这一点。"④ 美国金融稳定监督委员会（FSOC）在一份最新报告中，将比特币和区块链技术定性为对金融稳定的威胁。报告中指出："市场参与者在分布式账本技术方面经验有限，除非进行大规模部署，不然可能看不出这种系统的操作漏洞。""这代市场参与者使用分布式账本系统，他们可能跨越管制司法和国家界限，自那以后监督者之间要有一定程度的协调，才能有效识别解决分布式分类账系统相关风险。"一种攻击的形式是所谓"51%攻击"，即控制51%以上的网络哈希率，就可以修改

---

① 这张区块链电子发票由国贸旋转餐厅开出，国家税务总局副局长、深圳市副市长等嘉宾共同见证了这一场景。信息来源：自媒体"深圳大件事"，2018年8月10日。
② 李礼辉：《关于研发和试行数字票据的建议》，载《金融电子化》2016年6月30日。
③ 2018年6月28日，杭州互联网法院对一个侵害作品信息网络传播权纠纷案进行了公开宣判。该案中，原告向法院举证时并没有通过公证机构等第三方权威机构进行公证，而是通过第三方存证平台进行侵权网页的自动抓取及侵权页面的源码识别，并将这两项内容计算成哈希值上传至Factom区块链和比特币区块链中，以此作为提交法院的证据。法院最终确认了电子数据的证据效力。
④ 《美媒：中国成比特币战争中心战场 中企控制网络交易》，载《参考消息网》2016年7月4日。

交易记录，阻止新交易受确认。"虽然分布式分类账系统旨在防止单一方报告错误或欺诈行为，但系统中重要参与者通过串通进行欺诈，系统在这种欺诈面前很脆弱。"还有人提出，尽管破坏区块链系统需要攻击51%以上的节点难度较高，但攻击者可能转而攻击使用的个人，比如侵入个人的钱包或攻击相关平台。

第二，区块链技术下的信息安全问题。区块链是通过共同记账来维护的，以透明保证真实。那么这种特点如何与商业交易中的保密需求协调？是否能做到透明与隐私共存？区块链通过对每一笔交易集体记账来确认交易的正确性。但是，如果每个交易数据都会全网广播，而且没有存储限制，那么每个交易者很快就需要担心他们的一切交易都会被大数据方法深度分析。另外，虽然有可能做到对身份信息加密写入区块链，但是如果丢失了打开注册在区块链上的资产私有权的私钥怎么办呢？无记名转让票据遗失是一个常见问题，现金就是最好的例子。因此需要想出调节链上和链下身份验证的更好的解决方案。

第三，似乎也是最重要的一个问题，是区块链对计算能力的要求以及由此引发的电力耗费等，这使其是否适合于大规模商业应用存疑。①

由于以上种种问题的存在，迄今为止，似乎仍然难以肯定，区块链技术到底只是一个炫酷的概念，还是一个真实的前景。虽然理论上的论证已经不少，区块链技术到底可以进行怎样的商业应用暂时还不明确，目前这一技术似乎也还不够稳定。对于区块链技术成熟，可以大规模运用还需要多长时间，有的判断是很快，有的判断则是仍需5—10年。

但是对以上问题，也并非没有解答方案，由此否定区块链的价值似乎过于悲观。区块链技术的核心概念是通过共同记账来保证账本可信。据此，可以通过共同记录ETR的转让情况来证明ETR的最终持有人是谁。但首先需要解决的问题是由谁、凭什么来进行记录？区块链也需要一个业主或核心开发者。由此，如何建立共识机制，成为区块链应用于电子可转让记录的最大法律问题。

关于"去中心化"的可能性问题。根据"去中心化"的程度不同，区块链可以分成三种典型的类型：公共链（public blockchains）、联盟链（consortium blockchains）和私有链（fully private blockchains）。公共链是指世界上任何人都可以在任何时候加入、任意读取数据，任何人都能发送交易且交易能获得有效确认，任何人都能参与其中共识过程的区块链。私有链是指其写入权限

---

① 参见陈经：《"区块链"绕不开的本质矛盾》，载《环球时报》2018年7月27日。

由某个组织和机构控制的区块链。联盟链是指其共识过程受到预选节点控制的区块链。① 公共链的优点是完全去中心化,而联盟链和私有链在效率和灵活性上更有优势。当前大部分金融机构将联盟链作为发展路径,共同研发区块链应用技术。ETR 的发展应采用哪种类型？看起来联盟链似乎更有吸引力。但是联盟链虽然有共识机制更容易建立的优点,却有"去中心化"不够彻底的缺陷。如何避免联盟链的业主方影响共同信任的形成是个关键。尽管用户不需要信任交易中的另一方或任何中心化的媒介机构,但是需要信任区块链协议下的软件系统,大众可能仍然需要权威机构为之背书。区块链技术去中心化和不可篡改的特性是有限的,更多的是在私有链和联盟链层级上实现去中心化,还有更高层级的机构或系统可以对整个区块链进行把控。

当前对区块链业主或核心开发者的责任如何确定基本没有法律规则。区块链并非只是一种中立的技术,而是基础技术加上各种应用协议。在私有链中,通常已经存在一个对代码拥有明确法律和技术权力的业主方。由业主方来决定代码如何修改,而由用户（通常是接受服务的客户）决定他们是否愿意让业主方行使对于软件的权力。在公共链中,没有一个单一的法律实体控制着系统,由最初的核心开发者或某种方法决定的其他人来进行软件的定期更新以解决缺陷、安全问题和操作环境的变化等。这两种模式的法律责任分配不可能一样。在私有链中,更可能的监管方法是把法律义务加给业主方,而在公共链中,则可能是加给核心开发者。

在私有链中的业主方对区块链项目有最终的管理权,因而要求其承担责任比较容易理解。但在开放链中将责任加诸核心开发者的方案,一种担忧是会不会影响核心开发者的积极性。毕竟区块链项目往往就是一个程序,而且是开源程序,任何人都可以复制和修改。而开源软件一般都认为是非营利性的软件。但事实上,区块链技术的出现第一次让开源软件有了盈利途径,即燃料货币方式。在一个纯区块链项目中,都有一种代币,任何人在使用该项目提供的服务时都会被要求使用这些代币支付一定的费用。随着使用者越来越多,就会对代币产生更多需求,从而使代币升值。而代币往往在项目的开发者以及早期投资者手中。② 因为区块链项目有自己的盈利机制,以对纯义务服务者的谨慎标准来要求核心开发者显然就过于宽松了。相反,由于区块链项目的盈利以使用者多为基础,对核心开发者也许有从反垄断角度考虑的需要。

---

① 龚鸣:《区块链社会》,中信出版社 2016 年版,第 21—22 页。
② 参见同上书,第 53 页。

4. 区块链：为什么值得期待

不论如何，目前对 ETR 而言，区块链仍然是非常值得期待的一种技术，值得立法为其预留空间。

首先，区块链技术提供的"去中心化"解决方案最接近纸质单据的信用模式。由于纸质可转让单据的信用本身是非中心化的，网络环境下真正"功能等同"的信用方案应该是非中心化的。但技术的局限使以往在网络环境下很难设计出一个非中心化的信用模式。正是这种尴尬的处境，使区块链技术的发展被广为关注和寄予厚望。因为在网络环境下的"去中心化"正是区块链技术最大的特点。作为一种非中心化解决方案，它去掉了中间环节，"将至关重要的总账管理角色从中央集权的金融机构手中拿走，将其交给自主计算机网络，创造了独立于任何一个外部机构控制的分布式的信任制度。"① 区块链作为基于网络的台账可以作为中间商的替身，这样无需金融中介机构，就可以独自形成信任纽带。消除中间商不仅有利于降低费用，还可以避免中间机构的内部腐败。区块链技术使对电子可转让记录的模式预期发生了根本性变化。

其次，区块链技术使开放式、全球性的电子转让成为可能。区块链将"数学规则"作为一种信用基础清楚地揭示出来。实际上，已有的"权利凭证式"的很多尝试也并非真的致力于使电子记录"独一无二"，而是使某一电子记录能唯一地被识别出来。这种情况下，虽然都称为"权利凭证"，但一张纸的权利凭证与一个电子记录的权利凭证有本质的区别。一张纸作为权利凭证，基础是"一个可触摸的有体物是独一无二的"这个特性，使用方法是实际出具或空间上转移这个唯一的物质本身。一个电子记录作为权利凭证，往往不是将出具或转移构成电子记录的那些数据本身作为目标，而是以算法确定出哪个电子记录是正确的电子记录。算法保证的不是"那一个"，而是"只有一个"。② 各种权利凭证式的解决方案，往往都需要使用加密技术，而加密技术的特点，是以数学算法（程序）作为信用的基础。而与物理规则一样，数学算法也是一种不受不同的宗教、政治和文化影响，在全球取得共识的规则。有人说，数学符号是全世界统一的语言。如果有一种技术方案使所有的规则都建立在一个公开透明的数学算法（程序）之上，能够让所有不同政治文化背景的人群获得共识，这种技术就有可能以数学规则替代物理规则，构建新的全

---

① 参见龚鸣：《区块链社会》，中信出版社 2016 年版，第 50 页。
② 例如，在加密技术中广泛使用的哈希值。哈希值是一段数据唯一且极其紧凑的数值表示形式。如果散列一段明文而且哪怕只更改该段落的一个字母，随后的哈希都将产生不同的值。要找到散列为同一个值的两个不同的输入，在计算上来说基本上是不可能的。

球信任系统。数量上的"单一"与否是一个客观事实。如果有一种技术使电子记录单一,那么由谁,或在哪里使用并不会影响这种技术的效果。与"每种物体的存在都是独一无二的"这个物理规则一样,"某种算法下只能得出唯一结果"这个数学规则也是通行全球的。以这种规则为基础的信任不需要其他加持,就可以形成一个全球市场。与此不同的是,以机构为基础的信任往往需要每个国家对机构进行单独审查,如果每个国家有不同的机构,则需要机构之间的互认等。从全球范围看,基于数学规则的信任机制要简单容易得多。

最后,区块链在电子可转让记录上的应用拥有优势。区块链技术应用中的一大难题,是如何防止第一个将信息上传的人上传的是假信息。而对可转让单据而言,通常不用解决第一个区块是假消息的问题。因为第一个区块的发布人往往也是最后的兑付人,没有动力造假。而且在提单的情况下,船东注册信息本来就公开可查,记录人可以方便地获知承运人身份,没有身份验证的难题。将区块链技术用于可转让单据的电子化目前分析并无技术上的特殊难度,反而有较大的优势。从原理上分析,可转让单据的跨境转让,也许是区块链技术应用的最佳场景之一。

(五)信用共识的选择与博弈

ETR立法的法律难题实际上起源于技术难题:寻找网络世界的信用共识。事实上ETR发展困难是两部分原因导致的。一部分原因是缺乏法律框架,另一部分原因则是缺乏商业模式。而后一种缺乏,直接导致了前一种缺乏的难以弥补。因为ETR立法需要明确的,事实上是一种与纸质功能等同的信用共识机制。与纸质单据已达成信用共识不同,电子环境下是否已达成,甚至是否能达成信用共识还是未定之数。ETR立法是对网络环境下的信用提供一种信用背书,但首先需要解决的问题是,现在有值得背书的信用吗?如果认真地评估一下现阶段的网络信用共识机制,可以发现还没有哪种机制是真正成熟的,而这正是ETR无法获得充分的可转让性,以及ETR立法困难的真正根源。

当前网络环境下的三种信用共识:物理规则、社会规则(登记制)和数学规则都存在明显不足。但据此断言可转让单据的电子化根本不可能,"电子化"与"可转让"只能择一保留就过于保守了。很长时间内,囿于现有技术的局限,主流观点是网络环境下的信用来源必须是一个中心机构。但在国际贸易的背景中,这种中心机构如何取得全球信用是个难以逾越的问题。网络转移价值的最大难题,在于如何提供一个记账的全球信用。而各种技术解决方案的优势正在于此。虽然"权利凭证式"并无成功的商业实践,但其原理却更接近于纸质单据的原理。技术方案基础上的一个非中心化的信用模式更接近于传统的可转让单据的信用模式。但这样的模式受限于当前技术水平而不可得。不过一旦出现这种技术,基于这种技术的解决方案很可能将以比登记制方案高得多的速度普及。如何能在不依赖一个外部的"信用中心"的情况下完成价值转移,是互联网面临的新任务。完成这个任务,互联网就能从"信息互联网"升级为"价值互联网"。技术的不断发展,必将会使信用模式本身不断完善。当前的三种信用模式都有发展的空间,而目前看来数学规则的前途似乎更为光明。

七、"功能等同法"对电子化风险的分配

(一)"功能等同"的立法办法

1. "功能等同法"的来历和地位

《ETR 示范法》的制定耗时 6 年,在"单一性"的路径选择上反复磋商,最后达成的只是一个妥协的结果,这与其采用的主要立法方法——"功能等同法"的特点和不足有莫大关系。

"功能等同法"即基于"功能等同"原则进行立法的方法被用于在电子化与非电子化手段之间建立联系,最早的法律报告可追溯到美国案例 Cubby v. CompuServe。[①] 在该案中,Leisure 法官说:"计算机数据库是传统新闻售卖者……如一家公共图书馆、一个书店或一个新闻摊点……的功能等同物 (the functional equivalent of),因此判定应该对计算机数据库适用传统新闻售卖者的法律规范。因为书店不需要对其所售书籍的内容进行监控,CompuServe 也不需要对其数据库的内容进行监控。"Leisure 法官的这段话被认为非常重要,因为它在刚刚进入言论自由法律范围的新现象——计算机服务与已经确立的法律的主体——书店之间建立了对应关系,使可触摸的书店与不可触摸的网络信息服务等同起来,跨越了一些法官可能无法跨越的鸿沟。[②] 不过在该案中,Leisure 法官并没有解释"功能等同"这个词。[③]

联合国国际贸易法委员会制定其电子商务系列立法中的第一部,即 1996 年《电子商务示范法》时,将"功能等同"作为一种立法方法使用。[④] 在《电子商务示范法颁布指南》的"简介"中提及,《示范法》依赖一种有时被称作

[①] 776 F. Supp. 135 (S. D. N. Y. 1991)。

[②] 参见 Edward V. Di Lello, Functional Equivalency and Its Application to Freedom of Speech on Computer Bulletin Boards, *Columbia Journal of Law and Social Problems*, Vol. 26, Issue 2, Winter 1993, pp. 199—248。

[③] 在其他一些领域,如知识产权保护和个人信息保护等领域,"功能等同"也被作为一种方法使用,而且可能使用时间更早。

[④] 一些学者认为"功能等同法"是《电子商务示范法》制定时创立的。然而,联合国国际贸易法委员会采用的"功能等同法"与美国法院采用的"功能等同法"从用词到具体含义都显示出明显的相关性。

"功能等同法"的新方法,并对这个方法进行了详细解释:"这种办法立足于分析传统的书面要求的目的和作用,以确定如何通过电子商业技术来达到这些目的或作用。例如,书面文件可起到下述作用:提供的文件大家均可识读;提供的文件在长时间内可保持不变;可复制一文件以便每一当事方均掌握一份同一数据副本;可通过签字核证数据;提供的文件采用公共当局和法院可接受的形式。应当注意到,关于所有上述书面文件的作用,电子记录亦可提供如同书面文件同样程度的安全,在大多数情况下,特别是就查明数据的来源和内容而言,其可靠程度和速度要高得多,但需符合若干技术和法律要求。"[1]同时,该《颁布指南》中特别指出,"功能等同"是个灵活的概念:"就数据电文本身来看,不能将其视为等同于书面文件,因为数据电文具有不同的性质,不一定能起到书面文件所能起到的全部作用。这就是为什么《示范法》采用了一种灵活的标准,考虑到采用书面文件的环境中现行要求的不同层面:采用功能等同法时,注意到形式要求的现有等级,即要求书面文件提供不同程度的可靠性、可查核性和不可更改性。"[2]《电子签名示范法》是对《电子商务示范法》的重要补充,与《电子商务示范法》完全一致[3],因而也采取的是"功能等同"方法。在《电子通信公约》中,"功能等同"再次被提及并被解释为:"功能等同法以对传统纸面要求的目的和功能所作的分析为基础,以便确定如何通过电子商务技术完成这些目的或功能。公约没有试图以任何特定类型的纸面文件限定基于计算机的同等文件,而是提炼出纸面形式要求的基本功能,从而提供标准,使达到这些标准的电子通信能够与相应的、履行相同功能的纸面文件享有同等的法律认可。"[4]

作为一种立法方法,"功能等同法"存在的时间其实并不长,但在联合国国际贸易法委员会的电子商务立法中居于压倒性的优势地位。几乎每一部电子商务法律规范都是在这个原则下制定的。而且经过联合国国际贸易法委员会的宣传推广后,现在"功能等同法"也已逐渐成为许多国家电子商务国内立法中最为倚重的方法。中国 2005 年《电子签名法》等有关电子商务立法也都遵循功能等同原则。虽然有意见认为,"功能等同法"只是一种过渡性的方法,随着电子化手段越来越频繁使用,将电子化手段与纸质手段看齐的必

---

[1] 联合国国际贸易法委员会《电子商务示范法颁布指南》,第 16 段。
[2] 联合国国际贸易法委员会《电子商务示范法颁布指南》,第 17 段。
[3] 联合国国际贸易法委员会《电子签名示范法颁布指南》,第 4 段。
[4] 联合国国际贸易法委员会秘书处《关于联合国〈电子通信公约〉的解释性说明》,第 51 段。

要性会越来越小。① 但起码现阶段,"功能等同法"还是一种可以被倚重,而且实际上也被倚重的立法方法。

2. "功能等同法"的"柔性"与"刚性"

作为一种立法方法,"功能等同法"设定标准的方法有很大的"柔性",而其后果则具有很强的"刚性"。

"功能等同法"的"柔性"体现在对"功能"的界定上。一个事物有哪些功能？哪些功能重要,哪些功能不重要？哪些功能可以忽略,哪些功能必须包含在法律要求中？这些都需要经过主观判断。而且一个事物的"功能"未必是它的"本质"。"A 的功能是 B",不能反推出"有 B 功能的都是 A"。简单的例子是,"笔的功能是书写",不能反推出"能书写的都是笔",一只筷子也可以临时用来写字,但我们不会认为筷子是笔。从日常生活经验就可得知,如果只是泛泛地要求一种功能,能实现同样功能的东西可能会有很多；如果要求很细致,能起到同样功能的东西就减少了；如果要求细化到一定程度,可能就只有唯一的一种东西能达到这种功能了。描述一个法律制度中的某项要求的"功能",实际上是在给这一要求的"功能"下定义。而下定义的一条基本原则,是定义项与被定义项的外延必须相等,即定义项和被定义项应该是全同关系,否则就会犯"定义过宽"或者"定义过窄"的错误。以签名为例,如果说签名的"功能"就是鉴定身份和表明对所签署信息的意向,能起到这种功能的方法其实不只是签名。例如,实际生活中,网购的商家常常以打电话的方式确认订购者的身份和真实意图,订购者的电话回复显然也能起到鉴定身份和表明同意意向的作用,但可能没有人认为回复电话的功能或法律地位就等同于签名。打电话与签名在核证当事人身份和意向的方法上有不同,导致了功能细分后的不同。签名可能在日后调取更容易,而电话即使可以录音,保存和调取的方便性上可能也不如签名。如果将签名的"功能"描述为以可靠和日后便于调取证据的方法鉴定身份和表明对所签署信息的意向,打电话核实可能就会被排除在签名之外。因此,描述一个事物的功能时,需要实现的目的和实现该目的的方法有时候是不能分开的。

事实上在 Cubby v. CompuServe 案中,就有学者认为,有三种可能性来解读 Leisure 法官所说的"功能等同"。第一种解读是,二者等同是因为它们都不能做某事。因为书店不可能对所售书籍的内容都检查一遍,所以

---

① 参见 Jose Angelo Estrella Faria, E-Commerce and International Legal Harmonization: Time to Go Beyond Functional Equivalence, *South African Mercantile Law Journal*, Vol. 16, Issue 4, 2004, pp. 529—555。

CompuServe 也不能。但书店不能检查所有书籍的内容,网络服务商恰好很有可能检查所有数据的内容。第二种解读是,等同是在法律关系性质的比较上的,CompuServe 与其订阅者之间的关系以及书店与其顾客之间的关系,这二者是相同的。这是将 CompuServe 与其订阅者之间的合同关系与书店与其顾客之间的合同关系进行比较,看合同的"功能"是否一样。但在这个意义上,二者恰好也是不一样的。CompuServe 是只有合同订阅者可以付费阅读的数据库,而书店是一个人人都可以进去翻看一番的公共场所。第三种解读是,等同是在交易性质上而言的。人们为什么要用这个服务,可以从中得到什么好处,他们如何为此而支付是等同与否要考虑的关键因素。用户从 CompuServe 购买信息,按条支付费用,这就犹如人们买或借图书、报纸、杂志。"功能"是在最基本的意义上使用的——一个事物是如何运作的,它对人的作用是什么。[1]

在电子签名的立法中,一开始的法律往往将"签名"的功能与核实文件真伪和表明签名人的意图两个功能相连,但后来提出并被广为接受的主张则是签字的功能只是表明意图,真伪问题是另一个问题。[2]《电子通信公约》制定时也特别指出,从"功能"上说,事实上电子和纸质的表现形式不可能完全相同:"电子通信本身不能被视为等同于纸面文件,因为它性质不同,不一定能履行纸面文件所有可以想象的功能。的确,纸面文件是可以用眼看到的,而电子通信不行——除非是打印到纸面上或显示在屏幕上。公约通过扩大'书面''签名'和'正本'等概念的范围,处理了国内或国际上的形式要求对使用电子通信可能造成的障碍,目的是涵盖计算机技术。"[3]这些立法过程都表明了对"功能"的描述存在伸缩余地,有讨论的空间。

"功能等同法"的"刚性"体现在"等同"的后果上,即"享有同等的法律认可"。适用"功能等同"原则的结果只有两种:或者法律地位完全一样,或者完全不一样,并不存在中间地带。如果一样,原有的法律直接适用于电子手段,不需要甚至也不允许任何修改。如果不一样,原有的法律就完全不能适用。尤其是,"功能等同法"实际上有一个前提:已经出现了功能等同物。当技术还没有实现功能等同,但已经被用于商业实践,一定要适用"功能等同"进行规范的后果可能就是,如果要承认,等于是没有等同的效果,而要赋予同样的

---

[1] 参见 Edward V. Di Lello, Functional Equivalency and Its Application to Freedom of Speech on Computer Bulletin Boards, *Columbia Journal of Law and Social Problems*, Vol. 26, Issue 2, Winter 1993, pp. 199—248。

[2] 参见 Paul R. Schapper and Others: Risk and Law in Authentication, *Digital Evidence and Electronic Signature Law Review*, Vol. 3, 2006, pp. 12—18。

[3] 联合国国际贸易法委员会秘书处《关于联合国〈电子通信公约〉的解释性说明》,第 50 段。

法律地位;而如果要否定,就可能对新技术的发展不利。

(二) 影响"功能等同"宽严的因素

由于"功能等同"作为标准的柔性,使其可能受到一些因素的影响而呈现出宽严不同。而最常见的两种影响因素,是基于"技术中立"和"意思自治"的考虑。

1. "技术中立"对"功能等同"的影响

(1) "技术中立"的含义和地位

"技术中立"(有时也译为"技术中性")原则主要来自于美国,最早见于美国著作权法。美国比较长的一段时间以来就以"技术中立"作为指导原则来规范信息和通信技术,以后扩展到各种计算机和网络服务。[①] "技术中立简单说就是法律约束行为而非技术"。[②] 这种原则一般被认为是好的,可以使法律对即使立法者还预计不到会出现的新技术具有适应性,因此技术中立的法律比技术特定的法律更不需要频繁修改。[③] 但近年来,美国学术界也在对"技术中立"原则进行反思,我国也有学者指出其缺陷。[④]

"技术中立"原则在联合国国际贸易法委员会电子商务立法中被普遍遵守。《电子商务示范法》中没有特别提及"技术中立",但在其《颁布指南》中提及:"《示范法》采用的方法是,原则上规定它适用于不论通过何种手段生成、储存或传递信息的各种实际情况。"[⑤]《电子签名示范法颁布指南》中进一步指出:"《颁布指南》中使用的'不偏重任何手段的环境'这句话,反映了对纸张介质附载的信息和电子手段传递或储存的信息实行一视同仁的原则。《示范法》也同样反映了对电子手段传递或储存信息而可能采用的各种技术的一视同仁原则,这项原则常常称作'不偏重任何技术'。"[⑥]《电子签名示范法》专门规定了一条:"签字技术的平等对待"(第3条)。《电子通信公约》序

---

① 参见 Brad A. Greenberg, Rethinking Technology Neutrality, *Minnesota Law Review*, Vol. 100, Issue 4, April 2016, pp. 1495—1562。
② Ibid., p. 1521.
③ Jake Linford, Improving Technology Neutrality through Compulsory Licensing, *Minnesota Law Review*, Vol. 101, 2016, pp. 126—147。
④ 参见郭鹏:《关于技术中立原则及其反思》,载《技术与创新管理》2010年第4期。
⑤ 联合国国际贸易法委员会《电子商务示范法颁布指南》,第24段。
⑥ 联合国国际贸易法委员会《电子签名示范法颁布指南》,第5段。

言中指出公约遵守"技术中性"和"功能等同"这两项原则[①],更在其《解释性说明》中指出这两项原则是"指导联合国国际贸易法委员会在电子商务领域所有工作的两项原则"[②]。并重申了纸面和签字的"功能等同"标准。[③]

作为一项基本原则,"技术中性"的含义在联合国国际贸易法委员会的文件中并没有一个集中统一的表述。有时候,它被解释为平等对待所有技术:"第3条所载的根本原则是不歧视任何电子签字方法,即所有技术在是否满足第6条的要求方面都给予同样的机会。"[④]有时候,它又被解释为要求不提及任何特定的技术方法:"从技术角度来讲,《示范法》是中立的。也就是说,它并不取决于或预先假定使用任何特定类型的技术,可被适用于各类信息的交流和存储。考虑到技术创新的速度,技术中性具有非常重要的意义,它有助于确保立法能够持续适应今后的发展,而不会很快被废除。因此,《示范法》非常谨慎,并未在任何地方提及传输或存储信息的特定技术方法。"[⑤]在《电子通信公约》中,"技术中性"被解释为:"技术中性原则系指《电子通信公约》的用意是为以电子通信形式生成、存储或传输信息的所有实际情况作出规定,无论使用的是何种技术或媒介。为此,公约的规则是'中性'规则。也就是说,这些规则不依赖于或不预先假定使用特定类型的技术,而是可适用于所有类型信息的交流和存储。"[⑥]

在联合国国际贸易法委员会现有的各个法律文件中,虽然都不断提及"功能等同"和"技术中性",但这两个原则在不同法律文件中的含义和地位并不完全一致。而且所有现有的法律文件都没有将这两项原则作为解释规则使用。《电子商务示范法》第3条是"解释",该条第2款规定:"对于由本法管辖的事项而在本法内并未明确规定解决办法的问题,应按本法所依据的一般原则解决"。但在该法的《颁布指南》中,对"一般原则"的解释完全未提及"功

---

① 联合国《电子通信公约》序言第5段规定:"认为统一规则应当尊重当事人在其所选择的手段符合相关法律规则的目的的限度内选择适当媒介和技术的自由,同时顾及不偏重任何技术和功能等同的原则。"
② 联合国国际贸易法委员会秘书处《关于联合国〈电子通信公约〉的解释性说明》第46段指出:"序言第5段提到了指导联合国国际贸易法委员会在电子商务领域所有工作的两项原则:技术中性和功能等同。"
③ 参见联合国国际贸易法委员会秘书处《关于联合国〈电子通信公约〉的解释性说明》。其第13段指出:"《电子通信公约》第9条重申了贸易法委员会《电子商务示范法》第6、7、8条所载的关于电子通信和纸面文件——包括'正本'纸面文件——之间以及电子确认办法和手写签名之间功能等同的标准的基本规则。"
④ 联合国国际贸易法委员会《电子签名示范法颁布指南》,第107段。
⑤ 联合国国际贸易法委员会《增进对电子商务的信心:国际使用电子认证和签名方法的法律问题》,第85段。
⑥ 联合国国际贸易法委员会秘书处《关于联合国〈电子通信公约〉的解释性说明》,第47段。

能等同"①。《电子签名示范法》的第 4 条是"解释",该条同样有两款,并同样在第 2 款规定:"对于由本法管辖的事项而在本法内并未明确规定解决办法的问题,应按本法所依据的一般原则解决。"但该法《颁布指南》中列举的"一般原则"同样不包括"功能等同"或"技术中性"②。《电子通信公约》第 5 条是"解释",其第 2 款几乎复制了前两个法律文件的对应条款③,但在解释性说明中,没有对"一般原则"是什么作出任何解释。

与以往法律文件有所不同,《ETR 示范法》第 3 条是"解释",其第 2 款规定:"与本法所管辖事项有关的问题,在本法中未明确解决的,应依照本法所依据的一般原则加以解决。"示范法中并没有规定什么是"本法所依据的一般原则",但在示范法的正式解释中,"一般原则"被解释为"不歧视电子通信原则、技术中性原则和功能等同原则"④。

(2)"技术中立"导致的"功能等同"宽松

由于对"功能"的描述存在伸缩余地,对一个事物的"功能"描述越全面、越具体,要达到"等同"就越不容易,因而法律就会显得越严格。同时,由于"等同"其实是有前提条件的,前提是"需符合若干技术和法律要求"。要不要和如何提出"技术和法律要求",同样是有伸缩余地的问题。为了明确"功能等同"的条件,应该提出"技术要求";而提出"技术要求",就可能抵触"技术中立"的原则。这使"功能等同"与"技术中立"这两条原则发生交集。

以电子签名为例,联合国国际贸易法委员会在制定有关电子签名的法律规范时,不断在三种立法模式之间摇摆:最低限度模式(the minimalist approach)、技术特定模式(the technology specific-approach)和两级或双轨模式(the two-tiered or two-pronged approach)。⑤ 最低限度模式又被与"技术中立"联系在一起:"一些法域遵守技术中立政策,承认各种电子签名技术。这

---

① 联合国国际贸易法委员会《电子商务示范法颁布指南》,第 43 段:"关于《示范法》所依据的一般原则,以下所列虽不详尽,但似可予以考虑:(1)促进各国间和各国内部的电子商务;(2)认可以新信息技术手段达成的交易;(3)促进和鼓励采用新信息技术;(4)促进法律统一;(5)支持商业活动。虽然《示范法》总的目的是要便利电子通信手段的使用,但不应以任何方式解释为它在硬性规定使用这类手段。"
② 参见联合国国际贸易法委员会《电子签名示范法颁布指南》,第 110 段。
③ 《电子通信公约》第 5 条第 2 款规定:"涉及本公约所管辖事项的问题,未在本公约中明确解决的,应当按照本公约所依据的一般原则加以解决,在无此种原则时,应当按国际私法规则制定的适用法律加以解决。"
④ 联合国国际贸易法委员会《电子可转让记录示范法解释性说明》,第 44 段。
⑤ 参见联合国国际贸易法委员会《增进对电子商务的信心:国际使用电子认证和签名方法的法律问题》,第 82 段至第 96 段。

种办法被称为最低限度模式,因为它会给予各种形式的电子签名以最低的法律地位。"[1]联合国《电子商务示范法》采用了最低限度模式。该法第 7 条第 1 款规定手写签名的两个功能:鉴定签名人的身份,表明签名人对所签署信息的意向。只要是以可靠的方法实现这两个功能即应视为符合签名方面的法律要求。[2] 技术特定模式规定要采用一种特定的技术,用以满足电子签名有效性的法定要求。例如,要求采用以公用钥匙基础设施为基础的应用。这种模式又被称为"指定性模式"(prescriptive approach)。[3] 两级模式下,立法规定电子认证方法满足较低的起码要求即可获得某种最低法律地位,并赋予某些电子认证方法具有较高的法律效力。[4] 联合国《电子签名示范法》采用了两级模式。该法在一般性规定不歧视电子签名外,又规定符合一定条件的电子签名应被视为"可靠的电子签名"。[5]《电子签名示范法》也因此被一些人批评为并不是完全技术中立的。《电子通信公约》重新回到了最低限度模式。[6]

与联合国立法的摇摆态度相对应,不同国家国内的电子签名法也往往在这三种模式之间摇摆。早期各国的电子签名法都是技术特定模式。[7] 美国

---

[1] 联合国国际贸易法委员会《增进对电子商务的信心:国际使用电子认证和签名方法的法律问题》,第 83 段。

[2] 联合国《电子商务示范法》第 7 条第 1 款规定:"如法律要求要有一个人签字,则对于一项数据电文而言,倘若情况如下,即满足了该项要求:(a) 使用了一种方法,鉴定了该人的身份,并且表明该人认可了数据电文内含的信息;和(b) 从所有各种情况看来,包括根据任何相关协议,所用方法是可靠的,对生成或传递数据电文的目的来说也是适当的。"

[3] 参见联合国国际贸易法委员会《增进对电子商务的信心:国际使用电子认证和签名方法的法律问题》,第 90 段。

[4] 参见联合国国际贸易法委员会《增进对电子商务的信心:国际使用电子认证和签名方法的法律问题》,第 93 段。

[5] 联合国《电子签名示范法》第 6 条第 1 款规定:"凡法律规定要求有一人签字时,如果根据各种情况,包括根据任何有关协议,使用电子签字既适合生成或传送数据电文所要达到的目的,而且同样可靠,则对于该数据电文而言,即满足了该项签字要求。"第 6 条第 3 款规定:"就满足第 1 款所述要求而言,符合下列条件的电子签字视为可靠的电子签字:(a) 签字制作数据在其使用的范围内与签字人而不是还与其他任何人相关联;(b) 签字制作数据在签字时处于签字人而不是还处于其他任何人的控制之中;(c) 凡在签字后对电子签字的任何篡改均可被觉察;以及(d) 如签字的法律要求目的是对签字所涉及的信息的完整性提供保证,凡在签字后对该信息的任何篡改均可被觉察。"

[6] 联合国《电子通信公约》第 9 条第 3 款规定:"凡法律要求一项通信或一项合同应当由当事人签字的,或法律规定了没有签字的后果的,对于一项电子通信而言,在下列情况下,即满足了该项要求:(a) 使用了一种方法来鉴别该当事人的身份和表明该当事人对电子通信所含信息的意图;而且(b) 所使用的这种方法:(i) 从各种情况看来,包括根据任何相关的约定,对于生成或传递电子通信所要达到的目的既是适当的,也是可靠的;或者(ii) 其本身或结合进一步证据事实上被证明已履行以上第(a)项中所说明的功能。"

[7] 被认为曾经或仍在采用这种方法的包括阿根廷、爱沙尼亚、德国、印度、以色列、立陶宛、马来西亚、波兰和俄罗斯联邦等。

最早的电子签名法即犹他州的《电子签名法》①,以及马来西亚1997年《数字签名法》被视为典型的技术特定模式。这些法律都只规定了数字签名的法律效力,对采用其他技术的电子签名的法律效力未作规定。② 以联合国《电子商务示范法》为基础制定的各国国内法一般采最低限度模式。例如澳大利亚的《电子交易法》规定,签署意味着某人对交流的信息的核准的一种方法,凡是能够达到该标准即可认为有效的签署。以联合国《电子签名示范法》为基础制定的各国国内法则一般采两级模式。例如新加坡《电子交易法》,其第8条承认一切形式的电子签名,但在第五章中又对"安全电子签名"的法律效力作出了特别规定,规定如果能够证实一项签名在制作时是使用者的签名,能证实使用者的身份,通过某种使用者可以唯一控制的方法创设;和相关的电子记录以某种方式具有密切联系,一旦该记录被修改,则签名也随之失效,则该签名可以被视为安全电子签名。在安全签名的任何模式下,除非有相反证据出现,应当认为,安全电子签名属于对应人的签名。欧盟由于2000年《电子签名指令》的存在③,内部各国电子签名法达到了较高程度的统一。《电子签名指令》也区分了"电子签名"和"高级电子签名",对于一般电子签名,不得仅仅因为其采用了电子形式、没有权威性证书的支持、未经获认可的认证机构认证,或者不是用安全的签名生成设备制作而否认其法律效力和作为证据的可采性;对于高级电子签名,即有权威性证书支持、并由安全的签名生成设备制作的电子签名,承认其具有签名的效力,并可以作为证据在诉讼中采用。我国《电子签名法》也采取的是两级模式。该法第2条第1款规定:"本法所称电子签名,是指数据电文中以电子形式所含、所附用于识别签名人身份并表明签名人认可其中内容的数据。"第3条第2款规定:"当事人约定使用电子签名、数据电文的文书,不得仅因为其采用电子签名、数据电文的形式而否定其法律效力。"同时又在第13条第1款规定:"电子签名同时符合下列条件的,视为可靠的电子签名:(一)电子签名制作数据用于电子签名时,属于电子签名人专有;(二)签署时电子签名制作数据仅由电子签名人控制;(三)签署后对电子签名的任何改动能够被发现;(四)签署后对数据电文内容和形式的任何改动能够被发现。"第14条则规定:"可靠的电子签名与手写签名或

---

① 该法于1995年通过,2006年被废止。
② 马来西亚《数字签名法》规定:数字签名是指使用不对称加密系统加以转换的签名技术,并且规定该转换是使用与签名者的公共密码相应的私人密码创设的。一旦该讯文转换后又被他人篡改,则该签名失效。
③ Directive 1999/93/EC.

者盖章具有同等的法律效力。"①

看起来,不管是技术特定模式还是最低限度模式,都要求电子形式必须满足特定的功能,因而与"功能等同"并不相干。但实际上,技术特定模式往往会对技术上如何实现特定功能进行具体描述,最低限度模式则往往只要求以"一种可靠的方法"实现特定功能。因而两者在对如何实现特定功能的描述上存在重大区别。在电子签名的三种立法例中,最低限度模式的立法以鉴定身份、表明对所签署信息的意向,再加上"可靠的方法"来作为满足签名的法律要求。但是实现一个目的的方法不仅有是否"可靠"的问题,还有是否"方便""省钱"等其他角度的问题。即使"可靠",也有一个对谁可靠、有多可靠的问题。技术特定模式的立法实际是对实现目的的"方法"进行了详细规定,这种规定不仅涉及可靠,自然也涉及方便、成本等问题。也就是说在技术特定模式下,方法的可靠度、方便度、成本大小都是确定的,而"可靠的方法"则没有这种确定度。事实上,不管是技术特定模式还是最低限度模式,都要求以一种可靠的方法实现特定的功能。只是在技术特定模式中,何为"可靠"实际是由立法者判断,直接在法律中宣示,然后由商业实践中加以遵循的。而在最低限度模式中,何为"可靠"并没有明确规定或只是给出了一些参考标准,最后的判断权被交给了裁判机构,要由法官根据实际情况判断具体案件中的具体方法是否可靠。"当立法采用了最低限度模式时,电子签名是否证明具有同等效力的问题常常会交由法官、仲裁员或公共当局来确定。"②

技术特定模式下,不仅对必须实现的目的,还对实现目的的方法都进行了规范,必须符合严格的法定条件才能取得电子签名的法定地位。如果不符合法定条件而自称"电子签名",不仅将得不到法律承认,而且发起者还可能受到虚假宣传甚至欺诈的指控,这是一种严格的标准;最低限度模式下,只是对实现的目的进行了规范,对实现目的的方法没有限制,只要能实现目的的各种"电子签名"都可以合法使用,但这些"电子签名"中肯定有一些在方法的方便性等要素上和签名相差甚远,而且"可靠"的程度需要多大也有待法院确定而有伸缩空间,因此,这是一种宽松的标准。因此,实际上技术特定模式与最低限度模式不仅是对技术的处理不同,也包含着对"功能等同"标准的处理不同。

---

① 而且,考虑到认证服务机构的可靠与否,对保证电子签名真实性和电子交易安全性起着关键作用,为了防止不具备条件的人擅自提供认证服务,我国《电子签名法》对电子认证服务设立了市场准入制度。这样的规定,使条件不过硬的机构难以从事电子认证服务,从而使这种签名在应用上有更大的优势。
② 联合国国际贸易法委员会《增进对电子商务的信心:国际使用电子认证和签名方法的法律问题》,第88段。

最低限度模式又被称为技术中立模式,常常被认为优于技术特定模式。但是如果加上"功能等同"的视角,二者的优劣之分就有不同的标准了。由于"技术中立"要求少提甚至不提技术方法,而"功能等同"则需要以满足若干技术和法律条件为前提,少提甚至不提技术方法,往往意味着"功能等同"要求的放松。这样,提不提技术要求,提哪些技术要求,不能仅从技术角度来观察。而以往评价不同立法模式的选择时,一般都集中在对技术发展的影响上,而忽略了这种选择对功能等同的不同影响。从这个角度看,《电子签名示范法》之所以被认为不够技术中性,也许只是它更具体、试图提供更多的确定性,而不只是宣言性质的。

《ETR 示范法》在制定时,对如何实现"请求权单一",每当有人建议具体规定时,就会有反对意见认为违反"技术中立",而坚持"技术中立"又被一致认为是必需的,这样讨论就一次一次陷入僵局。但是,是否具体规定"请求权单一"的实现路径,表面看是"技术中立"与否之争,实质上也是"功能等同"的宽严之争,而这并非《ETR 示范法》所独有。联合国国际贸易法委员会电子商务领域的立法往往在"功能等同"与"技术中立"之间反复权衡,这种矛盾冲突构成了联合国国际贸易法委员会全部电子商务立法讨论的一条主线,《ETR 示范法》中的争论不过是一直以来电子商务立法的一条矛盾主线的延续。

2. "意思自治"对功能等同的影响

(1) "意思自治"的含义和地位

意思自治是商业活动中最重要的规则。联合国所有电子商务立法都很强调意思自治。《ETR 示范法》也强调意思自治:"当事人意思自治是商法和贸易法委员会法规所依据的一项基本原则,其目的是促进国际贸易和技术创新,推动新型商业实务的发展。此外,当事人意思自治可为《示范法》的执行提供必要的灵活性。"[①]

在国内法中,合同法概念上的意思自治通常会受到其他一些原则的限制,例如公共政策例外。联合国电子商务立法并未突破这种限制。《电子商务示范法》第 4 条"经由协议的变更"处理了意思自治的问题。根据该条,该示范法的第一部分第二章和第三章分别是强制性和任意性的。第二章"对数据电文适用法律要求"包括 6 条,分别是数据电文的法律承认、书面形式、签字、原件、数据电文的可接受性和证据力以及数据电文的留存。第三章"数据

---

① 联合国国际贸易法委员会《电子可转让记录示范法解释性说明》,第 46 段。

电文的传递"包括5条,分别是合同的订立和有效性、当事人对数据电文的承认、数据电文的归属、确认收讫、发出和收到数据电文的时间和地点。第二章之所以是强制性的,是因为该章涉及的事项通常由国内强制性法规约束:"因为《示范法》的一个主要目的是方便现代通信技术的使用,当契约条款无法避免成文法规定造成的障碍或不明确性时,为使用这种技术提供明确性。第二章中所载各项规定在某种程度上可被看作是一批有关法律事务处理形式既定规则的例外。此种既定规则通常是强制性的,因为既定规则一般是反映公共政策决定的。第二章载有的规定应视为在表述最低限度可接受的形式要求,为此,还应视为强制性的,除非这些条款另有明文规定。"①

《电子签名示范法》第5条处理的也是当事人意思自治问题。该条规定:"本法规定可经由协议而加以删减或改变其效力,除非根据适用法律,该协议无效或不具有效力。"该条措词表明,其无意改变国内法的强制性。同时,对该条的正式解释说明:"作出决定开展示范法编订工作的基本前提是承认实际上主要在合同中寻求对使用现代通信技术而引起的法律困难的解决办法。因此,示范法意在支持当事人意思自治原则。但是,使用的法律可能对该原则的适用规定了限制。对第5条不应错误地解释为允许当事各方删减强制性规则,例如为公共政策原则而通过的规则。"②使问题变得复杂的是,《电子签名示范法》本身是任意性的,"当事人意思自治原则对示范法广泛适用,因为示范法中不载有任何强制性规定。"③这首先与《电子商务示范法》存在矛盾。《电子签名示范法》来自于《电子商务示范法》第7条,应该与《电子商务示范法》完全一致④,而《电子商务示范法》第7条和其所在的整个示范法第二部分都是强制性的。同时,当传统法律对"签名"的要求是强制性的时,《电子签名示范法》显然无法用任意性的规则取代强制性的规则。

《电子通信公约》对意思自治似乎作了进一步扩展。该《公约》第3条题为"当事人意思自治",该条规定:"当事人可以排除本公约的适用,亦可减损或更改其中任何一项规定的效力。"《电子通信公约》处理的主要是合同谈判中会遇到的问题,即国内法中的任意性规范,但也不排除涉及一些传统属于强制性规范的范围,如第9条对合同形式要求的规定,即反映了公共政策的

---

① 参见《电子商务示范法颁布指南》第一部分"示范法简介"第F条:"缺省规则和强制性法律"。
② 《电子签名示范法颁布指南》第二章"逐条说明",第5条。
③ 同上。
④ 参见《电子签名示范法颁布指南》第一章"示范法简介"的第四部分:"示范法的主要特点",第A条"示范法的立法性质"和第B条"示范法与联合国国际贸易法委员会《电子商务示范法》的关系",第63段、第66段。

要求,通常是强制性的。对此,《公约》的解释是,当事人意思自治只适用于创设当事人权利和义务的规定,而不适用于《公约》中针对缔约国的规定。

在电子商务立法的语境下,"意思自治"还特别被理解为赋予使用者对纸质或电子方式的选择权。联合国《电子商务示范法》和《电子签名示范法》都强调未经当事人同意不得使用电子方式。联合国国际贸易法委员会曾明确提出:"建议两部法律应该明确增强关于使用和承认电子签名的契约协定的效力,以确保以合同为基础的全球认证模式不会与国家法律要求相抵触。"①《ETR示范法》规定,该法的任何规定不得解释为未经当事人同意可使用电子方式。

(2)"意思自治"对"功能等同"宽严的影响

"意思自治"很少被与"功能等同"相联系,然而前者对后者存在全局性的影响。当法律对一个事物的某项功能的要求是强制性的,如果对该项法律的"功能等同"规则适用当事人意思自治,其后果必然是消减法律的强制效力,实质上减轻或事实上废除法律的要求。以书面形式为例,如果传统法律要求合同必须以书面形式签订,而电子商务立法中规定当事人可以自行协商何种电子形式等同于"书面",则无论电子商务立法中如何规定书面的"功能等同"标准,这种标准都可以经由当事人协议而突破,从而一个必然的后果,就是在电子商务中的"书面"形式可以不满足传统法律的要求。再以电子签名为例,即使电子商务立法规定了严格的电子签名"功能等同"标准,如果同时规定这个标准是任意性的,则严格与否都不再重要,因为当事人协议就可以降低严格性,从而实际上不满足传统法律中对签名的要求。

因此,电子商务立法中的"功能等同"规则不论如何规定,如果使其受制于"意思自治",就可能是一个宽松标准。

(三)"功能等同法"的风险分配效果

1. 电子化的风险

基于"功能等同"原则的立法,使电子手段与非电子手段得到同样法律地

---

① 《增进对电子商务的信心:国际使用电子认证和签名方法的法律问题》,第96段。这种立场似也与美国影响有关。美国2000年《全球及全国商务电子签名法》规定,电子签名或电子记录在获得法律效力之前,必须事先取得消费者的明示同意。在消费者同意获得电子文件以取代书面文件之前,消费者必须获得"明确、醒目"的保证,这包括消费者需要获得书面文件的证明、保证个人隐私等方面。

位,适用同样法律制度,这种立法的合理性建立在两种手段的确"功能等同"上。然而,电子化是不断发展的,其成熟程度有待实践检验,总是存在实际上无法达到预期目标的风险。

以电子支付为例。各种电子支付手段不断出现,确实具有方便快捷的优点,吸引了很多人采用这种新的支付方式。虽然一般情况下电子支付很少发生问题,但并不意味着绝对安全。由于设计漏洞或操作失误,实践中已经发生过电子支付的用户"一夜之间,倾家荡产"的情况。[①] 作为一种新生事物,各种电子化手段是在不断试错中逐步完善的。而完善之前,不可避免需要有人承担试错中的损失。

具体到ETR。从以纸质单据为凭到以电子记录为凭,最大的障碍是电子记录不具有纸质单据的"独一无二性"。电子可转让记录试图复制纸质单据的"独一无二"功能,最大的风险就是无法做到真正的"独一无二",从而使一份权利对应了多份电子可转让记录。这种风险可能来自于欺诈、黑客攻击,也可能来自于技术模式设计不合理或有漏洞,或来自于当事人的疏忽等。

关于电子可转让记录的权属争议不仅可能,而且实际上已经开始发生。以中国近年发生的三个事例为例。2016年,中国发生了一起引人瞩目的电子票据欺诈案。该案中,不法分子利用虚假材料和公章,开出了十亿级数额的电子汇票,并用以贴现。[②] 同样在2016年,还发生了国内首例电子汇票公示宣告丢失案。在该案中,申请人浙江康和机械科技有限公司因2016年2月4日出票的金额为600万人民币的电子银行承兑汇票丧失,而向浙江省天台县人民法院申请公示催告程序。天台县人民法院决定受理并发出了公示催告。该票据的付款行上海浦东发展银行台州天台支行按照法院要求对该票据予以止付。[③] 而在2014年,中国一家航运公司在国外的子公司反映,其使用一家著名公司的电子提单过程中,发生了登记处未经授权,擅自改动电子提单上所记录事项的情况。[④]

可转让单据电子化后,权利不单一的风险有多大?是否在当事人乃至全社会普遍认为可接受的范围以内?由于没有经过长期商业实践的检验,没有形成商业惯例,实际上是不清楚的。而电子可转让记录的立法,就需要对电

[①] 参见《一条短信让你倾家荡产》,载人民网,2016年12月5日。在该事件中,受害者仅仅是回复了一条短信,结果手机号立即失效。仅仅半天之内,他的支付宝、银行卡里的钱全都被洗劫一空。而直到最后,他也没有搞明白是怎么回事。

[②] 参见李玉敏:《工行电票风险案真假同业账户存疑,究竟有无开户资质》,载《21世纪经济报道》2016年8月12日。

[③] 参见马媛:《国内首例电票公示催告惹争议 电子汇票如何丢失》,载《21世纪经济报道》2016年5月24日。

[④] 据对该公司业务人员的采访获知。

子可转让记录"不单一"的风险进行分配。

2. "功能等同法"的风险分配效力

由于"功能等同法"有效果"刚性"而标准"柔性"的特点,使立法难以避免地会在"宽严"之间游移。而标准的宽严不同,会导致对电子化风险的不同分配。

以电子签名为例。我国司法实践中常常需要面对的一个问题,是用户口令或密码是否算是电子签名。如在一个案例中,原告在被告期货交易公司处开户后,凭用户名和口令(口令系原告自己设置,被告并不知晓)可登录被告的信息系统委托被告代理期货交易。后原告否认某笔交易系其委托,与被告产生纠纷并诉至法院。法院基于用户口令的私有性、唯一性和秘密性的特征,认定用户口令是可靠的数字签名,与书面签名一样具有同等效力,进而认定原告对被告的电子委托合同有效。① 这一类案例还有不少,而司法实践中对此态度也并不一致。② 这类纠纷的处理,与对立法模式的理解实际是相关的。如果按技术中立模式的法律,如《电子商务示范法》的规定,签名的功能是能鉴定签名人的身份,表明签名人对所签署信息的意向,只要以可靠的、适当的方法实现这两个功能,数据电文就可以获得电子签名的法律地位。用户口令具有私有性、唯一性和秘密性,可以视为一种可靠的、适当的方法实现对交易者身份的鉴别及表明对交易内容的确认,因而可以被认为构成电子签名。这里用户口令这种方法是否可靠、适当,应由法院裁量。而如果是按技术特定模式的法律,如我国《电子签名法》,则主张用户口令构成电子签名的人不仅需要证明该种方法可以实现对交易者身份的鉴别及对交易内容的确认,还必须证明该种方法符合第13条规定的其他条件,即用户口令用于电子签名时属于电子签名人专有,签署时仅由电子签名人控制,签署后对电子签名的任何改动能够被发现,签署后对数据电文内容和形式的任何改动也能被发现。这四项举证责任都在主张用户口令构成电子签名的一方,必须完成举证责任才能认定用户口令是可靠的电子签名,从而取得与签名同等的法律地位。法院没有自由裁量的余地。可见,技术特定的立法显然更为严格。

严格的法律对电子签名技术的提供者和发起者施加了更多义务。如果不能履行相应义务,数据电文将无法取得电子签名的法律地位,则提供该数据电文充作电子签名的一方将承担虚假陈述、合同违约等责任。因而严格立

---

① 参见(2008)浙民二中字第154号案。
② 认为密码或用户口令构成电子签名的案件,参见(2008)浙民二中字第154号案、(2014)深中法商终字第249号案。不置可否的案件,参见(2009)常民二终字第581号案。

法将电子签名无法满足签名的全部功能的电子化风险更多分配给了技术提供者和使用发起者。①

再以电子提单为例。如果一个登记制的电子提单,登记处对接触电子提单的权限没有制度保障,其工作人员有机会擅自更改电子提单的权限,从而使两个人同时有权转让该份电子提单,即可能出现两个"电子提单持有人"。如果是严格的"功能等同"标准,电子提单必须能够"以一种外观可见的绝对权威的方式防止多重请求权"。上例中由于防止多重请求权的方式不够权威,这样的"电子提单"不能取得提单的法律地位。持有这样的"电子提单"的人是否有权向承运人提货,或在提货不着时是否有权向承运人或登记处索赔,完全根据使用该"电子提单"时签订的合同确定。如果提供服务的平台或发起使用这样的"电子提单"的一方宣称其提供的是"提单",可能需要承担虚假宣传的责任。因此严格标准下,电子提单的登记处或发起人承担的责任比较重。如果按宽松的"功能等同"标准,电子提单只需要"以一种可靠的方法防止多重请求权"。工作人员有机会擅自更改电子提单的权限可能会被法院认定为并不必然导致方法不可靠,或直接根据合同约定"视为可靠"。这样的"电子提单"在使用中发生了问题,如有人持"电子提单"向承运人提货后,又有人持同样的"电子提单"向承运人提货,承运人可能被认为对第二个"电子提单持有人"不用承担责任,因为他已经完成了对提单放货的责任。这样的"电子提单持有人"承担了纸质提单持有人不承担的额外风险,因为其必须面对还有别的"持有人"的可能性。即使可以在合同下得到平台的赔偿,"持有人"也是遭受了损失的,因为他购买的是货物,不是索赔权。更何况在合同下平台很可能是免责或有责任限制的。而且因为这样的电子提单是得到法律认可的,提供服务的平台或发起使用这样的"电子提单"的一方也不承担虚假宣传的责任。

可以看到,宽松标准下,"电子提单持有人"比纸质提单的持有人承担了额外的法律风险,他可能既不能得到有价证券法上的权利,也不能得到合同法的保护。因为在合同法下,如果当事人同意使用ETR,但实际上其使用的ETR不具有ETR的性质,合同法下是可以根据实际情况调整的。也就是合同法下可能出现"名义是ETR,实质上不是ETR"这样的判决。在严格立法的情况下,是用合同法调整各方之间的关系,法律赋予可转让单据持有人的各种特殊保护不再适用。出现不单一的情况,债务人不会面对多份有价证券法上的责任,但债务人或单据的签发人可能需要向持有人承担基于合同约定

---

① 我国有学者指出,《电子签名法》实质上是一部与证据相关联的法律,这种认识很有道理。参见高富平:《电子通信公约在缔约国的适用:中国视角》,载《暨南学报》2010年第6期。

的责任。严格立法将风险分配给电子化的发起人和出让人,会使当事人在发起使用 ETR 时更加谨慎,但接受 ETR 的人会更放心;宽松立法将风险分配给电子化的使用者,会使当事人在发起使用 ETR 时更积极,但接受 ETR 时会更谨慎。

在"登记制"下,由于登记处不仅提供技术支持,还因为提供登记服务而作为当事人一方直接承担权利义务,因而"功能等同"的宽严同样也是对登记处的宽严。如果是宽松立法,登记处可以自由开展登记业务而不承担法律后果。如果是严格立法,登记处必须达到法律确定的标准才能开展业务,否则可能承担虚假陈述等不利的法律后果。

当立法对"功能等同"标准持严格态度,要求达到严格的法定标准才能获得法定地位,实际是将电子化的风险和成本分配给了电子化的发起方和电子服务提供商,要求"提供者当心"。当立法对"功能等同"的标准规定得比较宽松,获得法定地位的条件宽松,实际是将电子化的风险和成本分配给了电子化的参与方,要求"使用者当心"。与电子签名不同的是,ETR 的宽松不仅意味着将风险分配给使用者,还意味着将电子化的风险分配给了全社会。因为债务人一旦没有能力兑现多份单据,就必然引发诉讼。在长链条的流通中,就意味着势必引发多重诉讼等,消耗社会资源。而且,由于 ETR 是金融证券,在进行质押时,还会引发金融风险。

(四)"功能等同"宽严与促进电子化

1. 宽松以促进电子化的观点

"功能等同"的立法方式以"功能等同"为合理性基础,理论上对"功能"的描述越具体、越清楚,就越合理。而对功能的描述越具体,"等同"需要满足的条件也就越严格。但在关于书面、签名等的国际、国内立法中,一种代表性的观点是反对对功能描述过于具体,因为越具体的描述,对技术的要求相应也就越具体。在电子技术本身还在不断发展的情况下,过于细节的技术描述,可能对特定技术形成特殊优待,阻碍其他技术的发展。为了给各种技术的发展留下更大空间,法律的确定性、可操作性的需求应让位于灵活性的需求。因此这种意见认为,技术特定模式的立法是"约束性与指导性"的,而最低限度模式的立法则是"授权性与支持性"的,通常最低限度模式立法更有利于促进电子化的发展。①

"功能等同"是为了给电子手段一种立即取得的确定的法律地位,本身往往有放松法律要求的意味。这种放松往往通过"技术中立""意思自治"等手段来达成。"技术中立"使对电子化合法性的审查延迟到司法阶段,并且给司法一定的自由裁量空间。"意思自治"对电子化的合法性判断用当事人约定的标准取代法律规定的统一标准。但"技术中立"和"意思自治"也有一定局限性,可能意味着电子化的风险被分配给了交易关系中的弱者甚至全社会。因而是否宽松标准就一定意味着"支持性"的,更有利于促进电子化发展,需要根据不同的电子化产品来评判。而在 ETR 的情况下,放松标准往往并不意味着能促进使用。

2. "技术中立"破坏 ETR 法律的确定性

在纸质环境中,纸质"功能"的核心,在于它是一种得到法律确认的信用来源。由于当前的电子环境中似乎还看不到一种与纸质具有同样特点的信用来源,为了在不束缚商业实践的前提下提供法律的确定性,促进电子可转让记录的使用和流转,一种可以理解的想法,就是在立法中只简单授权使用电子可转让记录,而将一份电子记录是不是"电子可转让记录"的判断延迟到司法环节来进行。

立法中直接给出明确标准具有确定性和稳定性,而留给司法解决则有更灵活性的好处。为了不干涉新技术的发展而模糊具体要求,由司法环节来具体决定,这是现有电子商务立法经常采用的办法。但是这种方法的不确定性对 ETR 而言具有特别的危险性。

在纸质环境下,可靠性标准是必须达到的法定要求,并不灵活,也不是一个可由法官自由裁量的问题。纸质环境中,"一种方法"如何可靠是明确的:只要采用了纸质单据,按法定格式填写使用,所有人就都可以依靠这张纸的权利保证。这个标准确定,检验方法公开。确定和公开使可靠与否可预见,而可靠与否可预见,单据才能可转让。

可预见性对电子可转让记录立法至关重要。可转让单据由于可以多次转让,一旦可转让单据本身的权威性遭到否定,往往涉及多方当事人,造成一连串交易法律效力的不确定性。如果法律规则不够确定,当事人无法通过对法律规则的事先了解而规避风险。特别是在国际贸易中,由于各国法院采取的标准不仅不统一,还未必透明,这导致各次交易的法律效力不能预测,而且

---

① 参见 Jane K. Winn, The Hedgehog and the Fox: Distinguishing Public and Private Sector Approaches, *Administrative Law Review*, Vol. 51, Issue 3, Summer 1999, pp. 955—988。

转让的上下手之间是否能相互追偿也难以预测。一个环节出错,后边很多无辜的人就丧失保护。这种法律效力的不确定,会直接损害各方接受电子可转让记录的意愿。实际上,SeaDocs 等早期登记制电子提单之所以失败,一个很重要的原因就是包括登记处在内的各参加方的责任不明确,从而使保险费用高企。这种担心也能解释为什么现在的"电子可转让记录"在长链条交易中使用很少。而 BOLERO、ESS 等当前的电子提单遭遇普及的难题,关键因素也在于此。

如果仅仅是承认 ETR 的合法性,当前已有许多国际规则做到了这一点。如《国际贸易术语解释通则》《鹿特丹规则》等。但这些国际规则的共同不足都是对 ETR 的法律地位提供了保障,却没有提供对其运行机制的法律约束。《ETR 示范法》如果仍然如此,则与《国际贸易术语解释通则》等相比没有任何进步,不能实现"消除 ETR 使用中的法律障碍"的立法初衷,无助于促进 ETR 的可接受度。

电子可转让记录立法以赋予电子可转让记录法律地位为出发点。但实际上电子可转让记录发展的真正瓶颈并非"合法性存疑",而是"可转让性不足"。而这一点并不能通过赋予电子可转让记录合法地位来解决。事实已经证明,赋权式的立法并不足以支撑起可转让性。因为不找出一个"可靠性"的准确标准而含糊以对,ETR 立法很可能将成为无用甚至错误的立法,也会导致适用中的混乱。标准的具体、明确和公开是法律上的"可转让"的基础。因为立法承认一种方法的可靠,就是授权所有人都可以信任这种方法,并因这种信任而得到保护。如果可以信任这种方法的人是受限制的,这种方法的可靠就是受限制的,其转让范围也就是受限制的。这种限制在纸质可转让单证中并不存在。如果电子环境中真的不存在一种与纸质同等的信任来源,正确的做法是对电子环境中使用的各种电子可转让记录单据立法,而不是通过"功能等同"的方法来引致混淆。与纸质环境中一样,有"严格性"才会有"可预见性",而有"可预见性"才有"可转让性"。

"技术中立"中的"技术",应该是专指信息存储和传输的技术。但在实践中,常常被与达成一个目标的方法或者说"商业技术"相混淆。而 ETR 的特点,恰恰是"方法"与"功能"密不可分。

《ETR 示范法》并未说明其依据的三项原则之间是什么关系。从原理上分析,"不歧视"原则主要是指在纸质与电子化手段之间不歧视电子化手段,"技术中立"原则主要在各种电子化技术之间不歧视特定技术。但不歧视并不意味着电子化手段与非电子化手段、一种电子化技术与另一种电子化技术总是一视同仁,而是只要能实现相同功能,不管是用纸质还是电子,不管是用哪种技术手段,应该都可以。不歧视的前提是能实现相同功能。因此,"功能等同"应该是高于"不歧视"和"技术中立"的原则。

3. "意思自治"基础上无法形成开放性的 ETR 市场

《电子签名示范法》规定了电子签名的功能等同标准,但其标准是任意性的,即不禁止当事人通过协商改变法定标准。对这种规定的解释是,电子签名既可能只在当事人之间有效,也可能在当事人与第三人之间有效。电子签名可以用于"开放环境",即各当事方在未事先达成协议的情况下进行电子通信;也可以用于"封闭环境",即各当事方在利用电子手段进行通信时,均受预先制定的合同规则和程序的制约。能用于"开放环境"是理想,而用于"封闭环境"则是商业现实。《电子签名示范法》的规定既作为在"开放"环境的最低限度标准,又酌情作为在"封闭"环境下的示范合同规定或缺省规定。①

《电子签名示范法》的逻辑是有些问题的。"功能等同法"作为一种立法方法,是给电子环境下的行为制定标准,而符合这些标准,就视为符合纸质环境下的法定标准。因此,"功能等同"的后果是法律地位等同,而不是在当事人之间等同。如果是"封闭环境",即当事人之间已经有合同约定使用电子手段,则电子手段的使用和效力应根据合同条款确定,《电子签名示范法》不能作为法律,只能作为标准合同条款,在当事人选择使用时适用,而且要受制于合同解释规则,如特约条款优先于一般性条款等。即在"封闭环境"下,《电子签名示范法》并非作为法律适用。是否可以作为类似于合同法中的任意性规定,即作为合同下的缺省规定使用呢?这要看国内法中纸质环境下是否有允许当事人之间自行约定"签名"的含义和效力的法律规定。如果没有,《电子签名示范法》也不应该作为电子环境下的缺省规定使用。即在"开放环境"下,《电子签名示范法》只能替代任意性法律。但"签名"更多是证据法中的要求,而证据法一般都是强制性的。合同效力与法律效力是不同的,由此《电子签名示范法》冠以"法"的名称,事实上是有相当大的误导性的。

如果说书面、签名还有当事人自行约定标准的空间,那么这种空间在可转让单据就十分狭窄甚至根本没有了。因为约束可转让单据的法律,如票据法、提单法、仓单法等并不是合同法的分支,而是有价证券法的分支。当事人之间基于有价证券产生的债权债务关系,并不是一种合同之债而是一种法定之债,其产生、内容和消灭都是依据法律规定而非合同约定。有价证券法与合同法的理论基础和效果都不一样。合同法更关心公平性,而有价证券法更

---

① 联合国国际贸易法委员会《电子签名示范法颁布指南》第一章"示范法简介"第四部分:"示范法的主要特点"第 B 条"示范法与《电子商务示范法》的关系",第 67 段。

关心确定性。合同法是个案处理的，目的不是建立一个统一的法律标准。不确定性产生了经济损失的风险。风险会被作价转移，从而又减少使用的动力。因此，在确定有价证券属性时，不应考虑合同法的规定。反过来，在确定合同当事人之间基于合同产生的权利义务时，也不应考虑有价证券法的规定。票据行为具有文义性。不得依据其他事实或证据来探求当事人的真实意思，也不得任意变更或补充行为人的意思，这与民法中规定的行为人的意思表示必须真实截然不同。票据行为还具有独立性和连带性。这些效果都不能通过当事人约定达到。而在合同法的语境下，当事人约定他们使用的是"ETR"到底有何效果，要依据合同解释规则来确定。

这不是说当事人不可以约定将他们之间使用的某种电子记录称为"电子可转让记录"。但首先，不能依据这种约定对第三人说，这就是真正的电子可转让记录；其次，对约定的当事人而言，也不能依据这种约定，在当事人之间直接依据"电子可转让记录"的法律规定确定他们之间的权利义务。关于电子记录名称的约定与其他合同约定具有同等地位，要在合同法的语境下，通过对合同当事人的意图的解释等加以确定，并受合同法中对格式条款的解释规则等规则的限定。因而，如果当事人约定使用"ETR"，但合同中的其他条款清楚表明双方的权利义务与 ETR 当事人的权利义务完全不相符，应该判定当事人根据合同具体条款确定其权利义务，而不是根据"ETR"的性质确定权利义务。即在当事人之间，关于 ETR 的约定可以被解释为"名义上是 ETR，实质上不是 ETR"。

因为《电子签名示范法》考虑了"开放环境"与"封闭环境"的适用，《ETR 示范法》在制定时，也有人曾提出采用"双轨制"的做法，即将功能等同的标准区分为只针对当事人的以及针对所有人的，但这种提议最后被否定了。因为在纸质环境下，并不存在只对当事人有效的"可转让单据"和对所有人有效的"可转让单据"之分。可转让单据的地位是法定的，"可转让"与"涉他"密切相连。如果只能在一个不"涉他"的封闭环境里有效，就不是真的可转让单据。同理，电子可转让记录并不存在只对当事人有效的情况。只要是"电子可转让记录"，就具有涉他效力。因此不应该存在所谓"封闭环境下的电子可转让记录"的情形。这使《ETR 示范法》照搬《电子签名示范法》的解决方法并不恰当。

4. ETR 与纸质可转让单据需要同一标准

与电子签名和书面不同，ETR 与纸质可转让单据是可以互换的，这是商业实践的需求，也是大多数现有立法的规定。这使纸质与电子的标准统一显得尤为重要。

因此,一个宽松立法可能对交易秩序造成破坏的原因还在于,即使将约定的效力限定在约定的当事人之间,由于纸质可转让单据与电子可转让记录之间可以互换,受让从电子可转让记录换发而来的纸质单据就有可能受到原电子可转让记录下各方当事人之间关于可靠性的约定的影响。即使明确规定不受影响,从电子可转让记录转换而来的纸质单据就与一般纸质单据的可靠性不同,这同样会导致交易秩序的混乱。因为将不仅有两种电子可转让记录,还有两种纸质可转让单据!

网络作为一种工具,应该促进公平和效率,而不是自成法外空间。如果 ETR 在一个自成空间的网络中转让,又转让到现实空间,两个空间采相同标准就更为重要。

5. 宽松立法不能促进 ETR 的使用

"功能等同法"对电子化风险有分配效力。在风险和成本的参与者只是合同各方时,"提供者当心"和"使用者当心"只涉及提供者和使用者的利益平衡。但在风险和成本的参与者已经扩大到第三人乃至全社会的公共利益时,"使用者当心"实际是将电子化的风险和成本分配给了全社会。而"全社会"不是交易的磋商者,只是被动承受,没有"当心"的机会。① 正是因为这一点,应当将电子商务的一般立法与电子可转让记录的立法截然分开。前者一般不涉及第三人,更不涉及社会公共利益。而后者却是一个涉他和涉公共利益的问题。执行"使用者当心"的政策必须对社会的风险承受能力有充分的评估。以往的"功能等同"的效果只限于当事人之间,还没有针对全社会而依靠"功能等同"就放松监管的。"纸质"的"功能等同"因而与"书面""签名"的"功能等同"性质上截然不同,不能简单照搬后者的做法。

严格说,纸质可转让单据下也有权利不单一的风险。因为纸质单据是以纸质本身的单一来确保权利的单一,而纸质单据也可能被伪造,甚至被伪造到真假难辨。不过,纸质单据的伪造风险已经被商人们普遍承认为在可接受、可控制的范围内。经过了长期、广泛的商业实践检验,纸质单据可转让才成为一个商业惯例,而惯例最终又得到成文法的确认。因此,对纸质单据的信任并非来自于立法而来自于其可被信任的品质。纸质单据可转让得到立法支持,并不是立法创造出可转让性,而是商业实践中发展出了可转让性,立

---

① 事实上,电子化的成本社会化的问题在其他电子商务活动中也有遭遇,典型的是网约车的管理。在对网约车不进行市场准入管理的情况下,有人批评,凭什么网约车平台赚钱,要全社会承担成本。

法予以确认。

如果商业模式还不能让所有参与人感到足够安全与公平，立法赋予这种模式法律地位，是强行进行了电子化风险的分配，结果既可能对当事人不公平，也可能对第三人产生不利影响，更可能影响社会公共秩序，最终也不会有利于电子化的推进。在这一点上，可转让单据电子化立法，与可转让单据的传统立法是不同的。后者是在纸质单据的可信任被商业界普遍接受后，对商业惯例的一个确认。前者则是在还没有形成商业惯例的情况下，基于立法者的认识的一种事先认定。在过去，一般是商业实践在前，法律在后。电子商务立法与以往立法不同，往往是超前的。对此的解释是，技术发展迅速，需要法律先行，以迅速摆脱法律的陈旧规定给新商业模式造成的障碍。但超前的立法，更需要极其慎重以避免适得其反。如果一味采取促进、支持的立场，可能会导致市场扭曲。

电子商务立法对电子化的风险都有分配效力，并已经发展出了一些原则制度来使这种风险分配合理有效。但与一般电子商务立法相比，ETR立法有其特殊性。虽然同为电子化立法，在书面、签名等事项上作出的"功能等同"的宽严标准，对ETR未必适用。为了促进电子商务的发展，以往的电子商务立法对"功能等同"确定标准时，往往通过"技术中立""意思自治"等方式加以宽松，留待当事人自己或司法机构灵活掌握。然而，这两条依据对ETR恰恰都不适用。因为ETR是不允许当事人意思自治和司法灵活掌握的，这由作为其本质属性的"可转让性"决定。与书面、签字等相比，可转让单据电子化的风险更有系统性。同时，ETR与纸质需要互换的特殊性，以及ETR需要全球转让的特殊性，更使其在"功能等同"标准上的灵活性受到限制。因为这些原因，需要尽量限制"功能等同"的"柔性"。因此ETR的法律不仅应该是强制性的，而且应该是尽量明确，减少司法自由裁量余地的。

意思自治的合理性建立在合同法的适用上。书面、签字都有在合同法下操作的可能性，因而其标准纳入意思自治的考虑有一定的合理性。而在国际立法的层面，特别是采取示范法的形式时，往往不仅考虑到示范法被各国采纳制定为国内法的可能性，还考虑到不被制定为国内法，但由当事人自己决定列为合同条款的可能性，因而其中保留意思自治的规定可以理解。但这些考虑在电子可转让记录的情形下都不存在。

以往的电子商务立法常常对"功能等同"采宽松标准，从而将电子化的风险分配给使用者。即使电子化的提供者和驱动者也有防止风险发生的内在动力，但却难以完全避免，而一旦风险发生，使用者遭受的损失可能就很巨大。传统用以弥补电子创新与其纸质对应物之间差异的重要手法是求助于当事人的"意思自治"，保证当事人有选择使用或不使用电子手段的自由。电子可转让记录的立法中也多尊重当事人的选择权。如韩国商法典规定，要取得托运人或租船人的同意才能签发电子提单。《鹿特丹规则》规定，签发电子可转让运输单据必须得到承运人和托运人的同意。但电子可转让记录下，即使法律赋予当事人选择不使用电子手段的自由，当事人也未必有谈判实力来享受这种自由。

"当事人同意"这个解决方案对 ETR 而言有特殊困难。在当事人之间，这种同意可能是"三非同意"。首先往往是"非主动"的同意。由于 ETR 可能经过多次转让，受让 ETR 的人是无法参加同意的。最多说是将接受 ETR 的行为推定为默示同意。而默示同意对当事人的保护不一定够。其次往往是"非知情"的同意，即受让者的同意可能是在开发者未充分披露信息的情况下，对风险不明的非知情同意。再次往往是"非自愿"的同意，是受让者在合同双方谈判地位不对等的情况下，对强势出让者的一种被动同意。因而"使用者当心"往往对 ETR 的使用者格外不公平。更重要的是，由于电子可转让记录涉及第三方，这些第三方在发生纠纷之前可能根本没有机会看到或处理任何电子单据，而当事人的同意对这些第三方毫无意义。事实上，《ETR 示范法》在制定时，在"需要征求谁的同意"这个问题上无法达成一致，最后含糊处理，回避了这个问题。

可转让单据电子化的结果，应该只是权利转让更方便可靠，而不是权利转让的内容也发生了变化。如果权利内容发生了变化，一定要让当事人充分知情并有选择是否使用网络这种新工具的充分自由。

"可转让单据"或"有价证券"作为一种法律制度，本身就是一个风险分配体系。通过一般的合同约定转让债权，债务人可以对出让人的抗辩对抗受让人，而通过可转让单据转让债权，债务人不能以对出让人的抗辩对抗受让人。因而使用可转让单据，意味着对单据转让和单据市场保护的利益看得更重，超过了债务人的个人利益。宽松立法将电子化的风险分配给 ETR 受让人，构成这种思路的一种"反转"。而这种"反转"对商人受让电子记录的意愿可能构成毁灭性打击，正面说无法形成市场，反面说有金融风险。直接后果，就是危害 ETR 的流通性，阻碍 ETR 市场的形成。而促进 ETR 流通，促成 ETR 市场的形成，恰恰是 ETR 立法最大的动力。

（五）"宽严之选"的国别因素

"功能等同"标准的严格与宽松之争贯穿电子商务立法始终，其背后隐藏的,则是对电子化风险的不同分配。电子化是有风险和成本的。采用"功能等同法"的立法,实际是个电子化的风险分配过程。不同的立法路径,效果是将风险分配给不同的人。一个好的电子商务立法,应该是将电子化的风险和成本分配得最合理,既有利于促进电子化发展,又能维护当事人之间的公平,尤其是维护弱势一方当事人的基本权利,同时维护社会公共利益。由于各国国情不同,对何为"合理"有不同判断,从而使各国对"功能等同"标准的宽严可能有不同态度。

影响各国判断的因素包括但不限于:公众对电子化风险的了解程度,本国信用制度的完善程度,本国合同法中对弱势一方的保护是否完善,本国的司法体系,本国对电子化的需求程度有多高,本国在国际贸易中的地位,本国ETR 服务商的发展水平,融资便利与金融市场稳定哪个需求更为迫切,等等。例如,有判例法的国家,更倾向于由法院制定细致的标准;没有判例法的国家,则可能希望立法制定详细、可执行的标准。一些国家市场较为成熟,有比较完善的行业自律机制,就更重视当事人意思自治;而不具备这种条件的国家就可能希望更多的外力管理。每个国家都需要在当事人和全社会两个层面对正反两方面的影响因素进行充分衡量,才能得出本国立法的合理标准。

不合理的电子化风险分配,在当事人之间会造成不公平。上升到国际层面,则会造成国与国之间的不平等。因为不同国家的经济发展水平不同,在国际商务环境中会分别成为电子化的"提供者"和"使用者"的角色。立法都希望能促进可转让单据的电子化。区别在于,有的国家认为放松标准更能促进电子化,有的国家则认为严格标准更能促进电子化。这种态度的差异受各国商业现实及有价证券立法及电子商务立法传统的影响,在其各国各有其合理性,但上升为国际规则,就有可能造成各国在国际贸易中获益或受损的不同结局。在国际立法中,"功能等同"问题就此演化成了一个以技术问题掩盖的利益之争。

由于 ETR 大量用于国际贸易,需要全球转让,一国关于 ETR 的立法仅从本国利益考虑法律标准并不可行,还必须考虑国际接受程度。以电子提单立法为例,韩国的电子提单立法是严格的典范,但从适用范围看是个失败,失败的很大原因是过严的要求影响了韩国电子提单的国际接受度。澳大利亚的电子提单立法是宽松的典范,但从适用来看也是一个失败,失败的主因是过宽的标准无法给实践提供真正的指导。二者都没有能真正建立起电子提单的国际法律环境。

八、《ETR 示范法》的成就和局限性

（一）《ETR 示范法》确立的信用共识

1. "独一无二"与"单一"的区别：从物质概念到数字概念

根据《ETR 示范法》，如果有一种可靠的方法，能识别出单一的、可被排他性控制的 ETR，则该 ETR 符合纸质的要求。

在《ETR 示范法》的第一稿草案中，就已经规定要能识别出独一的 ETR，《ETR 示范法》经过 7 年谈判，十易其稿，最后看起来不过是用一个甚至未能完全达成一致的词"单一"，取代了最初一稿中的"独一"，这样的折腾有意义吗？要回答这个问题，需要看这两个单词的区别何在。

《ETR 示范法》要求 ETR 要做到"单一"。"单一"与《电子商务示范法》中的"独一无二"要求被作了有意的区分。《ETR 示范法》的正式解释中也特别说明，并不要求 ETR 做到"独一无二"。

"独一无二"一般被理解为一种物理上的概念，即只存在唯一的一个有体物。而作为一种数据存在的电子记录似乎很难具有这样的特点。一个数字"1"和另一个数字"1"有什么不一样呢？这和曾经进行的关于"原件"的讨论有相似性。早在论及"原件"电子化的技术难题时，就有人提出：如果把"原件"界定为信息首次固定于其上的媒介物，则根本不可能谈及任何数据电文的"原件"，因为数据电文的收件人所收到的总是该"原件"的副本。①

《电子商务示范法》第 17 条对电子可转让运输记录提出"独一无二"的要求时，已经指出该法中的"独一无二"并不是在物理上的独一无二的有体物的意义上使用的。《电子商务示范法颁布指南》中特别作了如下的明确解释：数据电文应该"独一无二"的概念可能需要进一步澄清，因为它容易令人误解。一方面，所有数据电文都必然是独特唯一的，即使是复制早先的数据电文，因为每一项数据电文都是与早先传送给同一人的任何数据电文在不同时间发出的。如果数据电文是传送给一个不同的人，就更明显是独特唯一的，即使

---

① 《电子商务示范法颁布指南》，第 62 段。但是最终"原件"概念并没有被"首次固定于其上的媒介物"所羁绊住。

它是移交同一权利或义务的。然而,除了第一次移交外,所有其他移交都可能具有欺诈性。另一方面,如果将"独一无二"解释为是指一种独特唯一的数据电文或独特唯一的移交,那么在此意义上,任何数据电文都不是独特唯一的,任何通过数据电文方式的移交都不是独特唯一的。考虑到有这种误解的可能性,并且鉴于运输单据"独一无二"或"单一性"这一概念对运输法从业者和运输单据使用者来说并不陌生,联合国国际贸易法委员会决定为了第17条的目的保留提及数据电文"独一无二"和移交"独一无二"这些概念的字样,然而,它决定,《颁布指南》应当说明,应将"采用了一种可靠的方法使这种数据电文独一无二"解释为:系指采用了一种可靠的方法,来确保由一个人或以此人名义使用的意图移交其任何权利或义务的数据电文不会与由此人或以此人名义移交该权利或义务的任何其他数据电文相矛盾。①

《电子商务示范法》将"独一无二"转化为一个专门的法律概念而非简单的事实,它需要结合立法背景等进行专门解释。该法的《颁布指南》明确排除了一种解释,即将"独一无二"解释成数据电文因为本身的自然属性而独特唯一,指出"独一无二"并不要求唯一的信息和信息载体,但它没有明确正确的解释是什么。什么是"一份数据电文不会与其他数据电文相矛盾"?从《电子商务示范法》及其《颁布指南》中难以得到清晰的概念,因而《电子商务示范法》的"独一无二"要求实际是不明确的。

在《ETR示范法》讨论时,"独一无二"被作为物理上独特唯一的意思讨论,并一致被同意放弃。这里有对《电子商务示范法》的误解在内。但作为一个词语,"单一"比"独一无二"确实更好。"独一无二"更像是对一个有体物的描述,更可能使人联想到有体物在物理上的特有属性,从而指向必须存在一个本身性质独特唯一的有形的电子记录,而这样一种电子记录是否存在和可以通过网络传输尚未被技术证实。虽然即使在《电子商务示范法》中,"独一无二"实际上也并不是在这个意义上使用的。"单一"则更中性,更像一个单纯的数学概念,只强调数字,不强调实体。如果说"独一无二"更像是要求"始终只有这一个","单一"则更像是要求"始终只有一个"。如果采用了一种技术,可以使一份电子记录在创建后的任何时间点都能被识别出来,而且任何时间点都有且仅有一份能被如此识别,则该份电子记录就符合"单一"的要求。换句话说,电子可转让记录的"单一性"与纸张的"独一无二性"可以是不同的。纸张的"独一无二性"意味着从始至终只此一份,电子可转让记录的"单一性"则既可以是从始至终只此一份,也可以是从签发到注销之间的每一

---

① 《电子商务示范法颁布指南》,第117段。

时点只存在一份,而且该份可以被识别出来以起到排他的作用。它同样能保证在一人以电子可转让记录的形式转让一次该记录下的权利后,不能再以同样的电子可转让记录的形式转让同一权利。

从"独一无二"到"单一"的变化不应仅仅看做一个用词的变化,而应看做一种由技术发展引起的立法思路的明确变化。这种变化可以简单概括为信用对象"从物质到过程"的转变。"独一无二"似乎仍然在追求一种物理规则的支持;而"单一"则为数学规则的应用埋下了伏笔。《ETR示范法》只有中文版本和俄文版本中明确使用了"单一"这个词,而在英语和其他三种语种的版本中采用了"定冠词加单数名词"(The ETR)的表达方法。中文和俄文版本明确加上了"单一"的字眼,更坚定地表明了从物理规则转向数学规则的趋势。从这一点来说,中文和俄文版本要更先进。

2. "单一性"要求可以涵盖三种信用模式

"单一性"要求既可以通过物理规则,也可以通过数学规则,或是通过组织规则来保障。目前网络环境下最可能的三种信用共识基础都可以被涵盖。

《ETR示范法》要求存在一份"单一"的ETR,而且从创立到注销一直要在排他性的"控制"下。如果技术上能创造出一种独一无二的电子可转让记录并且使其可被转发、可被控制,无疑是符合这一要求的。即这一要求允许以物理规则作为信用基础。现有的权利凭证模式一般是以密码等技术保证只有一份电子记录可以被打开和处理。密码使用一次后即失效。密码使用一次即失效的特性,就可视为对"单一性"的体现。持有一份权利凭证式的ETR,在被质疑ETR效力时,只需要证明采用了一次性的密码、持有最后的密码,则ETR的法律地位已被证实。

但即使不能创造出物理上独一无二的ETR,还有别的途径可以满足这一要求。"单一性"要求中的"单一"不一定"始终是那一个",但是"始终只有一个"。如果一份新的电子记录生效是以一份旧的电子记录失效为条件的,也许就符合"始终只有一个"的要求。但这需要对旧的一份注销、新的一份产生这个过程进行监督并取得公信,而这可以通过技术的运用得到实现。理想中的区块链技术应用于ETR场景,就是由区块链的链条上所有各方来监督ETR的产生和注销过程,而区块链技术本身的科学性使这种监督具有公信力。区块链基础上的ETR是以不可篡改的公共账本记录ETR转让过程。只要将记账规则设定为只记载对某个ETR第一次进行的处理,则其后的处理都不会被记录。因而记账规则中"只记载第一次",就成为对"单一性"的体现。持一份区块链基础上的ETR主张权利时,如果被质疑ETR的效力,只需要证明采用了区块链技术和是区块链证实的 ETR，则完成了证明任务。"始终是那一份"的信用基于"那一份"本身的特质，而"始终只有一份"的信用则可能是基于保证"只有一个"的技术路线。前一种信用基础是物理规则，后一种信用可以是数学规则。

登记制的信用来源是登记处本身。登记处可信，在登记处登记的权利也就自然可信。如果登记处有足够的权威性，其负责登记的电子记录就比较容易被市场接受。使登记处具有权威性的做法可以有两种。一种做法是在法律中列明登记处必须满足的条件，如登记处的设立条件、民事责任等。满足法定条件的登记处为权威登记机构，其对 ETR 的指定即视为满足"单一性"要求。这是对登记处的直接监管。另一种做法是不直接规范登记处，而是对登记处登记的"电子可转让记录"也提出"单一性"的要求，即登记处必须保证能采用一种技术，使 ETR 只有一份。换句话说，可以通过对"单一性"的要求，实现对登记处的"权威性"的要求。"单一性"要求对登记处构成一种间接监管。事实上，现在的登记制都是由登记处指定哪份 ETR 是有效的或权威的，并没有完全不指定 ETR，直接指定权利人的。商业实践中一般的"登记制"做法都是尽量模仿纸质单据，使其电子记录在显示形式上和纸质单据完全一样，当事人也是对该电子记录进行各种处理，并相信该电子记录是唯一的，对其处理是有法律效力的。当然，是不是真的唯一，则由"登记处"的信用加以保证。因此"登记制"并不当然排斥"单一性"。"单一性"只是对"登记制"提出了额外要求。现在来看，不对登记处进行直接监管，而对登记处下的 ETR 需要达到的条件进行规定的做法更为可取，因为可以达到同样的效果而阻力更少，尤其是在国际立法中。这种形式既不用直接规范"登记处"，又可以保证"登记制"与"权利凭证式"的同等对待，而且给"登记制"这种当前商业实践中使用最多的模式指明了满足法律要求的方向和途径。

如果登记制必须满足"单一性"要求，登记处或者必须采用一种通行的技术使电子记录单一，或者必须从登记处本身的组织架构等方面证明其对电子可转让记录的指定是唯一的、可信的。登记处因而可能必须做到以下几点：第一，声明对其登记负责并确实有能力负责；第二，其所作的权利登记是对外公开可查的；第三，其声明是在全球范围内有效的。这可以通过规定登记处设立的条件以及运行的基本标准、对外责任等达到。权威性来自于对后果的承担，来自法律的约束。没有不受约束的权威性，否则必有滥用的风险，法律为其背书，就是对所有可能因法律规定而信任该登记处的人不负责。持登记制下的 ETR 主张权利，需证明：(1) 是登记的权利人；(2) 登记处可以保证其登记的 ETR 单一。

3. "单一性"要求倾向于"非中心化"信用模式

对一份单一的 ETR 的要求,表明《ETR 示范法》虽未完全排斥中心化信用模式,但更倾向于一种非中心化的信用模式。因为纯粹的中心化信用模式中信任的是登记中心,并不需要证明单一的 ETR 的存在。从性质上看,"登记制"与"权利凭证式"并不相容。"登记制"要求信任登记处的登记,"权利凭证式"则要求信任权利凭证本身。当前的一些"登记制"其实是"混合型"的,因为其模式是由登记处指出一份权利凭证,再由当事人持权利凭证主张权利。但实际上这二者不能混合也没有必要混合。如果"登记制"下的登记处可信,由登记处向义务人指出具体的权利人即可,无需再假手一份"权利凭证"。而如果"权利凭证"可信,权利人持该凭证即可向义务人主张权利,无需再由登记处证实该凭证持有人的合法身份。《ETR 示范法》明确了权利人应该信任的是"权利凭证"而非"登记处"。也就是说即使采用的是"登记制"模式,也必须有一种机制能指明存在一份单一的电子可转让记录。只要能控制该电子可转让记录,就享有该电子可转让记录下的权利。当事人是根据对该机制的信任而不仅是对登记处的信任行事。在当前商业实践中只有"登记制"取得成功的情况下,坚持对单一 ETR 的要求,表明《ETR 示范法》对非中心化信用模式的肯定和引导态度。

同时,《ETR 示范法》解释性文件中多次提及基于分布式账本的电子可转让记录管理系统①,并特别说明:"《示范法》提及电子可转让记录管理系统,并不意味着系统管理人或其他形式中央控制的存在。"②

如果说区块链为代表的非中心化解决方案是一种更有前途的解决方案,那么《ETR 示范法》为这种解决方案留足了充分的空间。

(二)《ETR 示范法》的严格性与灵活性

1.《ETR 示范法》的严格性

(1)"控制"的不足

在《ETR 示范法》谈判中,一种代表性的观点,是"控制"概念本身就足以确定出唯一的权利人,因而无需再借助于"独一无二""单一性"等其他概念。

---

① 如联合国国际贸易法委员会《电子可转让记录示范法解释性说明》,第 78 段、第 117 段。
② 联合国国际贸易法委员会《电子可转让记录示范法解释性说明》,第 197 段。

"控制"的问题在于,必须要澄清控制的对象是什么,而这在《ETR示范法》谈判中始终无法做到。这其实揭示了"控制"路径的最大问题:没有明确信任对象是什么,因而是一个不确定的功能等同标准。

如果"控制"的是"ETR",正如《ETR示范法》讨论中已经发现的,要达到权利单一,就必须要求被控制的 ETR 只有一份。如果 ETR 不止一份,控制其中一份 ETR 并不能使控制人成为唯一的权利人。

有人提出,"控制"的可以不是 ETR 的"唯一文本",而是 ETR 的"权威文本"。如果电脑系统有能力将一份"权威的"(authoritative)文本与其他文本区分开来,对该权威文本的占有就能确立对电子记录中的权利。权威文本之所以权威是因为它确立了唯一的一个权利人(a unique party as the legal owner)。但它也只是"文本"之一,因为在数字世界中,信息在计算机系统中处理时,不可避免地会被一遍又一遍地复制。在实际生活中,权威只有通过限制访问权限做到。而承认权威文本只是文本之一,这样就可以只对权威文本设置最高安全要求,如只有一个人可以转让一个文本,而其他技术人员可以调取查看。"占有一份纸质单据之所以重要,并不是因为单据值钱,而是因为一个时间只有一个人可以占有一个物质对象。为了使一份可转让记录成为权利凭证,电脑系统并非必须创造出一个物理上独一无二的电子记录。如果一个电脑系统能限制用户宣称是权利人的能力,使任何时候都不会有超过一个的人可以被识别为可转让记录的权利人,则电脑系统就复制了一份纸质可转让单据的相关特性。"①

"权威"和"有效"等词语曾经在《ETR示范法》谈判中被提出来替代"单一"这个词语,但最终被否定了,这是有道理的。"权威"或"有效"与"单一"的最大不同,是"单一"是一个客观标准,而"权威""有效"是一个主观标准。一份文本是否单一是客观的,而一份文本是否权威或有效则完全取决于电脑系统的指定。而电脑系统为什么可信呢?"权威""有效"这样的词语并不能提供答案。

还有一种观点,是直接将"控制"理解为一个抽象的权利,而不是对一个客观对象的某种事实上的权能。但这就会出现一个新的问题:该如何确定"控制"的存在?占有一张纸是以一种外观可见的方式证明权利归属,"占有"是一种物权公示的方法。"控制"如果是一种无法通过外部观察了解的情况,如何满足这种功能?"控制人"又该如何证明其对"控制"的信赖?在物权法体系下,"登记"也可以作为一种权利公示的方法,但权利登记如果要取代"占

---

① Jane K. Winn, What Is a Transferable Record and Who Cares, *Boston University Journal of Science and Technology Law*, Vol.7, Issue 2, 2001, pp. 209—210.

有",则不能仅仅是权利的登记、记载,还必须将登记记载的事实对外公开,并且可以由不特定人来查询。①

如果绕开"控制",直接跳到"控制人",即要求证明存在唯一的一个"控制人"。这个首先和将"控制"理解为抽象的权利有同样的缺点。而且,在 ETR 的语境下,规定"使用一种方法,确定唯一的一个控制人"这样的规定正确而没有意义。因为纸质可转让单据制度下,凭单据确定出一个人就是为了赋予其权利。ETR 下即使不是凭对 ETR 的控制确定出权利人,凭以确定权利人的也应该是某个具体的特质,而且这个特质应该可以被外界感知和依赖。如果要求确定出控制人而不说出这个控制人的外在特征,等于是说"确定出一个权利人,这个人就是权利人",不过是循环论证,没有任何指导意义。"唯一的"或"排他的"并不增加任何外观性,因为当唯一的对象是什么不清楚时,是否"唯一"实际上也无法判断。总之,"唯一的控制"也好,"唯一的控制人"也好,如果不说明"控制"或"控制人"的外在特征,"唯一"的要求也就无法落实,"唯一"为何可信就失去了说服力。可转让单据制度是权利的证券化,具有权利外观性的好处。如果权利无法从外部观察,将从根本上偏离可转让单据制度而不是其电子化。而且,这种做法也与不记名单证及指示单证的情况完全不符合,等于否定了不记名单证和指示单证电子化的机会,而这两种可转让单证恰是在实践中使用最多的。传统法律中为保证有价证券下"请求权单一"在签发、转让和注销环节有许多制度保障,如只能在实际接受货物后签发一份提单或只能在真实交易的情况下才能签发票据以及有"伪造有价证券罪"等,这些都是针对单据本身而为的限制措施,如果直接到"控制人",这些保障措施就失去了用武之地。

ETR 当前的技术模式主要是两种:权利凭证式和登记制。"控制"的要求被认为更符合登记制的情形。由于权利凭证式没有成功的商业实践,立法更多考虑登记制的情况无可厚非。但登记处"可信"的基础,在于对登记处本身的权威性进行监管,例如对登记处的设立条件、权利义务和法律责任等进行规定。《ETR 示范法》讨论之初即对使用登记处办法作为实现电子可转让记录功能等同的途径进行了讨论,甚至讨论了是在国家一级还是国际一级营运电子可转让记录登记处,登记处是针对可转让单据的特定类型还是包括多种类型等问题。但最后一致认为不应将登记处办法看做是实现电子可转让记录功能等同的唯一可用办法。虽然工作组普遍承认电子登记处的功用,但认为应以谨慎的态度探索这种做法。第一,现有的登记处都是针对特定需要

---

① 有意思的是,最初土地也是通过占有进行公示的,后来才转为登记制。

设立的,例如,根据《开普敦公约》设立的登记处是以处理高移动性、重大价值的设备为目的的。第二,设立和营运此种登记处的费用也必须认真加以考虑。第三,不应因采用登记处办法而损害技术中性原则。① 而且在《ETR示范法》谈判过程中,代表性的观点认为,电子可转让记录立法应该避免给商业实践制造障碍,因此,应该尽量避免采取规制性规则而应采用指导性规则。②

《ETR示范法》前几稿草案中包括有关于"第三方服务商"的规定。曾有人建议将该部分规定补充完善,例如将"第三方服务商"分为两种:为电子信息的产生、传递提供技术支持的第三方服务商和对电子可转让记录的"转让"提供证明的第三方服务商,对这两种服务商的权利义务分别加以区别,设置不同的行为标准。但这种建议没有被采纳,原因是这些规定被认为性质上是管制性的。最后基于同一原因,"第三方服务商"的规定被彻底从示范法中删除。③ 这样一来,登记制就被架空了。因为对登记制的监管,是第三人可以信赖登记处的原因。

权利凭证式和登记制这两种技术模式下,信任的对象分别是权利凭证和登记处。法律对信任进行背书,应分别要求权利凭证独一无二和登记处可信。如果既不要求权利凭证独一无二,又不要求登记处可信,ETR立法对ETR的信用背书就失去了依据。用一个语焉不详的"控制"作为"纸质"要求的功能等同规则,显然是过于含糊和宽松了。

(2)"方法"对ETR的重要性

《ETR示范法》制定之初,很快就达成了一致意见:传统法律中对"纸质"的要求主要是为了得到纸张的独一无二性;而纸张的独一无二性,主要是为了保障与纸张结合在一起的权利的单一性,或者说,是"防止多重请求权"。接下来就有人提出:"只要能防止多重请求权,就不必要求独一无二"。这种观点被广泛接受,并成为后来很多讨论的基础。

然而,"只要能防止多重请求权,就不必要求独一无二",这种说法有一个假设的前提:"独一无二"性所能实现的功能只有一个,就是防止多重请求权。而如果这个前提不成立,这个结论就是误导性的。

"独一无二"确实能防止多重请求权。但出示具有独一无二性的纸张来证明和转让权利,不仅能防止多重请求权,还是用一种简单而有效的方式来

---

① A/CN.9/737,第39段。
② 避免"规制性规则"的意见贯穿《ETR示范法》讨论始终。具体可参见关于"可靠性"标准、关于"第三方服务商"、关于"转换"程序等条文的讨论。
③ WP130增编,第68段。A/CN.9/797,第107段。

防止。"独一无二性"与"控制"的主要区别正在于此。两种规则下都要求证明权利单一,但"独一无二性"同时要求了证明权利单一和用什么方法证明;"控制"则只强调证明权利单一,并不要求证明方式。两种规则实质上是否相同,取决于证明方式本身是否具有独立的法律意义。

在纸质环境中,可转让单据"依靠一张纸证明和转让权利"这一方法不仅具有独立意义,而且意义重大。在大陆法系中,票据、提单和仓单都是有价证券。有价证券是证券的一种,其特征是权利与证券结合在一起,证券是权利的载体,证券上权利的发生、转移和行使,都以证券本身的存在为前提。没有证券,即使用其他方式证明权利,也无法行使权利。也就是说,法律要求的不仅是排除其他请求权,还必须是"用出示单据这种方法"排除其他请求权。①

法律的坚持是有原因的。在防止多重请求权这一点上,纸张的"独一无二性"有三个特性:第一,客观性。在证明谁是持有人这一点上,纸张不受主观状态影响,不会出错。不会出现两个人同时持有同一张纸的情形,这是由纸张的物理特性决定的。第二,对世性。纸张是一个物体,占有纸张是一种事实,可以向任何人主张。第三,外观性。谁持有纸张外观可见,不需要援引其他证据证明。因此,仅以"防止多重请求权"来归纳纸质单据的功能还不够准确和全面。准确的说法应该是,纸质单据的功能是:"以一种外观可见的客观方式防止多重请求权"。

确实有多种方式可以实现"防止多重请求权"这一功能。例如请求独立第三方证明权利就是一种常采用的方法。但并非所有能防止多重请求权的方式都有相同的特性。以独立第三方的证明为例,作为证明人的第三人可能出于故意或过错而提供虚假证明,因而其证明力需要其他证据支持。

可转让单据制度只允许用对纸质单据的持有来证明权利。因此,对可转让单据来说,证明权利的方式不仅是完成证明权利单一的这一"功能"的过程,也是"功能"本身的组成部分。一般性地说可转让单据法中"纸质"的要求是为了防止多重请求权,保证权利单一并没有错,但是因而推导出"只要有一种防止多重请求权的方法,就可以等同于纸质"就不对了。纸质单据作为权利单一的证明具有多个特点,而这些特点具有法律后果,因而每一个有法律意义的特点都必须作为一项独立、必备的功能加以复制。必须要求防止多重请求权的方法是客观、对世、外观地保证权利单一,才能使其做到功能等同。

传统法律对单据的"纸质"以及"纸质"基础上的各种形式要求,核心是对

---

① 如果一般情况下证券与权利是结合在一起的,但特殊情况下只需真正权利人能证明自己的权利,证券与权利也可以不结合在一起而互相分离,这就不是有价证券而只是资格证券。参见谢怀栻:《票据法概论》,法律出版社 2017 年版,第 3 页。

单据所代表的权利的变动过程进行监督。权利要"始终唯一",这是权利"可转让"的基础。而符合"纸质"以及"纸质"基础上的各种形式要求,就符合了法定的"正当程序",就是法律承认的"始终唯一",从而权利也就"可转让"。电子可转让记录立法如果要确认电子可转让记录"可转让",也需要提出电子可转让记录的"正当程序",而通过这种"正当程序",也应该实现对电子可转让记录所代表的权利的变动过程的监督。如果立法授权信任一种方法,却对这种方法的特点避而不谈,等于只完成了一半的立法任务。

"纸质"以及"纸质"基础上的各种形式要求,代表的是有体物的独一无二性所提供的信任基础。电子可转让记录立法提出的"正当程序",也必须有一个信任基础作支持。传统法律中对"纸质"的严格要求是"可转让性"的基础。电子可转让记录立法如果对"一种方法"是怎样的不加规定,即对"权利单一"的信任基础不加以明确,实际上是以损害"可转让性"为代价的。ETR 与可转让单据功能"等同"的法律效果,就是"可转让性"的取得。为此,ETR 必须实现的"功能"应该是提供一个法律认可的信用来源。对方法的描述,恰好是对法律认可的信用来源的描述。

在《ETR 示范法》讨论的最后阶段,仍有代表团主张,识别出"单一"的 ETR 是为了据以识别出单一的控制人,为什么不要求直接识别出单一的控制人?并认为"控制"概念已经足以表明识别出单一的控制人这一要求。这种主张正是忽视了识别出控制人的方法的重要性。"用一种方法识别出唯一的控制人(或权利人)"这类的规定是不确定,甚至是错误的。在可转让单据制度中,纸质的功能是以权威、对世的方法证明权利单一,因而 ETR 立法应该要求 ETR 能做到以权威、对世的方法证明权利单一。更进一步,则应明确何种方法足够"权威、对世"并且能"证明权利单一"。也许规定"应使用一种与纸质单据一样可靠的方法确定出 ETR 下的唯一控制人";或者更进一步,规定"以一种外观可见、绝对和对世的方法确定出 ETR 下的唯一控制人",可以在表面上符合"功能等同"的基本要求。但这样的规定过于抽象,难以提供商业实践中亟须的可预见性和确定性,对指导商业实践或司法实践作用非常有限。

(3)"单一"可以实现对权利变动过程的可见的监督

用"单一"来描述 ETR,首先隐含了一种共识:即网络环境下可以创造出一种可数的"ETR"。《ETR 示范法》第 10 条第 1 款第 2 项的解释指出,"定冠词加单数名词"足以排除多于一份 ETR 存在的可能性。[①] 由于 ETR 的内容

---

① 参见《ETR 示范法解释性说明》,第 96 段。

完整性不是在第 10 条第 1 款第 2 项处理的，这里排除的显然不是多于一种内容的 ETR 存在，而只能解释成多于一份实体的 ETR 存在。如果将电子记录只视为一组信息，信息是不可数名词，不会涉及单数或复数形式的选择。有单复数的选择，说明在《ETR 示范法》中，电子可转让记录是被作为可数名词使用的。

这样，电子可转让记录作为一个有形的存在，已经与无形的信息区分开来。但即使是有形的存在，电子可转让记录毕竟不是有体物，不能被实际占有，而只能被控制。而控制则可以由一个以上的人进行。因此，《ETR 示范法》要求 ETR 不仅必须是单一的，还必须是可以被排他性控制的。这样就可以确保控制 ETR 的人只有一个。

当电子可转让记录是一个可数的具体对象，"单一"和"排他"都是绝对而客观的描述。不可能存在"比较单一""在一定范围内单一"或"约定单一"的情况，也不可能存在"比较排他""在一定范围内排他"或"约定排他"的情况。为满足"单一""排他"要求，必须从技术路线、系统安全等各方面证明电子可转让记录事实上只有一个，且只能被一个人控制。这样"单一加控制"作为一个标准本身就自动具备了客观性和对世性，是一个功能等同的严格标准。

相比之下，"控制"不仅概念不明确，而且也不自然具备外观性、绝对性和对世性，因此是一个宽松标准。例如，一个登记处承诺对某种"电子可转让记录"的"控制人"进行登记和证明，也是以一种方法指出了唯一的"控制人"。但如果登记处的资格没有限制，登记的透明度等没有受到监督，这种对权利人的指认既无权威性，也无外观性，更无对世性。这样的"电子可转让记录"不可能符合"单一性"的要求，但却可能符合"控制"的要求。准确的描述功能，必须将功能中各项具有法律意义的特点都包括在内，否则就可能引致错误的结果。

从"独一无二"到"控制"，再到"单一加控制"，最重要的不是措词的变化，而是体现了对"功能等同"宽严标准的不同态度。"独一无二"是一种对"功能等同"的严格标准，而"控制"则是一种宽松标准。作为妥协产物的"单一加控制"在"功能等同"的宽严掌握上居于其中，不失灵活，但也足以成为一个严格而明确的"功能等同"要求。

当然，与一张纸的独一无二与否是肉眼可见，一般人凭日常生活经验可以判断的不同，某种技术是否能使电子记录单一，可能需要借助专业技术知识来判断。但与纸质的独一无二相同的一点是，这种判断虽然更复杂，但标准仍然是客观唯一的，是或不是都有准确答案。

有人认为，由于电子信息的"单一性"需要援引当事人之间信息交流的真实性、完整性等其他证据来证明，因此用电子信息的"单一性"来证明权利，与用其他方式来证明权利其实并无二致。① 这种观点有两个逻辑错误。

首先，电子信息本身的可靠性与保证权利单一的技术路线的可靠性是两个不同的概念。前者需要通过信息的收发及双方当事人身份认证、信息传播渠道的可靠等证实。后者需要通过技术路线本身的设计合理性来证实。援引当事人之间信息交流的真实性、完整性可以证明权利人获得权利的真实性，但不一定能证明权利的单一性。同样，即使采用了可靠的技术路线保证权利的单一性，当事人之间信息交流的真实性、完整性也未必能得到保证。在纸质环境下，提单、票据等同样面临被非法复制的欺诈危害，因此，"单一性"的电子信息也可能面临欺诈，也需要证实本身并不足以使其在功能上无法达到纸质可转让单据的标准。

其次，否认了电子环境下不同方式具有不同证明力。电子信息虽然是无体物，但仍然是一个"物"，在证明力上仍然具有"物"的证明的特性。如果技术上能创造出具有单一性属性的电子记录，那么只需要证明存在这种技术并采用了这种技术，就能证明电子可转让记录的可靠性。而某种技术是否能保证信息的单一性是一个客观事实，有明确的判断标准。而"登记制"依靠的是"人的证明"，除了必须证明登记处采用的技术路线可靠，还必须证明该登记处本身的可靠性、权威性，例如可能需要规定如何对登记机构进行资格管理；由什么机构来对登记机构颁发许可证和进行监管；登记机构的民事赔偿责任的归责原则、赔偿范围和免责事由；系统使用者的义务；与登记机构产生的纠纷的解决机制；等等。② 这种证明可以有宽严程度的区别，而且相对容易被其他证据推翻。

"单一"即使没有明确指出，但已经很清楚地暗示，使一个数据具有唯一性的数学算法可以作为电子可转让记录变动过程的信用基础和监督对象。"单一性"要求本质上是一种可以在开放系统进行的对权利变动过程的追踪和监控。这与纸质可转让单据的原理完全一致。只要流通过程是清楚的，信任就可以由此建立。

---

① Manuel Alba, Transferability in The Electronic Space at a Crossroads: Is It Really About the Document, *Creighton International and Comparative Law Journal*, Vol. 5, Issue 1, Fall 2013, pp. 1—28.

② 参见联合国国际贸易法委员会第四工作组第 118 号文件续一(A/CN.9/WG.IV/WP.118/Add.1)，第 57—60 段。

2.《ETR 示范法》的灵活性

（1）"单一加控制"的要求是技术中性的

"单一 ETR"树立了一个明确的客观标准，但没有指出达到这种标准的具体方法或技术。如前所述，不管是"权利凭证式""登记制"还是新的"区块链模式"都有可能满足这一标准。

对"单一性加控制"要求的一种主要批评意见，是"登记制"并没有必要做到"单一性"，对"登记制"提出"单一性"的要求，违反了"技术中立"原则。应该说，"单一性"要求确实不是为"登记制"量身定做的，但是，"单一性"要求并不违反"技术中立"；恰恰相反，"登记制"不做到"单一性"，就无法做到"功能等同"。在登记制下要求一个单一的 ETR 并不多余。没有一个单一的客体而直接证明权利单一，这不是"纸质单据"的功能等同，而是创造了一种新的制度。作为一种追踪权利变动的方式，"登记制"是与可转让单据制度完全不一样的一套制度，有自己不同的理论、原则和概念等。可转让单据制度的立法核心是保障单据的信用，而权利登记制度立法的核心，是建立和保障登记处的信用。登记制下，传统有价证券法中对证券应该如何记载、如何背书的形式要求全部沦为空谈。不要求"登记制"电子可转让记录指定具体的对象，又不对登记处进行严格规范，是降低了对"登记制"的功能等同要求，而且也直接违背了"技术中性"原则，因为"权利凭证式"在保证"单一性"方面很难降低标准，一个"权利凭证"或者是单一的，或者不是，不可能是"比较单一""对某些人单一"的。

"功能等同"比"技术中立"更重要，技术中立应该是在满足功能等同的基础上才追求的。"技术中立"通常被作为"技术特定"的反面在使用。然而，在"功能等同"的前提下，"技术特定"不一定就违反"技术中立"。"单一加控制"的要求实际上对技术模式提出了一定要求，因而也可以视为是一种"技术特定"式的立法。因为真正的登记制实际是不关心 ETR 是否单一，而只关心记录是否准确和权威的，因此要求 ETR 单一，实际上对登记制提出了额外的要求，对登记制的技术路径进行了限制。但是这里的技术特定是为了"功能等同"所必需的，如果特定技术路线或技术模式是实现某种功能所必需，则对这种技术路线的要求应该归入"功能"的描述而不应视为对"技术"的限制。纸质可转让单据是以单一的纸张保证权利单一。这种方法是唯一、法定的。纸的"单一"的特点：绝对性、外观性和对世性是功能本身的组成部分，在绝对性、外观性或对世性上的任何差异，都可能导致最终功能并不完全等同。"能识别出单一的一份ETR",这是一个功能,而不是一种技术。因而不应认为是对"技术中立"原则的违反。"技术中立"更多是指不歧视任何"信息技术"而不是不歧视任何"技术路径"。用来保证ETR"单一"的信息技术可以是多种多样的,如密码技术、区块链技术,甚至是登记,《ETR示范法》并未描述使ETR"单一"的具体技术。它只对技术需要达成的目标进行了限定,对技术本身如何实现没有进行规定,从而留下了相当大的灵活度。

使电子记录"在创建后的任何时间点都能被识别出来,而且任何时间点都只有一份能被如此识别",在技术上是完全可行的。作为识别依据的特殊属性是什么,也完全可以是公开的和客观的。从这个意义上说,ETR立法打开了一道通往未来的门,但并未提供一个具体的方法或模式,而是留待将来的实践去完成。它只是为最有可能的信用共识机制指明了方向和打开了通道。现在已有的各种商业模式,可以在ETR立法的指引下去完善。

(2)"可靠的方法"给司法衡量一定空间

在《ETR示范法》中,第10条和第11条的作用是列明必须达到的客观标准,而第12条规定的"可靠的方法"是一种主观标准。由于要求有单一的ETR,《ETR示范法》保留了必要的外观性要求。但与作为物理概念的"独一无二"不同,作为数学概念的"单一"并非一望而知。《ETR示范法》并没有指出使ETR"单一"的方法是什么,而是只要是一种"可靠的方法"就可以。"可靠的"是一个有解释空间的要求。"可靠的"需要确定谁可靠,以及何时、多大程度上可靠。而且随着技术路线或商业模式的不断改进,"可靠的方法"的判断标准也可随着改变。这为"单一性"和"控制"的要求增加了灵活性。当然,这种灵活性多大,也有讨论空间。

一种观点是,《ETR示范法》第12条列明了使ETR"单一"或能被"控制"的方法必须满足的条件,如果一种方法满足法律中列明的条件,即使一份电子记录实际上并不单一,或并不能实现"控制",也能取得ETR的地位。然而,这种解读并不足取。从立法目的来看,可转让单据制度中,"请求权单一"是一个绝对性的要求。因为法律不可能凭空制造出额外的货物或货款,因而ETR立法也绝不可能规定不能保证"请求权单一"的电子记录仍然是电子可转让记录。从第12条的文字上分析,方法的"可靠"与否需要针对其欲实现的"功能"来判断,而纸质的功能是作为一种绝对的、对世的权利单一保证。一种方法不能实现单一性保证,自然就不是可靠的。因而不可能出现"不单一"但"可靠"的情形,也没有所谓的"事实上不可靠,但法律上可靠"。当一种方法符合法律列举的"可靠"的条件,而实际操作中这种方法发生了问题,变成不可靠了,那么这个方法在法律上还是不可靠的。ETR 实际是唯一的,方法自然就是可靠的;ETR 不唯一,则方法自然是不可靠的。

那么,"一种可靠的方法"到底起什么作用呢? 更合理的解释是,"一种可靠的方法"并不会改变"单一"和"控制"的绝对性,但明确了证明"单一"或"控制"的举证责任。如果一方想主张一份电子记录具有"电子可转让记录"的法律地位,首先需要举证证明其采用的使电子记录"单一"并可被"控制"的"方法"符合第 12 条列明的使一种方法"可靠"的条件。然后,举证责任就转移到否认 ETR 地位的一方。该方必须证明不符合第 12 条的一条或多条要求,或者直接举证证明 ETR 不单一,或不能被排他性控制,才能否定该电子记录"电子可转让记录"的法律地位。由于判断是否可靠的条件包括多项各自权重并不明确的因素,而且要完成的"功能"是什么,该功能需要的"可靠"是怎样的,都需要进行主观判断,法院因而有一定的自由裁量权。

《ETR 示范法》关于"可靠的方法"的规定同样是多轮谈判后妥协的产物。对如何确定某方法是否可靠,曾经讨论过三种立法途径,即所谓的"安全港规则""强制最低要求规则"和"要素指导规则"。① "安全港规则"举例说明哪些行为或方法可视为符合标准,但其列举是开放式的,即列举的方法是"安全"的,但不在列举范围内的其他方法也可能视为符合标准。"强制最低要求规则"直接规定哪些行为符合标准,例如,"凡防止擅自进入和使用并确保电子可转让记录的数据完整性的方法为可靠方法",这是法定的最低要求,凡是不符合要求的方法都不是可靠方法。"要素指导规则"并不直接规定何为符合标准,但列举若干确定是否符合标准时可考虑的因素,例如,确定何为可靠方法时,应考虑数据完整性的保证、防止擅自进入和使用系统的能力、硬件和软件系统的质量、独立机构进行审计的经常性和范围等。最后《ETR 示范法》采用的是要素指导规则,这给法院留下了比较大的自由裁量空间。

在《电子商务示范法》和《电子通信公约》中并没有关于"可靠性"的规定。《电子签名示范法》中有"一种可靠的方法"的规定,而且该规定正是《ETR 示范法》中相关规定的灵感来源,但二者有根本性区别。首先,《电子签名示范法》第 10 条规定了"可靠性",同时还明确规定了信赖方,系指可能根据某一证书或电子签字行事的人,因而其"可靠"与否是针对"信赖方"而言的。《ETR 示范法》中则没有规定"信赖方"。而"信赖方"的范围大小,可能影响"可靠"与否的判定。举例说明。当一个登记处与一方签约为后者提供权利登记服务,并且承诺在登记发生错误时对该方进行充分赔偿,对签约者而言,

---

① 参见 A/CN.9/WG.IV/WP.128,第 14 段、第 15 段。

登记处的这种方法可能就是可靠的。但登记处的赔偿承诺并不及于第三人，因而对其后接受 ETR 的人或其他第三人而言，这种方法可能就是不可靠的。从原理上说，对一份 ETR 的信赖可能来自任何第三方，因而《ETR 示范法》的"可靠"是对所有人或全社会而言的。《ETR 示范法》并未明确要求方法可靠的要素公开，但根据其"信赖方"的特点，公开应该是应有之义。如系统的营运规则、硬件和软件质量等，应向社会公开说明，使一般人得以依据法律列举的因素判断方法的可靠性。其次，《电子签名示范法》第 10 条清楚表明，其列举的因素是判断"验证服务商使用的任何系统、程序和人力资源是否可靠以及在何种程度上可靠时"考虑的。而《ETR 示范法》第 12 条列明的因素虽然与其相似，但考察的对象却是方法的而非系统的可靠性。系统可靠与方法可靠是两个概念。存在系统可靠，但系统采用的方法并不可靠的情况。举例说明，一个电子提单系统允许在未销毁前一份电子提单的情况下仅凭承运人的通知就签发新的电子提单。这种技术路线的设计对保证权利单一显然是不可靠的，但这个系统本身可能不能被随意进入，有检查监督机构，是可靠的。最后，《ETR 示范法》第 12 条规定的"可靠"的标准并不是专门针对使 ETR 单一或可被控制的方法，而是针对《ETR 示范法》中所有提到"可靠的方法"的条文的。这些"可靠的方法"有些是关于完整性的，有些是关于其他的，因此其范围比《电子商务示范法》第 10 条宽很多。

《ETR 示范法》并没有规定以"一种可靠的方法"识别 ETR 的时间是什么时候，是电子记录签发时、转让时，还是纠纷产生时，甚至是诉讼时？也没有规定识别的人群范围，是可被签发者识别、受让人识别或某个系统识别，还是所有人识别？也没有规定识别的手段和途径。这些都需要根据《ETR 示范法》的立法目的进行解释。

（三）《ETR 示范法》对商业实践的意义

1. 关于 ETR 立法时机的争论

虽然商业实践中已经出现各种各样的"电子提单""电子票据"，但一个尴尬的现实是，商业实践中其实还没有出现真正意义上与纸质可转让单据"功能等同"的电子可转让记录。在可转让的范围上，这些电子化产品与它们的纸质对应物都大相径庭。有些是局限于一个合同搭建的封闭小圈子，有些是局限于一国境内，真正实现全球自由流通的几乎没有。即使是公认比较成功的 BOLERO、ESS 电子提单以及中国的电子汇票等，也都不能进行全球转让。在这种情况下,真的需要一个 ETR 立法吗？事实上对此是有不同看法的。一种观点认为,由于 ETR 商业实践开展得并不顺利,在 ETR 还未出现或起码使用很少的情况下,开展对 ETR 的立法为时过早。另一种观点认为,ETR 商业实践开展得并不顺利,主因在于 ETR 法律地位不明确,只有对 ETR 进行立法,才能促使 ETR 商业实践的顺利开展。这似乎是一个"先有鸡还是先有蛋"的问题。

在美国讨论修改 UCC 第 3 条时,一种代表性的意见是,在无法证明市场对"可转让记录"(transferable record)这个概念完全接受以及面临金融市场监管者和消费者保护倡导者的反对的情况下,就尝试对可转让记录进行一个完整的立法是不成熟和缺乏远见的。① 而且,如果与书面、签字的法律相比会发现,书面、签字的电子化立法是在电子文件、电子签字等使用后遇到了法律障碍才开始的。如有美国法院曾判决当法律明确要求文件以书面形式出具和快递方式传递,一份传真是不符合法律要求的。② 但可转让记录在使用中似乎并未因"单一性"的问题而被法院否认效力。

英国 1992 年《海上货物运输法》中对电子提单有规定,但只是原则性的承认。早在 2001 年,英国法律委员会就对电子提单的立法需求进行了一次全面调查研究。但该委员会研究后得出的结论是,由于"电子提单"必须是物权凭证,而当前实践中采用的"电子提单"没有任何一种具备物权凭证的功能。因此,实际上并没有真正与纸质提单功能等同的电子提单。实践中采用的所谓"电子提单"都是在合同基础上运行的,以合同法已经足以规范,因而没有必要立即进行电子提单的国内立法。当真正的电子提单被创造出来时,也许才需要对法律进行修改。③ 但也有反对者认为,电子可转让记录不具备纸质可转让单据的全部功能,并不足以使立法裹足不前。只有先立法承认电子可转让记录,实践中才可能出现真正与纸质可转让单据功能等同的电子可转让记录。④ 由于主流的英国学者似乎都认为,为电子提单、电子票据等进行专门立法的时机尚未成熟,因此英国虽然也参加了《ETR 示范法》的制定,但态度并不积极,很少发表意见。

---

① Jane K. Winn, What Is A Transferable Record and Who Cares, *Boston University Journal of Science and Technology Law*, Vol. 7, Issue 2, 2001, p. 206.
② Dep't of Transp. v. Norris, 474 S. E. 2d 216, 218 (Ga. Ct. App. 1996).
③ See Law Commission, Electronic Commerce: Formal Requirements in Commercial Transactions, Advice from the Law Commission, December 2001, para. 4.10, at http://www.lawcom.gov.uk., Sept. 30, 2014.
④ See Miriam Goldby, Legislating to Facilitate the Use of Electronic Transferable Records: A Case Study Reforming the Law to Facilitate the Use of Electronic Bill of Lading in the United Kingdom.

《ETR 示范法》制定时，也遭遇了关于立法必要性的质疑。有代表团认为，由于电子可转让记录方面并没有发现任何问题，因而不需要开展任何工作。有些国家与本国利益相关者进行的协商表明，不存在在电子可转让记录方面造成问题的任何情况。有与会者建议，由于在使用电子可转移记录方面并不存在任何法律障碍，工作组应当审议例如为身份管理拟定规定等其他工作。有与会者指出，在电子可转让单证的使用方面没有法律障碍。但也有代表团认为，对于不然就无法使用电子可转让记录的人来说，这类工作能够给他们带来实际的经济利益。对此，有与会者指出，建立有利的法律环境会让使用者对电子可转让记录的地位产生信心，从而推广这些单证的使用。有与会者补充说，在某些领域，可转让单据只能在法律规定允许的情况下使用，一种做法的发展会因为缺乏这类规定而受到阻碍。最后认为，一些国家国内立法的存在表明有这方面立法的需求，尤其是在跨境贸易如提单的情况下需求更加明显。①

2. 引导、促进 ETR 发展

(1) 电子商务立法的超前性

讨论 ETR 立法时机时，不应忽略立法可能具有超前性这一事实。

法律是社会关系的调整器，根据法律与其调整的社会关系之间的关系，立法可以分为超前立法、同步立法和滞后立法。超前立法并不要求其规范的对象已经普遍存在，而只要求并非主观臆想的客观现实的必然趋势存在，立法的动因正是为了促成这种趋势。超前立法在方法上并非将既有的原则和规则上升为法律，而是创设和确立某种新的规范。超前立法的目的并非维护现有秩序，解决现有纠纷，而是指导将来的实践，促成新的秩序建立。超前立法的功能主要在于形成和导向功能。超前立法的价值在于可以缩短调整对象无序化的过程，使调整对象一开始就处于有序状态。超前立法以导向性规范为主，而不是以禁止性和限制性规范为主。规范表达趋于原则，而避免容量过大，过于具体，以免失之偏颇，限制新技术发展。

从 ETR 来看，可以支撑起与纸质单据同样的可转让性的网络信用，应该是绝对的、对世的。当前可能还不具备这样的信用。但从当前的技术手段看，在网络环境下复制纸质单据提供的信用的各种特点，如权威性、对世性，甚至非中心化，都是可以解决的。一些解决方案可能还不够成熟，但作为一种发展方向，其成功已经完全可以预见。因此，将《ETR 示范法》视为一种超

---

① A/CN.9/737,第 45—48 段。

前立法，可能才更符合它的性质。

超前性是电子商务领域立法的一个共同特点。电子商务产业是一个实践先行的产业类型。对电子商务产业的立法是在发展中进行规范的。电子合同、电子签名等的立法都有超前性，也都促进了电子合同、电子签名的使用。电子商务产业的法律化定位对国与国之间的贸易具有特别重要的意义，亦有利于多边、双边自由贸易谈判的开展。

(2) 超前立法并不创造可转让性

现在进入商业实践阶段的所谓"电子提单""电子票据""电子仓单"都不是提单、票据、仓单的电子化对应物，与纸质单据在功能上存在差距，对这一点其实许多人都是默认的。可转让单据电子化立法的核心在于如何替换传统法律中"纸质"的要求。对"纸质"作为凭证主要在于保障权利单一这一点，基本已经达成一致。应该要求电子手段也能实现同样功能，这一点也已基本达成一致。难点在于，如何表述要求电子手段实现"纸质"的"同样功能"。各种现有国内、国际立法，包括联合国的《电子商务示范法》，各自给出了对这个问题的解答。但看起来似乎都没有特别令人满意的答案。《ETR示范法》最后更似乎演变成了一场翻译大战。真的是没有一个各国语言都能准确表述的词语，以至于只能搞出一个"只可意会不可言传"的妥协产物吗？显然不是。真正的困难并不在于如何表述，而在于如何对待商业实践其实并未实现"功能等同"这个现实。ETR立法的难点就在于：一方面，严格的单一性要求担心做不到；另一方面，任何不要求单一性的立法都是要流氓。可能有一个既能守住底线，又不妨碍甚至能促进商业实践的立法方案吗？答案可能就在于如何看待立法的定位和价值。

一种支持现阶段立法的观点是希望降低信用共识的标准，从而为ETR创造出可转让性。然而与这种希望相反，超前立法既不应该，也不能够创造出可转让性。可转让性依赖于信用共识，而信用共识并不来源于立法。如果立法就可以创造信用共识，那发展ETR就太容易了，只需要制定一部法律就一切都解决了。实际情况是，信用共识不能通过宽松立法构建。如果网络环境下无法找到一个与纸质单据一样的具有"单一性"的信用保障工具，就无法出现与纸质单据一样可在全球市场流通的电子可转让记录。即使全球的法律都放松标准，市场仍然不会接受这样的电子可转让记录。

可转让性的存在与可转让单据立法孰先孰后？答案应该是清楚的。纸质可转让提单成为物权凭证，是因为其价值在商业实践中获得了商人们普遍的承认。提单法只是确认纸质提单的价值，而不是为纸质提单额外创设了价值。因此纸质提单的可转让性并非来自于立法。那么电子提单情况下有什么不同呢？即使立法规定电子提单等同于提单，如果商人们不愿意接受这种电子提单，则其仍然无法获得市场，从而无法获得可转让性。因此，与传统可转让单据的法律只是确认而不是创造出单据的可转让性一样，对纸质可转让单据电子化的立法也应该是确认而非创造出电子可转让记录的可转让性。立法可以规定电子可转让记录具有与可转让的纸质单据同样的法律地位，但不可能为不具备可转让性的电子记录创设出可转让性。这方面，澳大利亚电子提单立法可视为一个反面典型。虽然澳大利亚的立法早早就为电子提单的合法性进行了背书，但澳大利亚的电子提单并没有因此而在市场上大规模推广开来。

ETR立法性质上属于有价证券法。有价证券法的作用是向全社会背书有价证券的可靠性。这种背书并非任性而为，而必须以事实为基础。当纸张的单一性得到社会公认时，传统有价证券法对这种公认加以法律效力，承认一张纸可以代表一项权利进行转让，从而使有价证券可以在全社会流通。而当电子记录用以保证权利单一的机制还不能得到社会公认时，立法对其效力进行背书就会使自己陷入窘境。因为法律并没有能力创造出两个相同的货物。严格的"单一性"是"可转让性"的事实基础。证明权利单一的方法如果缺少权威性，直接的后果是损害可转让性。而对这个问题，并不能指望通过立法放松对信用的要求来弥补。因为当事人希望得到的是款项或货物，而不是一场又一场的诉讼，即使是肯定能胜诉的诉讼。放松的立法以"功能等同"为立法原则，而实际上又公然不要求功能等同，结果不仅会造成电子可转让记录的当事人之间的不公平及不同电子手段之间的不公平，还会反过来干扰纸质可转让单据的正常秩序。

电子化的进程应该顺其自然，由市场选择。当信任还没有建立时，授权信任某种电子化手段又不对信任者提供充分保护是不公平的。因而降低"可靠性"的标准，将使ETR立法成为错误的立法。

(3) 鼓励、引导和促进ETR发展

如果不能创造出可转让性，当前对ETR进行立法还有什么必要呢？

其一，超前立法可以营造一个稳定的预期，从而为商业实践注入信心。在法律明确宣布不歧视电子可转让记录后，"可转让单据是不可能电子化的"这种悲观想法将会被遏制，业界将会把关注重点转移到如何使可转让单据电子化并投入更多的人力、物力，从而加快电子化的发展步伐。

《ETR示范法》尽量避免了触碰现有法律中的复杂问题，如"转让"与"流通"的关系及提单或仓单代表的是物权还是债权等,而是抓住电子化的要害,将重心集中在电子记录如何实现纸质单据的"独一无二"的功能这一点上,并达成了基本一致的看法。《ETR 示范法》的通过,表明国际范围内起码实现了对电子可转让记录"不歧视"的态度统一。这一成就将对这一领域的电子化注入信心,对营造一个促进 ETR 使用的法律环境有利,从而将促进国际贸易的电子化。这样的立法当然是有比没有好。

其二,超前立法可以设定一个明确的目标,使实务界明白努力的方向。在这个目标指引下,已有的商业实践可以有针对性地进行自我调整,而新的商业模式也可以有针对性地进行设计和运作。

当前 ETR 发展陷入困境,最重要的一个原因在于其不能自由流通。ETR 的自由流通必须建立在信用共识基础上。然而,网络环境下哪种信用机制可以实现与纸质单据的信用机制等效,现阶段实际上是不够清楚的。法律认可的信用共识是什么?是某个机构的保证,还是某种数学规则,或者是其他可供信任的对象?只有这个东西在法律中明确,才能因立法而促进流通。ETR 立法之"超前",就体现在必须对一个"未来的信用来源"进行一次"现在的法律确认"。立法者只能通过原理分析,预测网络环境下"功能等同"的信用机制必须具备哪些基本特点,而这种预测要做到准确、完整,难度自然不小。

由于当前实践中网络环境下实际上存在三种可能的信用模式,而且还没有哪种信用模式真正取得全球性的共识,《ETR 示范法》实际上有多种选择的可能性。它可以选择降低信用级别的要求,从而使网络世界和纸质世界的信用共识不同;也可以选择只提出一个含糊的标准,从而将问题留到司法阶段;还可以选择基于某种现有的信用模式,如基于普遍认为最有前途的"登记制"立法。但《ETR 示范法》最后没有选择以上路径,而是确定了"单一性"加"控制"作为"功能等同"的基本要求。这一要求严格而又明确,但同时又为三种信用模式都留下了发展的空间。在这一要求下,不管是权利凭证式、登记式、区块链式还是其他模式,系统设计的重点都会致力于指出单一 ETR。而使 ETR"单一"的不管是机构还是技术,都将受到市场的检验,只有被普遍承认足够可信的才会被接受。而被普遍承认的"单一 ETR"将可以形成一个市场,这个市场与纸质单据的市场是相通的。如果纸质单据是在国内市场自由流转,ETR 也就可以在国内市场自由流转;如果纸质单据是在国际市场自由流转,ETR 就可以在国际市场自由流转。也就是说,严格的"单一性"要求将促进对 ETR 的信任,从而促进其商业推广。

通过对"单一 ETR"的要求,《ETR 示范法》设想了一种以数学规则代替物理规则，在网络世界中提供信用共识的可能性。这就为 ETR 的全球转让提供了一个可能的信任基础和法律框架，将有利于构建一个统一的电子可转让记录的国际市场。特别是如果能在国际法的框架下促成一个电子记录单一性信用来源的非中心化解决方式，将非常有利于 ETR 使用的有序开展。《ETR 示范法》的这一成就，超过了任何现有的 ETR 国际或国内立法。对信用共识的探索，成为《ETR 示范法》最重要的贡献。

立法对"请求权单一"这一保证的要求不容降低。如果说现实的网络世界中还不存在这样的信用来源，明确提出信用级别要求的严格立法起码可以树立一个标准，一个努力方向。单据的自由转让建立在完全信任的基础上，完全信任建立在严格的法律要求上。承认电子可转让记录的法律地位而不对何为"电子可转让记录"提出明确严格的要求，搭建的只是空中楼阁。一种理想的可转让单据电子化的方案，应该全面复制可转让单据的所有功能；一种理想的可转让单据电子化立法，应该将电子记录全面复制可转让单据的所有功能作为其取得可转让单据法律地位的一项严格要求。这样的立法在现阶段看可能对"可转让性"不足的"电子可转让记录"的商业推广形成阻力，但长远看，只有这样的立法才能促成真正的"电子可转让记录"出现，并实现国际层面的自由转让。

其三，超前立法可以明确风险分担。由于法律责任明确，商人可以通过商业保险等方式分散电子化过程中的风险，从而可以吸引更多的资金投入。

由于现实需要，ETR 的商业探索已经在进行。而为了市场推广的需要，已经开始的商业运作一般都讳言有何法律障碍。如 BOLERO 和 ESS 这两大国际电子提单平台都认为其在各国运行并没有遭遇任何法律障碍，然而，法律风险实际是存在的。即使像中国电子汇票这样直接由央行以行政法规的形式确认法律效力，仍然有行政法规不合法的法律风险。在没有明确的法律规定时，法律风险有多大，当事人很难事先估算。这使谨慎的商业企业并不敢大规模采用 ETR。《ETR 示范法》的通过，除了使商人对 ETR 的合法性具有了信心，也使商人对哪种 ETR 才能合法，以及如果不合法有何种法律后果有了合理预期。商人可以基于这种预期，进行投入产出的预估，并通过商业保险来合理分散风险。从这个角度来说，立法是"授权与支持性的"还是"约束与指引性的"，事实上并不是严格对立的。严格的立法看起来是"约束与指引性的"，但由于明确了风险划分，实际上会起到"授权与支持的"效果。

ETR 立法的目的不应该是赋予 ETR 可转让性，而是确认其可转让性。如果实践中还不具备可转让性，立法只是指明如何才能具有法律承认的可转让性。超前立法的目的，是为技术和商业的发展指明方向，"法律提要求，技术去实现"。法律协助技术发展而不是约束技术发展，这是法律与技术的一次合作。作为一部超前立法，《ETR 示范法》确立了一种可靠又可行的信用共识，将电子化的风险尽可能分配给了发起方和服务商，可为 ETR 发展注入信心。没有立法，电子记录"可转让性"的形成未必不会成功，但将非常缓慢。

ETR 立法的主要任务，是为一种网络环境下的信用共识提供法律背书，使其获得法律保护的公信力。《ETR 示范法》对这种信用共识的表述方法，是"控制"加"单一 ETR"，这种表述以一种严格而不失灵活的方法，为一种可信、可行、非中心化的信用共识机制奠定了法律基础。控制"单一"ETR 足以使人对 ETR 下权利的转让过程产生信心，从而使 ETR 有可能与纸质可转让单据一样自由流转。

3. 规范当前商业实践

（1）商业实践不一定公平合理

《ETR 示范法》立法的初衷，是促进商业中推广使用电子可转让记录。[①]

商业实践中已经在使用一些"电子提单""电子票据"和"电子仓单"，而且一般都采用的是"登记制"，由各种"登记处"提供服务。这些"登记处"为推广业务，有很迫切的愿望得到法律的背书。但现有的各种"登记处"一般都没有特意证明，可能事实上也没有办法证明其系统下能保证只有"单一的"、可被"控制"的 ETR 存在。这就意味着《ETR 示范法》不仅不会承认，反而可能否定商业实践中已经在使用的各种"电子可转让记录"作为"可转让单据"的法律地位。这不仅可能很大程度上影响登记制下提供登记处服务的平台服务商的商业发展甚至生存机会，而且一个以推进电子可转让记录的使用为目的的立法，以否认当前商业实践中的多数"电子可转让记录"的合法地位为结束，这种局面看起来也不免有些尴尬，似乎有违立法初衷。相反，如果《ETR 示范法》按照宽松标准立法，则当前的各种"电子可转让记录"可以立即获得法定身份，有利于促进其采用，对现有的各种电子平台服务商是一个很大的利好。

然而，并不是所有现行的"商业实践"都应该推广，也不是所有的"电子化"努力都值得鼓励。举例说明，中国有一些电子交易平台利用掌握的客户信息，对客户进行分类处理，比如一名客户历史投诉率低于 10%，就被分类为对假货有高容忍度的客户，平台以后就更倾向于向这类客户发假货。这样

[①] 如工作组很早就指出："这方面的讨论不仅要包括 ETR 未来可能的用途，而且还要涉及现在的实务。"见 A/CN.9/737，第 15 段。

的实践也是"电子化"的后果,但不仅不需要立法促进,还应该立法纠正。需要立法促进的"商业实践"应该是有限定词的,是指公平合理的商业实践。

(2) 让合同的回归合同法

现有的登记制电子可转让记录根据登记处的性质不同可以分为两种。一种是依国家法律建立的登记处,一种是根据合同约定建立的登记处。依法建立的登记处,其登记的电子可转让记录的地位已经得到法律确认,所以不存在还需要立法支持的问题。需要立法支持的,主要是根据合同约定建立的登记处。一种普遍接受的观点是,在合同各方组成的"封闭系统"里,电子记录是否能取代传统可转让单据,各方已经有明确约定,这种约定起码在"封闭系统"里是有效的,法律承认依约定创设的"电子可转让记录"的法律地位并无不妥。所以在《ETR 示范法》制定过程中,不断有人提及,登记处一般是通过合同与用户建立关系,如果用户自己同意使用某登记处的"电子可转让记录",为什么不能承认这样的"电子可转让记录"的法律地位呢?

但是,即使在合同关系中,"合同自由"也不是唯一的原则。在一些情况下需要对合同自由进行立法干预是现代各国合同法都普遍承认的基本原则。同意使用的基础是合同,因而当事人是否同意,同意了什么,都需要在合同法的框架下加以审视。而 ETR 法律地位的基础是立法。如果立法仅以"同意"为依据确定 ETR 的法律地位,实际是干扰了合同法的适用,相当于在当事人之间博弈时拉了偏架。

在合同法下,"封闭系统"的"电子可转让记录"起码有两个需要接受检验的地方。

一是"虚假陈述"问题。在合同法下,同意必须真实,反对一方误导另一方。"虚假陈述"是合同无效的理由。当法律还未规定电子提单等同于纸质提单,一些商业平台就宣称其电子提单与纸质提单法律地位完全相同,或宣称可以通过合同安排实现与法律规定相同的效果,这都是不正确的。

二是合同法对"格式合同"的规制。在当前的一些自称为"ETR"的交易中,第三方服务商提供服务,收取费用,安排合同,但却在合同中明确规定自己不是电子记录的签发人,不是权利单一的保证人,不承担任何义务和责任。这样的合同条款使用者可能没有能力反对,却未必是真心同意接受。法律不应简单地对这种条款的效力加以保护,而应留待当事人自行决定,由市场自由选择。这些合同安排的合理性应该留待合同法的一般原则制度去检验。

确实有可能,当用户同意与登记处签订合同时,已经明白其使用的"电子可转让记录"与纸质可转让单据并不完全相同,同时登记处也并未利用其优势的谈判地位在"格式合同"中增加不公平合同条款，用户出于真实的意愿使用这种"电子可转让记录"，不涉及"虚假陈述"或"格式合同"的问题。如果是这种情况，就必须遵守合同解释原则。合同解释首要的任务是从合同用语判断当事人的真实意图并据此确定当事人之间的权利义务关系。如果合同双方确实都明白这里的"电子可转让记录"名义上等同于可转让单据，而实际上不是可转让单据，并在合同权利义务安排上作了与可转让单据关系不同的安排，则应该按合同安排而不是法律关于可转让单据的规定来确定当事人之间的权利义务内容。

这时候可以说有两种"电子可转让记录"：一种是当事人自愿使用的但事实上与纸质单据并不"功能等同"的"电子可转让记录"，一种是真正与纸质单据"功能等同"的"电子可转让记录"。立法有两种选项：一是指出两种"电子可转让记录"在性质上的不同，并以不同的方法对其进行调整；二是将两种"电子可转让记录"混为一谈，以相同的方法对其进行调整。显然，第一种方法才是合理选项。两种"电子可转让记录"不能相互替代，应按各自的逻辑运行，受各自的法律调整。法律要求纸质可转让单据时，可用电子可转让记录替代。因而不符合严格的法律要求的所谓"电子可转让记录"不能替代纸质可转让单据。但如果当事人自愿选择不具备法定资格的"电子可转让记录"，他们可以根据自己约定的合同条件自由使用。这种"电子可转让记录"下的权利义务完全根据合同条款决定，受合同法一般规定的约束。

只要是可转让单据，就有涉他和涉社会的效力。只要是 ETR，也应该同样有涉他和涉社会的效力，否则就是名同而实不同。传统电子商务立法中"双层模式"的可靠标准在 ETR 中没有适用的空间，因为传统法律中对一份单据是否是可转让单据没有给当事人留下选择的余地，在 ETR 立法中也不该给当事人留下这样的选择余地。从合同式的 ETR 到法定 ETR 的距离，就是"只约束合同当事人"到"涉他效力"之间，或者说"封闭式的"到"开放式的" ETR 之间的距离。严格立法事实上是明确区分出两种"电子可转让记录"，让合同的归合同，法律的归法律。而宽松立法否定了对合同式的 ETR 以合同法进行调整的可能性，对当事人本身也是不公平的。

（3）提供者承担电子化风险更有利于 ETR 的发展

不承认某种电子记录具有"电子可转让记录"的合法地位，与不承认其合法性是两回事。严格立法只是使部分所谓的"电子可转让记录"不能获得其欲对应的纸质可转让单据的同等法律地位，但并不否认其合法性。由于严格标准往往意味着在模式设计和电脑系统安全性等方面的更高要求，需要更多投入，当事人如果愿意以较低成本换取较低可转让性的电子记录，例如接受商业机构充当登记处的登记制电子记录，这是一种合理的商业安排。严格立法不应该也不会对这种商业安排形成任何障碍。法律并不强制当事人使用提单、仓单或票据。这些单据的使用本来就是当事人自愿选择的。法律当然也不应强制当事人使用电子提单、电子仓单或电子票据。法律从来不是合同式的 ETR 的障碍。不能取得与纸质可转让单据"等同"的法律地位，并不会使当事人处于无法使用该种电子记录的境地。严格立法只是不允许将不符合法定条件的电子记录称为"电子可转让记录"，以避免误导当事人甚至全社会。

立法是否有助于促进电子可转让记录的使用，与该如何立法促进其使用是两个问题。可转让单据电子化要实现的不仅是通过电子手段转移权利，而且是要通过电子手段实现"加强版"的权利转移。由于这一立法的效果是使电子可转让记录产生涉他效力和涉社会的效力，不对第三方、社会产生不良影响应该是立法的基本条件。而这就要求电子可转让记录下的请求权必须单一，因为只有请求权单一，才能保持电子可转让记录的权利人与第三人、社会之间的权利义务关系保持不变。而电子可转让记录作为一种商业手段，其使用和发展不应该以牺牲第三人甚至全社会的利益作为代价。从这个意义上说，电子可转让记录的立法其实是为第三人和全社会制定，而并非为电子可转让记录的签发者和使用者制定。采用"功能等同"法立法，目的是将 ETR 与可转让单据的法律地位完全等同，而立法的工作是辨析出所有自称的"ETR"中哪些可以取得和纸质可转让单据同等的法律地位，哪些不能而必须适用合同法或其他法律规范。这里不涉及对新技术、新商业模式的否定。

由于当前商业实践中使用的主要是登记制的电子可转让记录，要求立法促进商业实践，主要是指促进登记制电子可转让记录的商业实践；对电子可转让记录需要达到的标准的要求，主要是对登记处的要求；立法的宽严，其实也就是对登记处要求的宽严。如果登记处收取费用提供权利担保的服务，但却不承担权利担保的责任，这样的电子化是否健康，是否值得立法推广本身就值得怀疑。宽松立法可能使当事人之间的不公平被固化，将电子化的风险分配给合同中的弱势一方乃至全社会。在严格立法下，登记制的平台承受了压力，因而不能仅仅依赖于自己的强势谈判地位提供似是而非的服务，而必须努力达到法定标准。与此同时，其他形式的电子可转让记录获得了与登记制同等的发展机会。最后的结果，可能更有利于真正可转让电子可转让记录的出现和使用，从而能真正替代纸质可转让单据。可转让单据制度本来就是一种强调保护受让人的制度，将可转让单据电子化的风险主要分配给电子化的发起人、ETR 出让人，侧重保护受让人以及第三方乃至全社会，不仅合理，也更有利于 ETR 可转让性的形成，长远看更有利于 ETR 发展。

立法对电子化是否能起到促进作用，更重要的不在于标准的宽严，而在于标准的合理性。而对 ETR，同时还要看标准的确定性。以电子提单立法为例，韩国法是技术特定，澳大利亚法是技术中立，但都没有有效促进电子提单的使用。虽然有人认为严格的电子签名并未真的促进数字签名支持系统的建立以及数字签名的普及，因而是失败的。[1] 但实际上也没有证据表明，宽松的电子签名立法就促进了电子签名的普及。由于适用时间尚短，各国电子签名立法上采取的不同态度的优劣成败事实上还难以准确评析。让使用者享受电子化的利益，同时承担成本，可以更好地衡量利益与成本的比例，作出更理性的选择。

不过，不论采用何种方式，法律在技术模式的市场推广上可以起的作用可能是很小的。选择何种模式的电子化形式，市场有自己的逻辑，法律只是选择的底线，却不是选择的主要依据。法律真正的作用，是明确风险分配，从而明确当事人的心理预期。这为当事人安排商业保险等奠定了良好基础。至于当事人具体如何选择，自会在效益成本分析的基础上再做打算，也不是法律应该管和管得了的。

（四）《ETR 示范法》的局限性

《ETR 示范法》实现了 ETR 立法上的一种突破。这种突破更多体现在"没有怎样"而不是"怎样"。它没有采用单独立法，而是采用功能等同立法，避免了与传统法律的割裂；它没有影响实体法规则，尤其是没有介入"转让"与"流通"之争，只设定"可转让"的功能等同规则，避免了与传统法律的冲突；它没有采用概括式授权立法，避免了导致混乱；它没有采用登记制立法，避免了技术偏向。《ETR 示范法》只是清楚指明了 ETR 取得合法地位必须达到的标准。作为一部具有超前性的电子商务立法，应该算是基本成功的。

《ETR 示范法》作为一种妥协的产物，不可避免地采用了一些含糊的表述，为不同解释留下了空间。这种含糊表述中影响较大的有几点。最大的一点，是对"单一 ETR"的要求中只有两种官方语言文本中采用了一个表达"单

---

[1] Amelia H. Boss, The Evolution of Commercial Law Norms: Lessons to be Learned From Electronic Commerce, *Brooklyn Journal of International Law*, Vol. 34, Issue 3, 2009, pp. 673—708; Jane K. Winn & Song Yuping, Can China Promote E-Commerce Through Law Reform? Some Preliminary Case Study Evidence, *Columbia Journal of Asian Law*, Vol. 20, Issue 2, Spring 2007, pp. 415—450.

一"的具体词语,而其他四种官方语言文本中都没有使用一个具体的词语而是用"定冠词加单数名词"的方式来表达对单一性的要求。如果不了解示范法的制定过程,这样的写法可能会造成理解上的困难。而且在将示范法采纳为国内法的过程中,各国会如何表述这一点也存在较大变数,而这个问题是整个示范法的核心问题,对 ETR 在国际贸易中的应用前景以及参与各方的利益影响很大。另外一点,是《ETR 示范法》第 2 条对本法性质的规定,为将《ETR 示范法》理解成任意性规范留下了伏笔。

另外,《ETR 示范法》采用了示范法而非公约的形式,也可能削弱其在统一各国立法方面的效力。示范法只是倡导性的,并无约束力。一个示范法通过后缺乏关注乃至销声匿迹的不乏先例。一个示范法要发挥预期的效果,后续的宣传、研究和落实很重要。

九、ETR立法的中国立场

(一) 中国对《ETR示范法》的参与

1.《ETR示范法》谈判概况

中国作为联合国国际贸易法委员会的成员国,由商务部牵头组成代表团,参加了《ETR示范法》的全部谈判。

在《ETR示范法》制定过程中,各国体现出的重视和参与程度差异很大。有的国家,如美国,自始至终十分重视,介入很深;有的国家则谈着谈着似乎就不那么上心了,因为"始终找不到与国家利益相关的点在哪儿"①;更多的国家则始终不太积极,甚至不明所以。

美国无疑是《ETR示范法》谈判中最重要的参与者之一。美国首先是《ETR示范法》谈判的发起者之一。最早的示范法条文草案就是由美国专家为主草拟的。美国与哥伦比亚、西班牙联合提交的一份关于权利单一性的路径选择的提案直接影响了《ETR示范法》早期谈判的走向。② 而且,ETR这个词语本身也是来自于美国法。联合国以往的示范法和其他国家同类法律中普遍采用的是"数据电文"(data message),而受联合国《电子商务示范法》影响而制定的美国1999年《统一电子交易法》却采用了"电子记录"(electronic record)这个新术语。《统一电子交易法》选择使用"电子记录"而非"数据电文"主要是基于两个理由。一是美国以往的法律中已经形成习惯,用"record"一词表述"记录在一个可触摸的媒介或储存在电子或其他媒介中的能以可察觉的方式获取的信息",而"message"一词则没有这样的历史。二是《统一电子交易法》的起草者担心"message"一词可能发生误导,因为该词语通常被用来指发送的信息,而"数据电文"和"电子记录"都意在包括从未发出,只是以电子形式存储的信息。2003年修正的美国《统一商法典》(UCC)将全篇的"书面"改成"记录"。根据新的定义,"记录"是指记在有形介质上或者以电子或者其他介质储存的信息,能以可察觉的形式获取。不论以哪种介

---

① 加拿大代表团代表John Gregory博客所言。他同时呼吁其国内同行提供与《ETR示范法》有利害关系的场景。

② A/CN.9/WG.IV/WP.119.

质储存,都是对过去的意思表示或事实的记载,这样就将纸面记载与电子记录完全等同起来。在文件的结构上,《ETR 示范法》也体现出受美国法影响的痕迹。①《ETR 示范法》由法律条文和正式评论两部分组成,而这正是仿效了 UCC 的结构方式。UCC 由两部分组成:法律条文和附注于法律条文之后的正式评论,其中正式评论旨在阐述法律的背景和原理,其重要性不亚于条文本身。在电子化立法的原则、制度方面,《ETR 示范法》也吸纳了很多美国的立法经验。早在 1988 年,UCC 的常设编辑委员会(PEB)就开始研究修正 UCC 买卖法的必要性。经过十多年的分析论证,2003 年修正的 UCC 终于被采纳,使电子商务成为 UCC 适用的对象,并因而积累下不少经验和教训。这些经验和教训在联合国制定电子商务系列立法时,都是被重点关注和考虑的。②

欧盟各国在《ETR 示范法》谈判中没有显出很大的一致性。如在至为重要的"请求权单一"的路径选择上,德国、奥地利等国倾向于"独一无二"或"单一"路径,西班牙、比利时等国则和美国一样倾向于"控制"路径。亚洲各国中,日本、韩国和新加坡等都是谈判中比较积极的参加者,但是并没有形成统一的立场。

中国并不是《ETR 示范法》的发起国,但在谈判中十分积极,对示范法的一些关键性条款的拟定发挥了决定性的影响力。

2. 中国代表团对《ETR 示范法》核心条款的贡献

关于权利转让的路径之争是整个示范法的核心争议。中国代表团在这个问题上的参与很深,对示范法核心条款的制定作出了关键性的贡献。这种参与大致可以分为五个阶段。

第一阶段,即谈判之初,中国对最初的"控制"加"独一无二"性的方案持审慎态度,既不反对,也不积极支持,而是以了解为主。在这一阶段,中国代表团主要只针对一些技术性问题提出了建议。如在第 47 届会议上,中国代表团提交了草拟的"电子可转让记录"定义并被大会接受。中国代表团希望通过这一定义表明 ETR 应该是一个可见的、可以赋予控制人权利的记录。但这一定义在其后的几次会议上屡经修改,最后被放弃了。

第二阶段,随着谈判深入,一些代表团提出放弃"独一无二"条款和概念

---

① 美国对国际商事立法的影响是难以忽视的。UCC 被誉为"西方世界最先进的商法",对 1980 年《联合国国际货物销售合同公约》、1988 年联合国《国际汇票和国际本票公约》产生了重大影响。

② 参见高富平、俞迪飞:《UCC 买卖篇 2003 年修正及其意义》,载高富平主编:《电子合同与电子签名法研究报告》,北京大学出版社 2005 年版。

的建议,工作组就该建议展开了反复争论和较量。中国代表团认为,对电子可转让记录和纸质单据的"功能等同"必须提出严格的要求,当前的技术模式主要是登记制和权利凭证式。登记制依靠的是登记处的信用,权利凭证式依靠的是权利凭证本身的信用。为维持信用级别,应该分别对登记处和权利凭证本身提出基本要求,即要求登记处可信,权利凭证单一。由于多数代表团支持放弃"独一无二"的概念,中国代表团认为放弃"独一无二"要求后,对权利单一性的保障将完全依赖登记处的信用,因而在第 49 届会议上提出建议,在有关"第三方服务商"的条款中将一般服务商与提供权利单一性保证的服务商即登记制下的登记处区分开来,对后者的义务进行严格规范。然而,多数国家不希望在示范法中加入太多限制性规则,因而这种建议没有得到普遍支持。最后"第三方服务商"条款不仅没有被扩展,反而整体被删除了。

第三阶段,中国代表团认为,如果既不要求 ETR"独一无二",又不对登记处进行规范,只剩下一个空洞的"控制"概念,实际上已经没有任何机制保障 ETR 下的请求权单一。经过研究,在第 51 届会议上,中国代表团提交了一份正式议案,在这份议案中完整阐述了中国对请求权单一问题的立场和建议。议案中强调《ETR 示范法》必须有一个保障请求权单一的机制,同时提出将"单一"与"控制"两种途径结合起来的新思路。①

这份议案的提交时机非常重要。因为虽然大家已经意识到权利转让的单一性保证和可靠性问题是整个法律文件的核心问题,但为了加快讨论进程,在前几次讨论中,都没有对这两个问题进行深入讨论,一有争议就被提议留待下一次会议讨论,使这些问题上的不同意见无法被真正反映出来。由于了解到秘书处和部分代表团有意在下次会议就结束讨论,担心将关键问题留在下一次讨论会因时间仓促而无法进行讨论,使草案按现有方案被草草通过,在第 51 届会议已经结束了对涉及关键问题的第 3 条、第 10 条和第 17 条的条款的讨论的情况下,中国代表团决定提交正式的书面议案,在秘书处极不情愿拖延时间的情况下,促使会议重新讨论这几个条款。中国代表团同时以正式议案为基础,与立场相近的一些国家进行了大量非正式磋商,成功争取到多数代表团支持,使议案的核心内容被纳入新的草案中。②

权利单一性一直是核心要求,但在草案几经修改后,在 WP 132 中,实际已经基本被放弃。许多国家代表团并没有认识到这种变化及这种变化的重

---

① 详见 A/CN.9/834,第 85 段。该段列出了中国议案中建议的具体条款。
② 详见 A/CN.9/834,第 86 段:"解释说,提案的目的是避免提出多重请求,为此合并了为实现这一目标而普遍采用的两种方法:即'单一性'办法和'控制'办法。进一步解释说,'单一性'办法要求通过使用一种可靠方法将电子记录确定为包含权威信息的电子可转让记录,而'控制'办法则侧重于使用一种可靠方法确定电子可转让记录的控制人。"

大后果。中国代表团呼吁必须确保权利单一性，并提出了保证权利单一性的具体方式。在中国代表团反复强调后，许多国家代表团认识到了这一问题的重要性，转而坚决支持中国代表团在第 10 条中加入"权威版本"的措词及删除"非授权的复制"的措词的建议，以及在第 17 条"控制"的规定中加入"排他的"一词的建议。"会上表示，虽然对'控制'这一术语没有共同理解，但该提案所采取的做法从原则上讲是可以接受的。"① "会上重申了这样的看法，即控制与控制的对象应当加以区分。"② 经修改后的文本基本能够实现中国代表团保证权利单一性的意图。

第四阶段，在"单一性"加"控制"的思路被工作组采纳后，一些国家代表团转而在"可靠性"和法律的强制性上做文章，试图通过当事人意思自治来消减"单一性"加"控制"的约束性效力。

在第 52 届会议上，工作组讨论了"可靠性"的标准问题。一种意见是应将当事人之间的约定作为判断可靠性的标准之一，甚至是主要标准。中国代表团提出，"可靠性"必须有一个客观标准，而不应只依据当事人之间的同意。某种程度上，"可靠性"标准正是为了约束协议，是协议必须达到的最低法定标准。一个主观的"可靠性标准"可能会违反示范法起草以来一直小心避免违反的两条基本原则：功能等同原则和不抵触国内实体法原则。一些国家代表团基于"合同自由"原则，主张"可靠性标准"可以由当事人约定。后来又让步为起码在当事人之间，应由当事人自由约定。但中国代表团坚持认为即使在当事人之间，也不存在约定可靠性标准的自由。为此，中国代表团对草案第 10、11、17 条这三个条款之间的关系和每个条款的内容进行了详细分析，并形成了书面文件在专家组会议上散发，同时在大会讨论中多次围绕这三个条款发言。最后中国代表团关于可靠性标准具有强制性的核心观点被普遍接受，并被写入新的草案条文。

在"可靠性"标准应该是主观标准的意见被否定后，美国等支持主观标准的国家转而谋求将整个示范法定性为任意性规范，通过使"可靠性"标准的条文成为任意性规定，间接使"可靠性"标准受制于当事人之间的同意。中国代表团坚持法律性质应该是强制性而非任意性的，并得到了一些国家支持。但第 53 届会议决定将这个问题留给国内法决定，即各国可以根据本国法律的情况决定示范法是强制性还是任意性的。这可视为一个可接受的妥协方案。

同时在本届会议上，第 3 条定义条款，中国代表团提出应保留"电子可转让记录"(ETR)和"控制"(control)的定义，并强调在相关条款中必须说明"控

---

① A/CN.9/834，第 90 段。其中的"该提案"即指中国代表团的提案。
② A/CN.9/834，第 90 段。

制是一种事实"。这种观点得到了奥地利、德国等国的支持并被写入草案。

第五阶段,一些国家试图重新解释"单一性"路径,回到单纯以"控制"为核心表达权利单一要求的路径,但这种努力被工作组否定。在如何用文字表达"单一性"要求时,中国希望使用一个专门的词语来表达"单一性"要求,但一些国家则希望避免使用词语,而是使用"定冠词加单数名词"的方式。最后作为一种妥协,中国代表团同意不同文本采用不同写法,但提出在解释性文件中写明六种语言应作同一种解读,该意见最终获得采纳。

在第53、54届会议上,没有太多新的议题,而是在是否回到"控制"路径上展开了反复辩论。中国代表团也没有提出新的主张,而是反复阐述仅仅"控制"不足以保证请求权单一的理由,并得到了越来越多代表团的支持。

在审议通过示范法草案的 UNCITRAL 第50届大会上,以美国为代表的国家提出只保留"控制"概念,以德国为代表的国家提出只保留"单一"概念。中国代表团继续坚持"单一加控制"的主张,并起草了阐释第10条的条文。最后中国的意见被支持,中国起草的条文也被一致通过,直接纳入《ETR示范法解释性说明》中。正式的《ETR示范法解释性说明》中关于第10条第1款第2项中有4个条款,各条款集中说明了第10条第1款第2项是为了体现"单一性做法",而"单一性做法"是为了指明与可转让单据功能等同的单一电子可转让记录。而且,"在示范法阿拉伯文、英文、法文和西班牙文文本中,冠词'the'与单数名词组合足以指明单一性做法。略去限定语是为了避免解释上的困难。限定语有可能被解释为是指已被放弃的独一性概念,从而可能最终招致诉讼。在《ETR示范法》中文和俄文文本中使用限定语,是因为可以在这两种语言中找到适当限定语并避免解释上的困难。所有六种语文文本都意在表达同样概念。"[①] 这一段话完全来自于中国代表团草拟的条文草案。

纵观整个谈判过程,中国代表团最重要的成就,是坚持了对"请求权单一"的强制性要求,创造性地提出了"单一性"加"控制"的解决方案并获得采纳。中国代表团的一些意见直接成为《ETR示范法》条文或《ETR示范法解释性说明》的基础。中国代表团最大的妥协,则是对第4条"当事人意思自治"的范围作了让步,同意由各颁布国根据自己国内法的情况自行决定法律的性质是强制性还是任意性的。

---

① 联合国国际贸易法委员会《电子可转让记录示范法解释性说明》,第96段。

3. 中国代表团在其他问题上表达的立场

（1）关于法律适用范围

示范法草案中包括"不适用于消费者保护"的规定（第 1 条第 2 款），一些国家建议删除该款规定。中国代表团认为虽然该规定的初衷是为了适应美国国内法的要求，但该规定可以给成员国国内立法一定的灵活性，因而支持保留。最后该规定被保留下来。

（2）关于电子可转让记录的程序问题

示范法草案最初包括了电子可转让记录的签发、转让、注销等程序问题的规定，但在谈判过程中，这些规定相继被删除。中国代表团本着希望示范法对 ETR 的规范尽量完整的立场，反对大幅删减相关规定，对"签发""交付""提示""转让"等条款删除前，都曾发言建议保留，并对一些条款草拟了具体的条文草案。但这些意见最后没有被采纳。

（3）关于电子商务的一般性规定

关于书面、签名等电子商务中的一般性问题，中国认为不应在本示范法中加以规定。但最后多数意见赞成包括。

关于正本，示范法讨论中一度有一种观点希望用"正本"概念替代"可转让单据"而成为示范法的核心。中国代表团认为，"正本"是对应"副本"的一个概念，寻找其功能等同的概念必须限定于实体法中赋予正本的功能，而不能附加其他功能。在正本概念中加太多条件，使其成为整份文件的基石是不恰当的，如果要规定"正本"，就只应将正本的要求限于"非复制品"而不提单一性和完整性。这种意见得到了多数国家的支持。最后"正本"概念在示范法正文中被删除。

关于电子信息的发出和接受的时间和地点，中国代表团认为《ETR 示范法》没有必要包括非 ETR 所特有的问题，而且在《ETR 示范法》中专门规定电子信息的发出与接受地，与电子商务立法的一般性规定可能存在抵触。ETR 应用中可能遇到，但并非特有而是与其他电子商务活动可能共同遭遇的问题，应由范围更广泛的国际公约如《电子通信公约》处理，或由各国国内关于电子商务的一般法律规定加国际私法规则解决。最后由于新加坡等国的坚决主张，《ETR 示范法》仍然保留了关于电子信息的发出和接受的时间和地点的规定。

(4) 关于文件保留义务

示范法草案中曾经包括使用电子记录时应承担保留相关记录的义务的规定。这种规定的立法意图是在各国公司法、会计法、税法等其他法律要求提供书面文件时,可以以电子可转让记录替代纸质可转让单据。基于以下两点理由,中国代表团认为应删除该规定:首先,由于我国公司法、会计法、税法中的规定许多是公法性或强制性的法律,该规定可能与我国强行法冲突;其次,电子商务的立法应该尽量减少而不是增加当事人的营运成本,对电子可转让记录的保留义务在法律中不加区别地简单规定可能加重当事人的负担。中国代表团力主删除该条款,并最终取得了成功。[①]

同样,关于第 23 条从纸质媒介转换到电子媒介,新加坡代表团等提出了在转换后义务人应保留原纸质单据的新建议。中国代表团提出这样的规定可能会给单据义务人增加繁重的负担,阻碍电子商务发展。在中国代表团的力主下,会议最终决定删除了对保留纸质单据的要求。

(5) 关于媒介转换

关于从纸质到电子记录,或从电子记录到纸质的媒介转换,中国代表团支持设置转换的实体性规定,但认为无需规定太多细节。应设置纸质可转让单据与电子可转让记录可以互换的要求,并规定如何才算互换成功。但对依据何种步骤进行互换,建议留给当事人自己决定。这种意见得到了普遍的支持并最终反映在示范法中。关于具体的措词,中国代表团建议在媒介转换时应可被辨识的规定中加上"易于"(readily)这一限定词。因为这是一条功能等同规则,目的是建立纸质变更与电子记录变更之间的功能等同。纸质的变更不仅是可以辨识的,而且是容易辨识的,通常无需额外的时间和成本。电子记录的变更则可能虽然能被辨识,但需要采取特别的技术手段等,可能意味着额外的时间和成本。因此加上"易于",有助于明确电子记录的变更必须在可辨识的难易程度上与纸质的变更相当。但为追求文字的简洁,该建议最后没有被采纳。

(6) 电子可转让记录的跨境承认

《ETR 示范法》之初,各国即确认希望有一种便利跨境使用电子可转让

[①] 参见联合国国际贸易法委员会《电子可转让记录示范法解释性说明》,第 196 段;A/CN.9/834,第 74—75 段。

记录的国际制度。① 同时强调了电子可转让记录跨境法律承认的重要性。但对具体如何制定跨境承认制度,存在两种相反的观点。一种观点是局限于"不歧视",即只规定不因跨境因素的存在而否认一份电子可转让记录的合法地位。另一种观点则希望前进一步,拟定真正的专门适用于ETR的国际私法规则,促进《ETR示范法》的国际使用。

在示范法第一稿草案即WP122中,第34条"对外国电子可转让记录的承认"包括3款,其中第1款规定,在确定一项电子可转让记录是否具有法律效力或者在多大程度上具有法律效力时,不得考虑电子可转让记录的签发地和使用地。在第二稿草案即WP124中,原第34条改为第31条,并更名为"电子可转让记录的跨境承认"。这一条包括两款,第1款规定:"本法中任何规定概不影响关于纸质可转让单证或票据的法律冲突规则的适用",第2款有两个选项,选项1规定:"一份电子可转让记录不应仅仅因为其是在外国签发或使用的而被否认法律效力、有效性或可执行性。"选项2规定:"在确定一项电子可转让记录依法是否以及在多大程度上具有效力、有效性或可执行性时,不应考虑电子可转让记录的签发地和使用地。"

针对这一规定,中国代表团在第四工作组第48届会议上重点发表了意见。原因是:关于纸质票据有一条广泛承认的法律冲突规则,就是票据行为的有效性依票据行为发生地的法律确定。这也是我国《票据法》的规定。根据这条规则,电子可转让记录的签发地法律如果不承认电子可转让记录的有效性,我国法院也不应承认。草案如果包含确定电子可转让记录有效性不应考虑其签发地和使用地的规定,可能与许多国家的现行法律直接抵触。中国代表团因而建议放弃这一规定。这一意见被多数代表团所支持而最终被采纳。但在其后的谈判中,一些国家又反复尝试想通过"跨境承认"条款扩大示范法的适用范围。如在第52届会议上有代表团指出,电子可转让记录也可能在不承认电子可转让记录使用的法域签发,而可能在允许其使用的法域寻求承认其效力,在这种情况下,应允许在后一个法域承认电子可转让记录的效力。② 在WP137中还提出了如下建议条文:"国际私法规则导致适用一项因电子可转让记录的形式而不承认电子可转让记录的签发和使用的法律的,适用本法。"③对此中国代表团一如既往地发表了反对意见。在最后通过示范法的大会上,仍然有代表团提出扩大《ETR示范法》在国际私法规则基础上的使用的条文,但多数国家希望不要取代现行国际私法规则,避免创建二

---

① 《大会正式记录,第67届会议,补编第17号》(A/67/17),第83段。
② A/CN.9/863,第79段。
③ A/CN.9/WG.IV/WP.137/Add.1,第61段。

元制度,对电子可转让记录实行一套特别规定。最后《ETR 示范法》对跨境承认局限在只规定了不歧视原则。

(二) ETR 在中国的实践概况

1. 以登记制为主

中国代表团在《ETR 示范法》谈判中所发表的意见和坚持的主张,主要是基于对中国的商业实践、法律原理和司法现状的调查和研究。

调查发现,中国当前的电子可转让记录,无论是电子提单、电子汇票还是电子仓单,都采取了"登记制"的做法,没有其他模式的尝试。

中国对票据电子化的探索开始比较早。早在 20 世纪 90 年代,一些地方银行如宁波银行、江苏银行等就曾自行研发过一些票据电子化系统。2003 年 6 月 30 日,借助中国外汇交易中心的资源,全国统一的网络化票据市场服务平台——中国票据网正式启用,为金融机构间票据转贴现、票据回购等业务提供报价、查询服务。2005 年招商银行签发了第一张电子票据——"票据通",由 TCL 集团出票,通过招商银行签发,涉及金额 703 万元。之后,我国多家商业银行陆续进行了电子票据业务试点。2005 年 10 月,中国人民银行公布了《电子支付指引(第一号)》。2007 年 6 月,中国人民银行在全国推行全国支票影像交换系统(CIS)。2008 年,银行本票和华东三省一市银行汇票业务通过小额支付系统进行清算,实现了电子化处理。2009 年 10 月,中国人民银行建成电子商业汇票系统(ECDS),商业汇票电子化也进入了实践阶段。

中国人民银行的电子商业汇票系统是我国当前唯一的电子商业汇票系统。中国人民银行为此制定了一系列规章制度。[①] 在这些规章制度中,最重要的是以部门规章的形式发布的《电子商业汇票业务管理办法》。该办法共 6 章 86 条,其中将电子商业汇票定义为:"是指出票人依托电子商业汇票系统,以数据电文形式制作的,委托付款人在指定日期无条件支付确定金额给收款人或者持票人的票据"。而电子商业汇票系统则被定义为:"是经中国人民银行批准建立,依托网络和计算机技术,接收、存储、发送电子商业汇票数据电文,提供与电子商业汇票货币给付、资金清算行为等相关服务的业务处

---

① 这些规范性文件主要有:《电子商业汇票业务管理办法》《电子商业汇票业务处理手续》《电子商业汇票再贴现业务处理手续》《电子商业汇票系统数字证书管理办法》《电子商业汇票系统危机处置预案》《电子商业汇票业务服务协议指引》《纸质商业汇票登记查询管理办法》等。

理平台"。中国人民银行认为,电子商业汇票是一种特殊形式的票据,其权利义务与纸质票据并无实质不同,法律关系仍由《票据法》《物权法》等调整。①

电子商业汇票交易平台的加入是自愿的,中国人民银行并不强制要求金融机构接入电子商业汇票系统。但是全国有票据业务的银行及财务公司还是很快都加入到了该系统当中,这其中企业客户加入的则比较少。而加入的企业客户,主要是大中型企业,出票企业行业集中度高。以河北为例,电子商业汇票出票企业主要集中在家电、汽车等产业,以集团企业和点对点贸易固定企业居多。这些企业使用电子汇票,是因为占有强势地位的企业集团要求贸易伙伴使用。在金融机构中,股份制银行比国有银行使用更多。一开始,社会各界对电子商业汇票系统的使用持审慎态度,电子商业汇票的接受度不高。2011 年,电子商业汇票业务仅占同期商业汇票业务的 1%。② 到 2015 年上半年,电子票据的签发量和交易量分别只占全部票据的 22% 和 20%。③ 2016 年,中国人民银行发布《关于规范和促进电子商业汇票业务发展的通知》,规定自 2017 年 1 月 1 日起,单张出票金额在 300 万元以上的商业汇票应全部通过电票办理;自 2018 年 1 月 1 日起,原则上单张出票金额在 100 万元以上的商业汇票应全部通过电票办理。以行政命令的形式强制提升电票业务占比。

2016 年 12 月 8 日,上海票据交易所正式开业。上海票据交易所是具备票据交易、登记托管、清算结算、信息服务多功能的全国统一票据交易平台,按照股份制公司的模式组建,采用类银联模式,由各家银行、上海清算所等共同出资持股。电子商业汇票系统随即转由票据交易所经营管理。

电子仓单也是实行的登记制。

仓单是商品入库后仓储经营者开具给存货人的收据和提货凭证。我国《合同法》第 385 条规定:"存货人交付仓储物的,保管人应当给付仓单。"但是我国《合同法》没有给仓单下一个定义。其第 387 条规定:"仓单是提取仓储物的凭证。存货人或者仓单持有人在仓单上背书并经保管人签字或者盖章的,可以转让提取仓储物的权利。"这一规定确认了仓单可以依据背书方式转让,是代表仓储物的有价证券。由于仓单可以代表仓储货物进行交付,因而可以支持商品交易和融资。

---

① 参见《央行就电子商业汇票系统有关问题答记者问》,载人民网经济频道,2009 年 11 月 2 日。
② 吴大喜:《电子商业汇票系统应用中的问题与探讨》,载中国资金管理网(www.eastmoney.com),2013 年 4 月 10 日。
③ 曾一村:《论银行间纸质票据电子化交易:纸质票据仍有存在意义》,载第一财经网(http://www.yicai.com),2015 年 11 月 18 日。

根据不同的标准,仓单分为不同的类型。如一般根据仓单记载货物的交付时间不同,将仓单分为现货仓单和期货仓单。① 现货仓单一般在商品交易所转让,期货仓单则在期货交易所转让。而国家标准化管理委员会批准的《仓单要素与格式规范》则将仓单分为通用仓储仓单和金融仓储仓单。前者是指用于普通仓储业务的仓单,包括仓储物的出库单、入库单,其标准格式的设计中不包含背面内容。后者是指用于企业融资货物质押、货物转让、期货交割的仓单,与货物共同整进整出的仓单,其标准格式的设计中包括背面的"被背书人""背书人签章""保管人签章"等内容。②

目前各交易所处理的仓单一般都采用电子形式,即在交易所的系统内在线生成、转让,电子化程度非常高。以大连商品交易所的仓单转让程序为例。交易所的电子仓单系统可以通过公网登录。转出方会员通过"仓单转让申请录入"功能录入仓单转让申请,确认无误后,点击"复核",提交转入方会员确认。转入方会员通过"仓单转入申请确认"功能确认仓单转让申请,确认通过后提交交易所审批。交易所审批通过后,完成仓单转让。可以通过"业务通知查询""仓单转让申请查询"功能获取处理结果。在转入方会员确认前,转出方会员可以通过"仓单转让申请撤销"功能撤销仓单转让申请。会员通过"仓单注销申请录入"功能录入仓单注销申请,确认无误后,点击"复核",提交交易所审批。交易所审批通过后,仓单注销成功,系统生成提货密码。提货密码替代提货通知单。客户凭提货密码以及其他提货相关材料到仓库办理提货手续。③

商品交易所与期货交易所之间一般并不互通。但也有一些对接的尝试。如2015年9月,大连商品交易所与宁波大宗商品交易所合作开展了期现仓单转换试点业务,尝试为聚氯乙烯品种的期现仓单进行互换,以推动期现对接,这在全国是首例。④

各交易所一般都提供将电子仓单转换为纸质仓单的服务。如大连商品交易所可以根据电子仓单的记载签发纸质的《标准仓单持有凭证》,并在签发

---

① 现货仓单是一份在现在或将来的一段时间内可以到指定仓库内购入或销出仓单所规定的标准货物的凭证。期货仓单是由期货交易所指定交割仓库按照交易所规定的程序签发的符合合约规定质量的实物提货凭证。现货仓单在指定仓库进行标的货物交割的时间可以是一个从拥有现货仓单到现货仓单最后交易日之间的时间段,而期货合约上则有明确的标的货物交割日期。
② 根据这种分类,"金融仓储仓单"更接近于我国《合同法》意义上的可转让的仓单。
③ 参见《大连商品交易所电子仓单系统——会员使用简介》,载大连商品交易所官网(http://www.dce.com.cn)。
④ 参见《大连商品交易所关于开展期现仓单转换业务的通知》,载大连商品交易所官网(http://www.dce.com.cn)。

纸质凭证的情况下暂停对电子仓单的操作。

仓单可以代表货物出售,还可以作为权利质押的标的物。在现代物流业务中,货物储存在仓库中的时间较长,当货主尤其是中小货主需要资金周转时,一种方便的选择,是以仓库中的货物作为担保物向金融机构申请贷款。但直接以货物作为担保,需要将货物交付给债权人。以仓单质押则无需交付货物,而只需将仓单交付给债权人,更加方便快捷。仓单融资适用于流通性较高的大宗货物,特别是具有一定市场规模的初级产品,如有色金属、煤炭、谷物等。有人认为仓单质押作为一种重要的资金融通手段和仓储业增值服务类型,是物流业下一步发展的重点,它可以助力企业突破资金瓶颈,作为"供给侧改革"的一部分,将成为新的经济增长点。由于电子仓单无法转移占有,目前一般的做法是以商品交易所或期货交易所作为登记处,对电子仓单进行质押登记。

仓单服务是现代物流服务中非常重要的一个部分,有人称其为"最高端的"物流服务。我国仓单服务开展时间不长,而且过程也不算顺利。例如仓单质押就经历了过山车似的发展过程。2010年有记者发现:"十年前,我国还只有少数几家商业银行探索仓单质押这项业务。十年后,几乎所有的银行都在开展此项业务。"[1]然而随后由于仓单纠纷频发,仓单质押中虚假仓单、重复质押的情形日趋严重,仓单产生的金融杠杆效应被急速放大,损害了整个金融秩序的稳定。2010年前后,由于铁矿石、钢材等大宗商品价格高涨,以这些商品的仓单进行诈骗的案子在中国急剧增多。由于"风险太大",一些银行又被迫从仓单质押业务中退出。

"登记制"模式成功的关键在于对"登记处"进行恰当的监管,而中国当前对"登记处"却几乎没有形成有效的监管制度。从电子提单来看,中国目前使用的电子提单都是由国外服务商充当登记处的登记制电子提单。这些电子提单登记处根据合同提供服务,并没有专门法律加以约束。从电子仓单看,电子仓单交易都是使用交易所的平台,而交易所根据自己的管理规则行事,也没有专门的法律规范约束。[2] 电子票据可能是规范最完善的,中央银行制定了系列规章制度,但这些规章制度的效力层级偏低,也没有从根本上解决法律规范不足的问题。

目前电子可转让记录的使用者普遍对登记处的信用不足缺乏充分认识。如在对电子提单进行调研时,一种代表性的观点是,电子提单平台采用的银

---

[1] 李静宇:《上海钢贸诈骗案的风险警示与对策》,载《中国储运》2013年第8期,第40页。
[2] 国家标准化管理委员会批准的《仓单要素与格式规范》中规定:"采用电子化仓单的企业,应在系统内保留连续背书的记载,并可供查询确认。"但这种规定的约束力有限。

行系统的安全策略出问题的概率跟我们存在银行里的钱无缘无故突然被清零而又无法澄清的概率差别不大。然而,银行出问题的概率不大,不仅是由于其电子系统的安全策略,更是由于存在针对银行的严格法律监管。而这种监管目前对电子可转让记录的各登记处是不存在的。由于对"登记处"的规制不足,导致各种登记制基础上的电子可转让记录安全性存疑,不仅对交易各方的利益形成威胁,更为交易安全和金融安全埋下隐患。

2. 成本高,中小商人使用有限

从电子提单看,目前市场上的两种"电子提单"都不对中小商人开放。而在大企业中,电子提单平台主要是对出口商收费。之所以如此,是因为平台收费高昂,中小商人难以承担,而大商人中进口商由于因电子化获利甚少,不愿承担。这种不全面的电子化模式大大限制了电子提单的使用范围。

从电子票据看,除了法律法规不健全、业务处理机制不完善、票据流通性较差等诸多问题制约了业务的推广和发展外,系统建设费用也成为部分中小金融机构推行的门槛。同时,目前电子商业汇票系统并不向个人开放,进一步限制了电子商业汇票的使用范围。

我国票据的主要签发和使用者是为数众多的小微企业。根据央行货币政策执行报告,由中小型企业所签发的银行承兑汇票占三分之二。但是调查表明,中小企业,尤其是小微企业对电子票据的需求并不显著。以中小企业比较集中的宁波地区的实践为例。为推动电子商票业务发展,便利企业支付结算和融资活动,发挥电子商票对电子商务等经济的促进作用,2011年初,中国人民银行宁波市中心支行出台了《关于印发宁波市电子商业汇票业务推广工作方案的通知》,要求各家商业银行采取有效措施,积极拓展电子商票业务。在中国人民银行的大力推动下,宁波市33家商业银行中共有30家银行开通了电子商票业务,涉及营业机构943个,占对公银行机构的96.2%。但电子商票业务并无显著增长,截至2011年底,宁波市电子商票签约客户数达到5248户,仅占企业客户总数的1.23%,占企业网银客户数的3.22%,实际的电子商票业务量仅占票据业务总量的0.35%,电子商票签发金额仅占票据总金额的1.86%。[①] 其他各地的调研报告也多指出,中小企业,包括中小

---

① 参见鲍志斌:《电子商业汇票业务推广瓶颈及对策——以宁波地区为例》,载《银行家》2012年第5期。

金融机构的保守态度,是电子汇票业务推广不畅的一个重要因素。① 中小企业更青睐纸质票据,原因在于电子票据签发、使用往往意味着比纸质单据更多的技术困难、更复杂的程序,以及额外的费用。由于中小企业本身财务管理的电子化、网络化水平不高,有时相互之间使用纸质票据进行交易支付,可能比使用电子票据更加灵活方便。② 电子票据要推广使用,应该尽量考虑中小企业的需求,改善当前电子汇票系统的不足。当前中央银行只是强制性规定了电子化的时间表,这项规定不仅本身的合法性存疑,是否能在商业实践中发挥积极作用也有待观察。

从电子仓单看,中小企业利用率低的情况也很突出。我国《合同法》并未对开具仓单的仓库规定任何资质限制,理论上仓库都可以开具仓单。但实践中,能够开具仓单、展开仓单服务的仅有数百家大中型仓储企业和国际大型仓储企业,占中国市场仓储企业不足1‰。电子仓单只能通过特定商品交易所或期货交易所开具,中小企业利用的机会更少。

可转让单据能够提供的融资功能,更多是为以其他方式取得资金有困难的中小企业所倚重,可被称为"草根金融工具"。可转让单据电子化的过程中忽视中小企业的需求,从根本上削弱了电子化本身的商业价值。

3. 缺乏国际协作,流通性差

电子提单只用于国际贸易。而我国在国际贸易中使用电子提单的情况非常少,电子提单的使用量与纸质提单的使用量完全不成比例。

电子票据在国内贸易中也可以使用,这使电子票据的成绩显得比较好。但实际上,当前中国电子票据没有进行跨境使用的实例。据了解,在国际贸易中也已经几乎不使用纸质票据,而是使用多种网上支付办法进行跨境支付。

电子仓单在交易所内部流转没有障碍,但不能向外提供,而且各个交易所之间并不通用。同时,电子仓单完全没有被用于国际贸易中。

目前电子提单、电子票据、电子仓单的使用基本是区段性、国别性、封闭性的,没有形成自由顺畅的国际流动,其节约成本、流转速度快、信用高等优

---

① 参见郝世景:《电子商业汇票业务推广瓶颈及对策分析——以湖北地区为例》,载《财经界》2017年第7期;沈杰、宋根苗、陈吟:《制约电子商业汇票业务推广的因素及对策建议——以蚌埠市为例》,载《金融会计》2015年第11期;周春艳:《目前电子商业汇票业务推广瓶颈及对策》,载《金融经济》2016年第6期。

② 参见曾一村:《论银行间纸质票据电子化交易:纸质票据仍有存在意义》,载第一财经网(http://www.yicai.com),2015年11月18日。

点并未充分体现,没有对国际贸易起到应有的促进作用,不符合作为国际贸易大国、航运大国、全球最大的大宗商品进口国和消费国的中国的现实需要。

由于信用不足,成本高,可转让范围有限,中国当前的电子可转让记录的商业价值未充分发挥,而且潜在风险巨大。尽管经过多年的努力,电子可转让记录的使用范围始终难以有效扩大,在经济上的价值并未充分发挥。

(三) 中国在 ETR 国际立法中的选择

1. 严格的"功能等同"

在 ETR 立法的关键问题,即"功能等同"的宽严选择上,中国坚持严格标准更符合我国的市场环境和法制环境,更有利于发挥 ETR 的金融工具属性,更有助于促进我国可转让单据电子化的发展。

(1) 符合中国在国际贸易中的地位

目前在国际贸易中使用的主要只有电子提单,而且是转让性受限的登记制电子提单,立法在"功能等同"问题上的宽严标准不同,很大程度上体现在对当前电子提单实践的影响不同上。

从我国电子提单的商业实践看,当前转让性受限的"电子提单"主要是由出口商在推动使用,进口商多为被动接受。在大宗干散货和油货的国际贸易中,当出口商占据强势的交易地位时,更可能选择使用电子提单。而集装箱运输中由于出口商往往在谈判中居于弱势地位,因而很少使用电子提单。我国已经连续七年成为全球最大的大宗商品进口国和消费国,在国际贸易中更多代表干散货和油货进口商的利益。在可转让性受限的"电子提单"还不能被市场广泛接受的情况下,立法降低电子提单必须达到的标准,承认转让性不如纸质提单的"电子提单"具有与纸质提单相同的法律地位,可能恶化中国进口商在谈判中的地位,迫使进口商被动使用可转让性不足的"电子提单"。同时,由于在集装箱运输中我国货主往往是中小出口商,无力迫使进口商接受可转让性受限的"电子提单",法律承认这样的"电子提单"的法律地位,也难以使外国进口商改变态度接受。ETR 立法对"功能等同"采宽松标准,将使国际贸易的进行更加依靠实力,破坏纸质单证下已经达成的买卖双方利益平衡,最终损害中国在国际贸易中的利益

同时,当前使用的电子提单主要是 BOLERO 和 ESS 电子提单,中国只有电子提单的用户,没有电子提单的平台服务商。由于平台服务商近乎垄断

的地位,本来就在合同关系中居于强势,如果 ETR 立法放松"功能等同"标准,很可能使中国用户的谈判空间更加受限,被迫接受一些不公平条款。而且,由于电子商务中容易形成路径依赖,进入市场较早的服务平台在取得合法地位后可能会很快扩大市场份额,使我国本土的电子提单服务平台难以形成和取得市场认同。

(2) 有利于保护中小商人利益

提单、票据和仓单可称为"草根金融工具",都有金融工具的属性,同时都主要为中小企业所倚重。不管是电子提单、电子票据还是电子仓单,当前商业实践中采用的模式都呈现出同一个特点,即主要适应大企业需求,而对中小企业的需要考虑不足。实际上中小企业从可转让单据电子化中受益的机会很少。这和纸质可转让单据主要是为中小企业服务的情况形成对立。

对"功能等同"采取宽松标准的 ETR 立法,将电子化的风险分配给使用者,要求"用者当心",只会进一步打击中小企业使用电子单据的信心,恶化其竞争环境。严格立法,限制合同自由,可以增强中小企业对电子可转让记录的信心,帮助其获得单据电子化带来的各种好处。

当前电子商务国际立法的最大争议,是将决定权交给市场还是交给政府。将一切交给市场,看似合理,实则未必公平。当前商务电子化的很多风险是通过合同转嫁给了一般消费者。如电子支付、在线支付、手机支付、支付宝、微信支付,确实提供了极大的方便,但也潜藏巨大风险。一般人因为被表面的方便吸引而趋之如鹜,不理会其中的风险。服务提供者则在合同中预先将责任撇清。一旦风险真的发生,一般人就要付出惨痛代价。如我国已经不止一次发生过骗子用不正当手段得到了受害人的手机号码,导致受害人"一夜之间,倾家荡产"的事故。这样的后果与电子支付的使用紧密相关,而所有电子支付相关方却全都自称无辜,对电子支付设计中的安全漏洞概不负责。逻辑是"你自己愿意用,当然自担风险"。对"合同自由"进行限制是当今法制的一项基本原则。市场首先需要自我约束,如果市场自我约束不足,就需要由法律来进行强制性约束,例如对不公平合同条款的约束。与一些发达国家相比,我国虽然有各种行业协会,但行业协会在企业自律方面做得并不是很充分。放任电商企业"野蛮生长",未必是我国发展电子商务的可选途径。

事实上各国都对电子商务采取鼓励措施,并不是真的完全留给市场决定。如美国等国对采用电子提单报关有时间上的优惠,促进了美国商人对电子提单的需求。丹麦政府大力提倡使用电子票据,规定政府采购必须使用电子票据。我国对电子商务比较积极,也出台了许多支持政策,如从 2001 年 1

月1日起,全面实施电子报关,也就是采用电子数据报关单的形式报关,更以行政法规的形式命令必须采用电子商业汇票。但对可转让单据电子化更好的激励政策,也许是提供一个明确稳定的法律环境。

(3) 维护交易安全和金融安全

从安全和发展的平衡来看,中国更适宜采取严格立法的立场。因为我国可转让单据的发展过程中,安全问题比发展问题更为突出。而严格立法有助于解决欺诈等安全问题。

欺诈已经成为困扰我国可转让单据发展的一大痼疾。我国可转让单据开始走上电子化的道路,很大一部分原因是为了解决欺诈问题。提单欺诈一直以来在提单纠纷中占很大比例,而近年来仓单、票据的欺诈大案也频频发生。我国当前基于假票据等的犯罪行为十分猖獗,票据犯罪已成为继证券犯罪、假币犯罪之后的第三大金融犯罪。中国人民银行要求票据全面电子化,根本依据就是为了防止票据欺诈,而手段就是必须在其主管的平台上进行电子化。而仓单使用中也频发金融诈骗,甚至使仓单作为融资工具的发展陷入停滞。

仅仅是电子化本身并不足以解决欺诈问题,基于电子记录的欺诈同样可能发生。如2016年8月,有不法分子利用虚假材料和公章,在中国工商银行廊坊分行开设了河南一家城市商业银行"焦作中旅银行"的同业账户,然后以多家企业作为出票人,以中国工商银行作为代理行,以"焦作中旅银行"作为承兑行,以中国工商银行电子汇票系统代理接入的方式开出了10亿级数额的电子汇票,并辗转到恒丰银行等贴现,导致银行巨额损失。①

在对纸质单据的真实性尚缺乏有效监管的情况下,放松电子可转让记录的权利单一性标准,可能会使各种金融犯罪行为倍增。当前电子可转让记录在实际业务中已经被作为融资工具使用,只是因为普及范围有限,实际风险还很少发生。在我国当前阶段,完全依靠市场解决信用问题是不够的。如果

---

① 参见《工行电票风险案真假同业账户存疑,究竟有无开户资质》,载《21世纪经济报道》2016年8月12日。恒丰银行发现问题后报案。焦作中旅银行发布声明称:"我行从未签发电票,也从未委托他行代理签发电票。不法分子冒用我行名义实施的行为与我行没有任何关系,我行将保留追究其法律责任的权利,也将积极配合有关部门予以严厉打击"。恒丰银行相关人士则表示:"我们也是受害者。而且电票系统很规范,我们也有理由相信工行作为国有大行代理开出的票据的真实性。这事也是我们自己主动排查时发现的问题。发现问题后,我们已在第一时间向上海警方报案,并向监管部门逐级汇报了情况。"中国工商银行河北廊坊分行却表示,近日该行在账户监测和检查中发现,焦作中旅银行在该行开立的同业账户存在资金异常变动情况。该行立即对可疑账户采取紧急冻结措施,并将相关情况通报了票据转贴现买入行。三方各执一词,真实情况如何迄今未见权威披露。此案揭示出的法律问题之一,是电子票据平台在用户的电子身份认证中应当承担怎样的义务和责任。

电子化不辅之以严格的信用要求,电子化就不仅不能解决欺诈问题,反而会成为欺诈的推手,为欺诈大开方便之门,这与电子化的初衷背道而驰。而严格的"功能等同"要求可以更好地防范在单据电子化过程中发生欺诈。

(4) 适应中国法律环境

电子商务立法既需要确定性,也需要灵活性。但从我国法律环境看,确定性的需求更突出。

首先,我国的司法制度与普通法系国家不同,我国不承认判例的法律渊源地位,对法官的自由裁量权也多有约束。如果法律只是原则性规定"必须功能等同"而不规定何为功能等同,必然导致实践中的混乱,无助于增加电子可转让记录的信用和可转让性。在这个问题上,我国在对电子签名进行立法时,已经进行过相关的思考和选择。我国《电子签名法》采用的是两级模式。原因就是认为"最低限度模式"不符合我国国情。而当时的讨论和决定现在看来并未过时。

在国际贸易中,大量纠纷是通过仲裁解决。但国际商事仲裁的采用对法律的确定性帮助有限。因为当前 BOLERO 和 ESS 电子提单平台与用户签订的协议中,都规定"伦敦仲裁,适用英国法"。在国外进行的仲裁无助于我国法律的完善。同时,仲裁裁决不公开,也使借助仲裁裁决澄清问题的希望落空。

其次,我国纸质可转让单据的法律本身就不够完善,如果将大量问题留给司法解决,给法官的自由裁量余地过大。

大陆法系国家将票据、提单、仓单都视为"有价证券",但通常未必在提单、仓单的专门立法中也如在票据法中一样详细规定单据的签发、转让和注销规则,而是写明"准用票据法的规定"。我国提单和仓单的立法中却没有相应规定,这使我国提单和仓单在涉及签发、转让和注销的程序性问题时缺乏必要的法律依据,一些基本问题也争议不断。例如,我国理论界对提单到底是否代表物权有过长期争论,各种观点,从"提单代表所有权""提单代表占有权"到"提单不代表物权"都有。虽然现在司法实践中一般承认提单的物权性,但对这种物权性的具体内容和表现仍未能进行一致性判决。2016 年,最高人民法院第一巡回法庭对"中国建设银行股份有限公司广州荔湾支行与广东蓝粤能源发展有限公司等信用证开证纠纷案"作出再审判决,再次确认提单具有物权效力。[①] 但该案判决中提出"提单物权性有时有有时没有"的观

---

① 参见最高人民法院(2015)民提字第 126 号。

点,使这个问题又趋复杂。

法律的不足在提单的情况下因为有"国际惯例"可以援引而得到了一定弥补,但在仓单的情况下就显得更加突出,而且直接导致了仓单业务发展的不顺利。可以说,我国仓单作为融资工具发展很不理想,很大程度上要归因于仓单法律的不健全。

在纸质单据的法律制度尚存在重大不足的情况下,如果对单据的电子化采取宽松标准,将进一步混乱相关法律关系,成为新的纠纷来源。

最后,我国法律体系中有价证券法本来就是强制性的,给司法机关留下的自由裁量余地并不大。

与有些国家可以用合同法调整票据、提单不同,在我国的法律体系中,有价证券法并不是合同法的分支,绝大部分规定是强制性的,需要当事人严格遵循。我国《物权法》第 223 条第 1 项至第 6 项明确列举了哪些权利能够设定质权,将该条与《担保法》第 75 条加以比较可以发现,虽然两个条文都采取的是"列举加概括"的方式规定权利质权的客体范围,但是《物权法》第 223 条明确地规定了只有"法律、行政法规"才能够规定哪些财产权利可以设定质权。而且《物权法》第 180 条第 1 款第 7 项在对可以抵押的财产进行概括时采用的表述是"法律、行政法规未禁止抵押的其他财产",而第 223 条第 7 项对可以抵押的权利进行概括时采用的表述则是"法律、行政法规规定可以出质的其他财产权利",这种表述的差异意味着,在设定抵押权时,某一财产只要是法律、行政法规没有禁止抵押的,就可以抵押。而设定权利质押时,如果某一财产权利在法律、行政法规上没有允许其设定质权,就不能出质。① 如果电子可转让记录立法采用宽松标准,会导致纸质单据与电子记录之间的不公平对待,而且由于纸质单据与电子记录的互换,会使两种媒介的法律制度都处于混乱中。

2. "非中心化"的信用模式

(1) 全球性"中心化"信任体系很难建立

传统法律对纸质的要求,形成了可转让单据的全球"非中心化"的信任体系。由于技术的局限,现在一般性的做法是采取"登记制",其实质是以一个"中心化"的信用体系,替代以纸质单据构建的"非中心化"的信用体系。这种转换在国际层面形成了很大的困难和风险。因为在"中心化"信用体系下,没有一个覆盖全球的信用中心,或若干分中心的全球协作机制,就不可能实现

---

① 参见王利明等:《中国物权法教程》,人民法院出版社 2007 年版,第 521 页。

电子可转让记录的全球自由转让,而这可能在短时间内难以实现,从而拖慢可转让单据电子化的进程。现在商业实践中各种"中心"的电子可转让记录都无法实现全球转让,从而其使用范围有限,无法取代传统的纸质单据。

(2) 全球性"中心化"信任体系监管难、成本高

中心化的国际价值转移体系高度依赖中心的信用,这种依赖本身蕴含风险。为了减少风险必须进行法律监管。然而,"进入 21 世纪时,我们面临的一种两难境地是,当市场努力成为全球性市场的同时,为它们提供支持的制度仍在很大程度上是国家性的。"①ETR 全球转让,而对其信用中心的监管只能是以国家为主体的。一国要对这样的中心进行有效监管需要投入成本和精力,对管理水平不够高的国家是个很大的挑战。而我国有关机构能否胜任这样的监管很有疑义。

以"中心化"信用体系可能涉及的特殊的信息安全问题为例。当前我国还没有专门的《个人信息保护法》,即使制定,也未必涵盖商业机构的信息;对涉外商用密码有一定管理措施,但并不完善。这使我国对登记制的电子可转让记录可能带来的信息安全问题难以有效监管。现在国际贸易中使用的主要是电子提单,而且我国电子提单又都用的是国外登记处,对这些登记处如何收集、保管和使用电子提单信息,我国缺乏有效监管手段。而电子提单上记载的货物进出口信息不仅事关企业经营②,汇总后还可能成为国家经济信息。如果放任电子提单的登记处在中国自由发展,成为"全球贸易信息平台"③,对国家经济信息安全的威胁可能是巨大的。如果 ETR 立法放松标准,立法的直接后果是为登记制电子提单在我国作为提单使用提供了法律依据,而对我国监管这些登记处没有提供任何依据,这使电子提单蕴含的风险无法得到有效监管和控制。当然,国家也可以直接从信息安全的角度进行立法监管。从全球来看,国家政府强化网络数据管控、让它在安全的标准下运行是一种趋势,但同时国家的管制也会受到基于自由贸易理论的挑战。如我国制定《网络安全法》时,美国商会等 46 家外国商业团体和公司就联合致函,

---

① 〔美〕丹尼·罗德里克:《经济全球化的治理》,载〔美〕约瑟夫·S. 奈、约翰·D. 康纳胡主编:《全球化世界的治理》,王勇等译,世界知识出版社 2003 年版,第 292 页。
② 贸易商不愿意将其交易信息记录在一个中央登记处,从而在税务或商业竞争等方面陷入被动是登记制电子提单未能广泛推广的一个重要原因。参见 George F. Chandler, III, Electronic Transmission of Bills of Lading, *Journal of Maritime Law and Commerce*, Vol. 20, Issue 4, October 1989, pp. 571—580。
③ 已经有人预测,BOLERO 很可能将成为全球贸易信息的交易平台。参见 Emmanuel T. Laryea, Paperless Shipping Documents: An Australian Perspective, *Tulane Maritime Law Journal*, Vol. 25, Issue 1, pp. 255—298。

认为《网络安全法》增加了贸易壁垒,要求依据国际贸易法规修正。依靠商法而非行政法调整跨境交易中的信息安全是更常规、更稳定的方法。

在"中心化"信用体系下,一旦信用中心运转失常,全球经济体系就将面临极大的危险,而经济监管能力弱的国家危险更大。根据中国在当前国际贸易中的地位分析,中国虽然是贸易大国,但贸易商数量众多而谈判实力偏弱。中国在中心化的国际价值转移体系中成为中心、占据主导地位的可能性不大,对位于其他国家的中心也难以进行有效监管。如果创造出一个庞然大物而又没有能力进行管理,那么更好的策略,也许是一开始就不要创造出这个庞然大物。

中心的存在不仅带来中心被控制与被滥用的风险,还意味着更高的成本。由于垄断形成的高收费、苛刻的合同条件等,可能对国际贸易中的弱势一方雪上加霜。由于以下原因,中国很难占有优势:首先,使用电子提单的决定权在谈判地位占优的贸易商,而中国的贸易商以中小贸易商为主,对是否使用、使用哪种电子提单难以掌握发言权;其次,船东是否签发以及签发哪种电子提单,很大程度上取决于船东保赔协会是否同意承保,而国际船东保赔协会主要集中在英国,中国同样缺少发言权;另外,中国在中心建设上已经丧失先机,自主建设的中心得到国际承认需要一个较长的过程。

当前的"电子提单"都采用登记制,是一种中心化解决方案,改变了纸质提单的非中心化信用模式。从国际贸易的大背景看,价值转移方式从非中心化转变为中心化,总的来说是对中小商人不利,对市场经济不够完善的国家不利。如果是中心提供信任,必须规定信任提供者的责任,并应针对电子环境下特有的信息保护进行专门规定,否则不能保证原有的非中心化的信任系统下的利益得以保全。而我国在国际贸易中主要是信用的依赖者而非提供者。

(3) 推进"非中心化"的信用体系具有可行性

"中心化"信任体系本来就与"非中心化"信任体系不同,可能改变当事人之间的关系,并带来更高的成本。对电子环境中的"非中心化"信用体系的要求一直存在,这种要求以前受困于技术,因而"中心化"被视为一种变通性做法和一种替代措施。但技术的发展,已经使电子环境中的"非中心化"解决方案看到了曙光。尤其是区块链技术的发展迅猛,而且将其适用于ETR的商业实践也在展开,值得立法为其留下通道。非中心化的解决方案中每一个参加者都同等重要,不受谈判实力等其他因素约束,更适合中国这样参与国际贸易的用户众多而谈判实力偏弱的国家。非中心化的信任体系更不容易被操纵，成本更低，更符合中小商人所需，更容易达成国际共识。当然，区块链技术也隐含着通过垄断计算能力掌握网络控制权的风险，但这种危险至少在当前看来更多是理论上的，而且也有规避手段。区块链技术作为最底层的技术，其上根据应用不同还会有不同的应用协议。在电子可转让记录领域的应用协议如何书写，将受到法律的约束和指引。而一旦应用协议成型，将难以更改。在此关键时刻，中国应一方面大力推动区块链应用协议的技术探索，一方面根据本国实际情况立法，为区块链技术的商业运用准备好法律环境。

作为国际贸易大国，中国需要在 ETR 使用中掌握主导权。由于中国难以在一个中心化的国际信用体系中充当主导，又不能让其他国家在电子化过程中充当主导，甚至成为国际贸易的信用中心，因此，一个分中心的信用体系更符合中国的国际经济贸易利益。既然以区块链为代表的技术发展，已经使电子环境下提供非中心的信用来源成为可能，中国应坚持一个非中心的可靠的信任来源。

3. 克制的《ETR 示范法》调整范围

中国希望限制《ETR 示范法》的调整范围，其合理性在于，我国在不同可转让单据的电子化过程中有不同的利益考量和需求。三种典型的可转让单据中，提单只在国际贸易中使用，仓单只在国内贸易中使用，票据以前在国际贸易中有广泛使用而现在主要只在国内贸易中使用。我国的票据立法比较完善，提单制度基本遵循国际惯例，而仓单的法律制度则比较欠缺。三种单据都面临防止欺诈的任务，而提单则还需要重视公平交易。三种单据的电子化都需要强调对中小企业的保护，以维护其"草根"属性。因此，用同一部法律规范不同可转让单据的电子化，如果要面面俱到，难免会顾此失彼。放弃"大而全"的企图，只对各种单据在电子化过程中有共性的问题进行规范，或者进一步说，集中于对"纸质"要求的电子化的规范，更容易达成一致。

同时，ETR 的发展毕竟还处于初期，严格立法受制于当前技术的想象，很容易对技术发展形成不利影响。为此，即使只对"纸质"的电子化进行规范，也需要限制立法的范围，只对最核心的"请求权单一"问题提出严格要求，为 ETR 的转让提供最基本的法律条件，而对其他问题可以不规定或少规定。

总的来说，一个 ETR 的国际法律框架对我国而言有比没有好。但是一个对我国有利的国际立法，应该不抵触我国法律的基本原则，符合我国电子交易和电子技术发展水平，具有良好的立法技术。从中国的商业现状、法律理念等看，《ETR 示范法》基本符合中国的当前所需。

（四）中国对《ETR 示范法》的采用或借鉴

1. 建立 ETR 国际规则对中国有利

（1）中国需要 ETR 立法

中国现在还没有电子可转让记录的任何立法，也没有任何立法的动议。虽然我国《合同法》《电子签名法》等解决了电子记录的"书面""签名"的法律地位问题，但对电子记录何以取得"纸质"的法律地位没有任何规定。我国《电子商务法》更多关注的是电子商务平台的责任和义务等问题，偏重于电子商务的监管，虽然也涉及电子合同，但完全没有涉及有价证券电子化的特殊问题。① 就已经在使用的有价证券电子化产品而言，电子提单、电子仓单完全无法可依，电子票据则主要靠中国人民银行的部门规章管理。②

一种有代表性的意见，是当前实践中并没有产生相关纠纷，也没有实务界提出立法需求，可以等待商业界自发形成合理规则。然而，这种观点值得商榷。我国已经有银行和企业在国际贸易中使用电子提单。我国央行更是直接创设了电子票据系统，电子仓单也一直在使用中。我国当前的电子可转让记录实践全部采用了登记制模式，各登记处都没有完善的法律制度来规范，但都宣称其电子提单、电子仓单或电子票据与提单、仓单、票据法律地位相同，这种情况很容易引发纠纷。目前还很少有关于电子提单、电子票据或电子仓单的法律纠纷诉至法院或仲裁机构的实例，但这和这些电子记录使用范围比较小、时间比较短有关。如果持续使用和发展，纠纷的产生是不可避免的，而一旦产生纠纷，必须有相应的法律规则可供使用。司法实践中已经遇到有关电子提单、电子票据、电子仓单等的案件，但基本无法可依。③ 期待实务界呼吁立法不够现实，因为现在主要的 ETR 都是登记制的，而登记机构为了促进其 ETR 被接受，都宣称其 ETR 与纸质单据法律地位相同，不存在法律障碍，因而登记机构和因为 ETR 使用而受益的各方不会主动要求立法。

---

① 参见全国人大财政经济委员会电子商务法起草组编著：《中国电子商务立法研究报告》，中国财政经济出版社 2016 年版。
② 参见中国人民银行《电子商业汇票业务管理办法》及《电子商业汇票系统管理办法》《电子商业汇票业务处理手续》等。
③ 以"电子汇票"为关键词，在"北大法宝"的案例数据库中进行全文搜索，已可搜到 142 篇案例；以"电子提单"为关键词，可搜到 21 篇案例；以"电子仓单"为关键词，可搜到 10 篇案例。基本都是将电子票据/提单/仓单等作为证据使用，法院基本没有分析电子化的后果，也没有遇到当事人的质疑。"电子签名"有 1084 件。

而因为 ETR 使用而受到不公平待遇的弱势商人则既然在合同订立中都没有能力保护自己,往往也没有能力推动和影响立法进程。同时,等待惯例的形成太慢。

ETR 立法有利于促进 ETR 的使用和发展。目前虽然可转让单据电子化在我国也有一些实践,但总的来说发展并不顺利,对国际贸易的促进作用更是乏善可陈。通过电子可转让记录立法,可以对电子可转让记录的电子化风险进行明确分配,理顺其法律关系,保护弱势商人和交易秩序、金融秩序,强化 ETR 的功能,进一步挖掘和发挥 ETR 的经济价值,对中国经济发展起到促进作用。

(2) 中国 ETR 立法可以得益于国际立法

在电子商务立法中,存在一个特殊的现象,即"平行立法"。以往立法一般是各国先制定各自的国内法律规范,然后再进行国际层面的协调和统一。但电子商务立法则往往是在各国国内也没有法律规范的情况下,先进行国际范围内的"集体立法"。如联合国《电子商务示范法》制定时,一些国家一边参加示范法制定,一边进行本国立法。有时候是同一拨人既负责国内立法,同时也代表本国参加示范法谈判。① 这种国际、国内立法相互影响的"平行立法"模式是以前没有过的。② 电子商务立法的这种特点,使该领域的国际立法对一国具有了尤其重要的作用。中国关于电子文件、电子签名的相关立法都受到国际立法的影响。《ETR 示范法》的制定,可以视作一个推动中国进行相关立法的契机。

而且,各国的 ETR 立法都还在初始阶段,中国在这一领域及时立法,可以推动商业实践和司法实践,还可以积累经验,对法律规则的形成、修改和解释有更大的发言权,做规则的创立者而非追随者。

(3) 中国是 ETR 国际法律秩序的主要受益者

提单、票据作为核心贸易单据和重要贸易融资工具,在国际贸易中为商人尤其是中小商人所倚重。中国是国际贸易大国,而且是中小商人利益很突

---

① 1996 年《电子商务示范法》制定后,美国很快制定了 1999 年《统一电子交易法》,新加坡制定了 1998 年《电子交易法》(Eletronic Transactions Act)等。
② 参见 Amelia H. Boss, The Evolution of Commercial Law Norms: Lessons to be Learned From Electronic Commerce, *Brooklyn Journal of International Law*, Vol. 34, Issue 3, 2009, pp. 673—708; Amelia H. Boss, Electronic Commerce and the Symbiotic Relationship between International and Domestic Law Reform, *Tulane Law Review*, Vol. 7, Issue 6, June 1998, pp. 1931—1984。

出的国际贸易大国,提单、票据的使用可以说和中国的利益息息相关。

　　提单作为货物的代表,使"单证买卖"成为可能。"单证买卖"主要是为有形货物的买卖节约时间和成本,而中国作为"世界工厂",进出口贸易更多集中在有形货物的贸易。电子可转让记录的使用可以增加贸易机会,提高贸易效率。票据对国际贸易的促进作用也十分明显。从国际贸易的国内环节来说,出口经销商及出口产品生产商与原材料供应商之间有大量的实物往来和资金结算需求。票据是满足企业间短期资金支付需求的重要媒介。对于出口企业而言,签发票据作为货款支付方式,可以获得延期支付的好处和背书转让的便利性。① 而原材料供应方接受票据支付,在一定程度上可以获得购销金额一定比例的商业折扣等优惠条件,以及以票据融资或支付的便利。从国际贸易的国际环节来说,信用证对出口企业有安全收汇的保障,结合使用远期汇票,买方不用立即支付现金,而卖方可以持汇票进行贴现等,为双方都赢得了资金筹措的时间。

　　由于纸质单据流转速度慢、容易被伪造等特点,提单和票据在国际贸易中的使用被迫逐渐减少。中国是提单欺诈主要的受害国,"无单放货"等纠纷则是中国海事法院审理最多的提单纠纷类型之一。中国贸易商被迫减少对提单、票据的依赖,提单、票据在国际贸易中的作用不能正常发挥。调研发现,中国银行采用跟单信用证付款的大约占进出口贸易支付的18%—20%,主要用于大宗商品。有的国家如孟加拉国进口必须用信用证。中国工商银行则有10%左右的进出口贸易支付采用信用证。国际商会预测会下降到8%左右。在支付中,信用证虽然有收款保证,但由于手续繁杂,银行费用高,不受进口方欢迎。而我国出口产品主要集中于制造业,再加上中国产品绝大多数为初级制成品,技术含量低,竞争力差,在这种背景下,出口企业为了赢得客户,扩大市场份额,不得不采用出口赊销的方式,出口方因而承受了巨大的资金压力。根据央行统计,我国票据业务量持续下降。② 中国当前国际贸易中遭遇了各种困难,其中一大难题是中小企业难以获取资金。中国外贸政策的重点之一,就在于拓宽外贸企业融资渠道。票据是重要的融资工具。电子票据背负的重要职能之一,就是充分发挥票据的融资功能。许多国家积极进行电子票据立法,就是为了促进电子票据融资功能的发展。以日本为例,融资难一直是日本中小企业发展的瓶颈。过度依赖不动产担保和个人保证

---

① 纸票期限最长为6个月,电票为1年,出口经销商通过开票给出口产品生产商,可以进行半年到1年的商业融资,降低企业融资成本。
② 参见《央行:票据业务量持续下降 商业汇票稳步增长》,载中国财经网(http://finance.china.com.cn),2015年2月12日。

是企业融资难的一个重要原因。企业为摆脱上述限制,开始利用债权让与进行融资。由于票据遗失、被盗的风险以及管理费用的支出,企业采用转让应收账款债权的方式取代票据贴现进行融资。据日本银行业协会统计,日本票据交换金额在近10年间减少了约80%。最终,企业丧失了一种有效的融资手段。让与应收账款债权虽然在一定程度上缓解了中小企业融资的困境,但《日本民法典》第467条规定指名债权让与以"通知"或"债务人承诺"为对抗要件,不仅手续繁琐,而且因"通知"或"债务人承诺"并非是有效的公示手段,既存在双重让与的风险,也在债权发生双重让与时不能有效地平衡各受让人之间的利益,债权让与制度并未发挥其应有效用。[①]

票据、提单是国际贸易中简单实用、成本低廉的支付工具和融资工具,虽然纸质单据本身的特点限制了其在当今的国际贸易环境下继续发挥更大的作用,但一弃了之,对无法取得更好的替代品的商人而言却并非良策。电子可转让记录是作为克服纸质可转让单据缺点的创新方式被提出来的。虽然当前实践中的各种"电子提单""电子票据"还不能提供稳定的权利保障,难以在国际贸易中担当大任。然而,在电子商务发展的大背景下,通过技术和法律双方面的不懈努力,可以用电脑和网络处理,既能保留传统提单、票据的全部功能,而又能去其不足的"电子票据""电子提单"在国际贸易中出现和广泛应用的前景是可以预见的。这样的电子可转让记录将对国际贸易发挥更强大的支持作用。

当前ETR在国际贸易中不能广泛使用,一个很重要的原因是法律地位不明形成的障碍。而这种障碍只有通过立法才能迅速克服,而且最好是通过国际立法。因为一国的国内立法无法形成一个ETR跨境转让所需要的稳定的国际法律环境。

(4) 中国有机会作为新秩序的倡导者

中国是国际贸易和运输大国,国际贸易领域的任何改革、创新,可以说都和中国利益息息相关。可转让单据电子化对中国的重要性不言而喻,说它在所有国家中对中国最为重要也并不为过。不过不管是国内立法还是国际立法,中国都还没有足够的领导力。而UNCITRAL成功制定《ETR示范法》,提供了一个建立ETR国际法律秩序的机会。

《ETR示范法》首先是个进步,在一个各国法律存在重大分歧的领域进行了第一次统一的尝试,并且取得了初步成功。这个成功的重要性因为以下

---

① 参见崔聪聪:《日本电子记录债权法研究》,北京邮电大学出版社2015年版,第3页。

两点大为加强。首先,在漫长的商业历史中,票据、提单、仓单分别发展,各自发展出了许多特殊的制度,在国内法中往往被不同的法律部门所规范。虽然大陆法系有"有价证券",英美法系有"可转让单据"的上位概念,但其共性实际很少研究。由于电子化的原因,这些单据因为面临共同的难题而再一次被放在一起讨论,必须跨越各部门法之间的区别。其次,大陆法系和英美法系在这个问题上从概念到原理都存在巨大差异。在纸质单据的时代,两大法系的国际统一就没能实现。因此,将"可转让单据"电子化的问题放在一部法中规定,不仅需要跨越不同法律部门之间的距离,还需要跨越大陆法系和英美法系之间的距离。《ETR 示范法》的制定,大大增强了这一领域国际统一和协调的信心。《ETR 示范法》的通过表明,经过长时间的激烈讨论,在国际层面上就一些重要问题基本达成了一致。例如,大家都承认对 ETR 必须进行监管,ETR 立法需要国际协调,ETR 立法需要足够的确定性和适当的灵活性,等等。思想的统一为立法的统一奠定了良好基础,而且必将对将来该领域的国内立法产生影响。如果这部示范法能够如立法初衷一样构建一个促进 ETR 使用的稳定法律环境,对中国应该是有益无害的。

由于《ETR 示范法》从制定伊始到最后通过,关于纸质单据"功能等同"的路径之争一直存在,而且十分激烈,虽然最后达成了妥协,但两种路径的支持者都不甚满意,这为示范法是否会被各国采用平添变数。美国一直宣称其不会采用示范法,即使示范法完全采纳美国观点也是一样。欧盟各国态度差异较大,如德国、奥地利等倾向于"功能等同"的严格标准,支持"单一 ETR"的要求,而比利时等国则倾向于宽松标准,支持"控制"的要求,英国则根本不支持立法。这种差异使欧盟不太可能领先采纳示范法,但一些欧盟国家接受示范法的立场并无难处。亚洲各国中,新加坡基于支持 UNCITRAL 电子商务立法的一贯立场,很可能会率先适用《ETR 示范法》。但韩国、日本因为已经有自己特色的国内法,而且日本是关于票据的两个日内瓦公约的缔约国,韩国和日本这两个国家不太可能在示范法广泛采用之前放弃现有的国内法而改采示范法。《ETR 示范法》基本反映了中国在 ETR 立法上的立场和主张。中国作为国际贸易大国和运输大国,如果率先采纳《ETR 示范法》,可以起到很好的示范作用,促进《ETR 示范法》在更大范围的采用。

现在各国有 ETR 相关立法的还很少。即使已经有立法的,由于运用起来并不顺利,也未必很坚守现有做法。可以说,各国对 ETR 立法如何进行基本持有一种开放心态。在这种情况下,《ETR 示范法》的制定为中国提供了一个积极参加甚至主动引领未来的国际贸易模式和法律框架构建的机会。

以我国实践中对铁路运单"提单化"的需求为例。海运提单也并不是一开始就具有物权凭证功能,是后来由于海运路途遥远,为了避免货物闲置,商人们达成了用提单代表货物进行流转的共识。权利证券化有诸多好处,如果当今以铁路为主的多式联运也面临在途时间长、货物被闲置的困难,以运输单据代替货物进行流转不失为一种好的构想。然而,创造一种新的物权凭证并非一件简单的事情。要使多式联运单具有物权凭证的功能,首先要开立多式联运单的承运人如铁路承运人承诺对单放货,铁路承运人未必愿意。而且即使铁路承运人愿意,由于这种承诺是运输合同下作出的,也只对合同当事人有效,因而并不能使合同当事人以外的第三方单据持有人获得诉权。要使这种承诺具有对世的效力,必须要进行立法。又由于为国际贸易服务的多式联运中多式联运单需要跨国转让,只在中国立法规定多式联运单具有物权凭证效力并不能使多式联运单形成一个可自由转让的国际市场。一个国际法律秩序必须形成,而各国主动配合立法的可能性极其微小。如果是以区域为限建一个电子可转让记录系统,却是很有可能的。而这样的电子可转让系统一定需要一个法律秩序,《ETR示范法》恰好可以提供一个现成的法律支持。《ETR示范法》主要针对的是已经有纸质对应物的ETR,但并不排除各国将其延伸适用于只在电子环境中存在的ETR。如果构建一个多式联运单的电子系统,这个系统中的电子多式联运单一开始就被设定为可转让的,参与项目的各国再同时将《ETR示范法》采用为国内法,则可转让的电子多式联运单可以很快实现。

而且,电子可转让记录的使用不仅能促进国际贸易的发展,本身也蕴含着新的商机。如提供平台服务、发展大数据业务等前景广阔,作为国际贸易大国的中国也不能忽视这些新的商机。参与ETR国际法律规则的制定,也将有助于中国在将来的ETR法律纠纷解决中占据有利地位,有助于促成中国成为电子商务时代国际贸易的纠纷解决中心。

2.《ETR示范法》对中国立法的借鉴价值

中国需要一个ETR国际立法,但必须是一个符合中国利益需求的国际立法。而从《ETR示范法》的制定来看,这部示范法基本反映了中国立场,对国内立法有借鉴价值。

(1)立法模式

不管是否采用《ETR示范法》,《ETR示范法》的立法模式和途径都有可圈可点之处,值得中国借鉴。

从立法模式来说,国际上关于可转让单据电子化有多种立法模式。可以对电子记录单独立法，也可以采用"功能等同"的立法模式；可以如《ETR示范法》一样统一立法，也可以对电子提单、电子票据和电子仓单等分别立法。《ETR示范法》的统一立法模式对中国提供了一种新的立法模式的参考。

统一立法是指对不同的电子可转让记录，如电子提单、电子仓单、电子票据在电子化过程中遭遇的问题在同一部法中解决，而不是分开由原来的提单法、仓单法、票据法分别解决。美国《统一电子交易法》创造性地采用了这种办法，《ETR示范法》则第一次在国际层面采用了这种方法，而这种路径对中国有很大的参考价值，理由有三。第一，虽然提单、仓单和票据的法律性质存在重大差异，但在电子化时面临的法律问题是一样的，即如何完成纸质的"单一性"保证，这个问题适合在同一部法律中按同一标准解决。统一立法更有利于节约立法资源，也更有利于形成统一的国家政策。第二，虽然修改《票据法》《海商法》《合同法》，在其中分别加上相应的单据电子化条款；或者在《电子商务法》或《民法典》中加入相关内容也是可能的选择之一，但很重复，而且很容易形成各法之间的不统一。第三，其他国家在不同法律中规定，往往是因为不同领域发生问题后直接规范，成熟一个规定一个。我国电子提单、电子仓单、电子票据的实践都已经展开，具有后发优势，可以同时规定。我国已经有关于"书面""签名"的功能等同规定，如果再制定一个统一的"纸质"的功能等同标准，可以使我国电子商务立法形成一个比较完整的结构，将来司法解释也比较容易统一。而且不仅可转让单据，其他法律中涉及"纸质"单一性要求的，都可以参照适用ETR法律中的标准。

统一立法的优点很明显。我国可以在《ETR示范法》的基础上立法，或直接采用该示范法。但难点在于，我国当前立法任务繁重，没有一个强有力的部门推动，可能很难立即开展。通过司法解释扩张解释"纸质"的概念也是一种可选的路径，但司法解释不能越权直接抵触法律规定。制定地方规章，以"试点"的方式在特定地方如自由贸易试验区等地先行先试，也许是在全国性立法不能立即开展的情况下的一种可行选择。

另一种方法，是分别在《票据法》《海商法》《合同法》中修改相应的条款。不过这样做可能不统一，而且难度更高。还有一种可能更快捷的方法，是先制定部门条例。但部门条例应该只能是对平台进行管理，不能超越条例制定机构的权限范围，也不能违反法律的明确规定。以电子票据为例。我国电子票据是依据中央银行的行政命令推行的。我国《票据法》是全国人大常委会颁布的法律，而央行的规定只是国务院部委颁布的行政法规。行政法规的效力低于法律，不得与法律抵触。依靠央行行政命令建立的电子商业汇票系统，必须面对系统责任分担是否足够公平的诘问，以及如果违反命令继续使用纸质汇票的合法性问题。事实上,虽然央行规定 3 年内 100 万以上的汇票必须采用电子汇票形式,但对违反此规定继续使用纸质汇票却没有规定任何惩戒措施。

(2) 立法路径的借鉴

目前对 ETR 立法有"单独立法"和"功能等同立法"两种方式,《ETR 示范法》的"功能等同立法"对我国更有借鉴价值。首先,这与我国商业现实契合。我国电子提单、电子票据和电子仓单都可以与纸质单据互换,沿用的是纸质单据的原理。其次,这也便于国际统一。当前关于 ETR 的各国立法没有任何一部取得普遍认同,而国际立法中只有《ETR 示范法》是专门系统规定 ETR 问题的,而且目前看来被认同度也比较高。物权法是各国差异极大,国际统一最难的领域之一,提单代表货物本身经过长期商业实践才得到国际统一承认。票据法的国际统一也非常困难。"功能等同立法"致力于将电子记录与纸质单据的地位对应,可以继承传统国际贸易法已经达成的统一成果。如果中国采取"单独立法",即使可以在国内建立一个良好的法律秩序,但迅速建立一个国际统一的规则则几乎不可能。而对需要在国际范围流转的电子可转让记录,尤其是电子提单而言,只有国内效力的立法意义非常有限。

在如何确定"功能等同"的条件上,《ETR 示范法》的讨论过程本身非常有参考价值。实际上在达成最后的结果之前,《ETR 示范法》作了一系列的选择题。它没有选择基于普遍认为最有前途的"登记制"立法,而是坚持了一个非中心的信用机制;没有选择仅以含糊的"控制"作为标准,而是以"单一性加控制"的要求保证了相当程度的明确性。这些选择以及背后的原因值得研究和学习。当然,《ETR 示范法》最后选择的"单一性"加"控制"的立法路径,看起来是当前最合理的一种立法路径。这种立法路径下的立法模式和风险分配基本符合中国利益已如前述,可为中国借鉴乃至效仿。

3.《ETR 示范法》基础上的进一步完善

《ETR 示范法》是一个示范法,不仅其关键条款有较大的解释空间,而且一些条款本来就是供选择适用的。中国制定国内法时,在吸收《ETR 示范法》合理成分的基础上,也应对其不足进行弥补,并对其给出的"选择题"作出恰当选择。

第一,专项立法,避免"二元体制"。

专项立法,是指在 ETR 立法中只解决"单一性"的问题。这方面《ETR

示范法》恰恰是个反面教材。《ETR 示范法》包括书面、签字的一般性规定，但允许各国选择是否适用。由于已经通过的《电子商务示范法》和《电子签名示范法》中有关于书面、签字的专门性规定，必然产生《ETR 示范法》的规定与已有规定如何协调的问题。中国已经有《合同法》《电子签名法》处理书面、签字的要求，在 ETR 立法中再对书面、签字进行规定，必然会形成双重标准，不利于商业实践和司法实践。当然，如果 ETR 立法中不对书面、签字进行规定，可能在这些问题上与其他采用了《ETR 示范法》的国家的法律有冲突。事实上，《ETR 示范法》中规定了书面、签字的内容，也是希望起码在这一领域达成全球统一标准。但在一国境内，ETR 中的书面、签字为什么要与其他商事活动中的书面、签字的要求不一样，理论上很难解释，事实上也很难操作。而且《ETR 示范法》中的相关规定很简单，估计也很难真正形成全球统一标准。因此，为避免"二元体制"，建议我国的 ETR 立法只集中解决"纸质"的"功能等同"，书面、签名、原件等的规定可以从《合同法》《电子签名法》《电子商务法》等一般性法律规定中得到。如果是直接采用《ETR 示范法》，也可以如《ETR 示范法》授权的那样，明确声明不采用该《示范法》第 7 条、第 8 条。

ETR 在使用中可能遇到的问题不仅有纸质的要求问题以及书面、签名的问题，更广一点的，还有信息保护、平台责任等问题，但这些问题并非 ETR 所特有，应该由一般性的电子商务立法来解决，以尽量维护我国电子商务立法的系统性。

第二，"改良"功能等同法：刚其柔性，柔其刚性。

由于 ETR 电子化风险的特殊性，使沿袭传统电子商务立法的风险分配方式不尽合理。可转让单据电子化是发展方向，也是一种共同追求的目标，因此，可转让单据电子化的发起者和使用者应该分担电子化风险。同时，应该让发起者承担更重的责任，通过对"功能等同"执行严格标准，使电子化的风险最小化。简单地说，就是突破"功能等同法"的局限，"刚其柔性，柔其刚性"。

"刚其柔性"，是指 ETR 立法中应制定严格的"功能等同"标准，明确要求电子可转让记录在单一性方面必须达到和纸质同等的功能，即绝对、对世地证明权利单一。任何方法如果可能确定出两个无法辨识真伪的权利人，就不是功能等同的方法；如果不能由所有人主张而是局限在一个封闭的圈子里，也不是功能等同的方法。严格标准更有利于确立电子可转让记录的信用，促进其可转让性，从而促进其应用，促进经济发展。同时，严格标准可以避免损害一些人，而中国更多代表这些人的利益。同时也可避免损害中国本来就比较脆弱的金融秩序和交易秩序。

在不同国家,"严格"的含义不尽相同。在中国,"国家监管"而非"行业自律","立法标准"而非"司法标准","强制性"而非"任意性","技术信任"而非"机构信任"意味着严格。在法律中以强制性规范明确判定"单一性的"可靠要素,法律才是严格的。同时,应该指明电子可转让记录被认为符合法定标准所必须做到的条件,例如采用了能指出独一无二的电子可转让记录的技术方法,或采用了绝对权威的登记处的登记。由于指出具体法定条件必然以特定技术模式为基础,为避免像韩国电子提单立法那样限制不同技术模式的使用,阻碍商业和技术的创新,可以对采用的标准以举例的方式进行。首先原则性要求功能等同,并指出保证只有一个可以主张权利的人是功能等同的基本要求,然后再以不排他的举例的形式,说明已知的技术模式下信用对象是什么及应达到什么标准。例如可规定:"应该采用一种方法,和纸质单据一样能以外观化的方式权威地证明只存在一个权利。如下方法视为满足前款规定:(1)对单一的电子可转让记录具有排他性控制;(2)……"这样既不违反技术中性,又具有必要的确定性。

"柔其刚性",是指在 ETR 立法中反映出电子与纸质方式终究是不同的,即使严格立法,电子方式的使用也会带来一些额外风险。为了让各方适度分担风险,可以对 ETR 建立一套传统可转让单据不具有的新制度。例如一方面,可以对 ETR 的提供者规定强制保险义务等,使其有能力承担由此引发的赔偿责任。另一方面,可以对 ETR 使用者明示这种风险,使其有必要的准备。同时,还可以在责任基础、举证责任等方面对 ETR 提供者加以较重的义务,例如执行过错推定责任。

第三,坚持强制性。

《ETR 示范法》允许各国根据本国国内法确定法律是强制性的还是任意性的。根据我国实体法,ETR 的立法,尤其是 ETR 与纸质单据功能等同的条件的规定,应确定为强制性的。

第四,适当增补内容。

《ETR 示范法》本来包括但后来删除了关于签发、转让、注销等的规定,我国立法时为了明确,在确定"单一性"如何规范后,可以在此基础上对签发、转让、注销等程序性问题加以相应规定。尤其是传统可转让单据法中的"背书"概念,是一个非常核心的概念。"背书"不仅是在单据上签字,除了表明签字人的意图,同时也是对单据单一性的再一次确认。因此一份单据上的背书越多,往往表明其越值得信任。"原件""签名"加上"纸质"都有了功能等同规则,也未必能解决"背书"的功能等同。《ETR 示范法》只是解决了"纸质"的功能等同,在我国制定国内法时,最好能分析"背书"概念中比"纸质"和"签字"更多的因素是什么,并制定相应的功能等同规则。

简单说,ETR立法的目标,应该是让单据代表的权利快速安全地流动起来。立法的原则,应该是安全与效率并重。而电子化的风险分担,应该是"顺其自然,最小化和合理分担"。

4. ETR立法值得研究

从电子可转让记录在国际贸易中的重要性,以及电子商务立法的特殊性来判断,可知这部法对中国很重要。尤其是当前属于跨境电子商务刚刚开始展开的时刻,可以通过《ETR示范法》的研究,推动本国ETR法律的制定,引导ETR国际法律环境的形成,因而对中国而言是一个不容错失的机会。

《ETR示范法》当前的最大不确定性,在于对"单一性"的规定不够明确,从而留下了较大的解释空间。中国坚持严格的"功能等同原则",如果《ETR示范法》生效,而且中国选择采用该示范法,则首先有必要对司法和实践部门进行宣传,使其正确理解法律中的"单一性"规定。

即使中国不采用《ETR示范法》,只要该法被其他国家采用,就可能作为外国法而根据国际私法规则对中国商人适用,因而也值得研究。如中国船东应托运人要求向其签发一份电子记录充作提单,而在国外收货港却出现了两个该电子记录的持有人,都要求提货,则该电子记录是否相当于提单,承运人与两个"持有人"之间的权利义务如何界定,可能就需要根据收货港所在国家的法律确定。反过来,中国进口商接受了一份在外国签发的电子提单,该电子提单的签发是否符合法律规定,可能就需要根据其签发地国的法律确定。这样中国商人正确理解根据《ETR示范法》制定的外国国内法的准确含义就十分重要。同时,由于这样的纠纷可能在中国法院进行审理,因而中国法院也需要了解《ETR示范法》的确切含义。

如果中国不采用《ETR示范法》,而该示范法在某些国家生效,是否会对中国产生不利影响呢?目前来看,产生不利影响的机会应该很小。一方面,如果中国采严格标准而外国采宽松标准,外国签发的不符合严格标准的所谓"ETR"流转到中国,中国法院可以以违背中国强制性法律为由不适用外国的宽松标准。中国签发的不符合严格标准的所谓"ETR"流转到外国,外国可能依据其本国法确认其有效,也可能依据中国法确认其无效。另一方面,如果中国采宽松标准而外国采严格标准,中国签发的ETR在外国效力不一定能得到承认,外国签发的ETR在中国效力肯定能得到承认。不管怎样,外国的宽松标准不会对我国的严格标准产生太大影响。

《ETR示范法》制定时,曾经考虑过增加一些法律冲突方面的规则,但最后被否定了。关于纸质票据一条广泛承认的法律冲突规则,是票据行为的有效性依票据行为发生地的法律确定。这也是我国《票据法》的规定。[①] 根据这条规则,电子可转让记录的签发地法律如果不承认电子可转让记录的有效性,我国法院也不应承认。

[①] 如我国《票据法》第 97 条规定:"汇票、本票出票时的记载事项,适用出票地法律。支票出票时的记载事项,适用出票地法律,经当事人协议,也可以适用付款地法律。"第 98 条规定:"票据的背书、承兑、付款和保证行为,适用行为地法律。"

十、国际贸易电子交付的法律框架

（一）电子交付对国际贸易的重要性

1. "象征性交付"对国际贸易的重要性

提单在国际贸易中可以充当交付工具。而"交付"在国际贸易中意义重大。

首先，"交付"是买卖合同中卖方的一项重要义务。卖方要完成买卖合同，就必须进行货物的交付。而且许多重要的法律后果与"交付"相联系。在许多国家，"交付"决定货物所有权转移的时间。如我国《物权法》第23条规定："动产物权的设立和转让，自交付时发生效力，但法律另有规定的除外。"①同时，"交付"也常常与买卖合同下货物风险转移时间和买方付款时间等联系在一起。如我国《合同法》第142条规定："标的物毁损、灭失的风险，在标的物交付之前由出卖人承担，交付之后由买受人承担，但法律另有规定或者当事人另有约定的除外。"第161条规定："买受人应当按照约定的时间支付价款。对支付时间没有约定或者约定不明确，依照本法第61条的规定仍不能确定的，买受人应当在收到标的物或者提取标的物单证的同时支付。"

在国际贸易中，交付可以是用货物实际交付，也可以是"象征性交付"，即用能代表货物本身的提单进行交付。

国际贸易中"象征性交付"的法律环境已经比较成熟。在国际贸易领域，最常被当事人选定作为准据法的是英国法。而英国货物买卖法下，CIF买卖被称作"单证买卖"（documentary sale）。CIF下卖方以代表货物的单据替代实际交货既是一种权利也是一种义务。作为一种权利，买方不能要求卖方实际交货，卖方提交单据后买方必须付款，而不能等到货物实际运到后才交款。作为一种义务，卖方必须提交单据，而不能以交付实际货物代替交付单据。"从商业观点看，一种说法是CIF合同的目的不是货物本身的买卖，而是与货

---

① 我国《合同法》第130条规定："买卖合同是出卖人转移标的物的所有权于买受人，买受人支付价款的合同。"第135条规定："出卖人应当履行向买受人交付标的物或者交付提取标的物的单证，并转移标的物所有权的义务。"

物相关的单据的买卖。"①

《国际贸易术语解释通则》是关于买卖合同下权利义务分配的最重要的国际惯例。在 2010 年《国际贸易术语解释通则》中,规定 CIF、FOB 和 CFR 等术语下,卖方的第一项义务,是提供符合买卖合同规定的货物和商业发票,或与商业发票具有同等效力的电子信息,以及按合同规定应提供的证明货物符合合同的其他凭证。买方的第一项义务,是按照买卖合同规定支付价款。同时,规定卖方有装运符合合同规定的货物的义务。对卖方如何履行交货和发运义务没有具体规定。通常卖方交货可以有三种做法:实际装运货物;将已经装运的货物划分到合同项下;购买已经在运输途中的货物进行交付。如果一种方式变得不可能,卖方必须采用其他替代方法。同时,卖方应自负费用,毫无迟延地向买方提供货物运至目的港的通常运输单据。

《联合国国际货物销售合同公约》是国际贸易领域目前最重要的国际公约,目前该《公约》已经有 89 个缔约方。《联合国国际货物销售合同公约》中,规定卖方最重要的义务是两项,即交付货物、交付与货物相关的单据。而在确定买方支付价款的时间或条件时,移交货物或移交"控制货物处置权的单据",被视为是有同等效力的两种方式。②

《跟单信用证统一惯例》(UCP)是目前信用证业务中最广为遵守的国际规则。在 UCP 600 中,用独立条款规定:银行仅处理单据,而不是单据所涉及的货物、服务或其他行为。③ 此前的 UCP 500 也是用专门条款作此规定,可见,UCP 对于银行在信用证业务中只处理单据,不处理货物的立场十分强调。UCP 600 同时对提单有专门条款规定,要求提单必须:从表面上看注明承运人名称并由列明人员签署;以列明方式表明货物已在信用证规定的装运港装上具名船只;注明货物从信用证规定的装货港发至卸货港;如果是多份正本,应在提单中标明全套正本份数;等等。④ 银行只审查单据,不审查单据下的货物。单据符合要求就应该付款,而不管货物真实情况如何。

国际贸易异于国内贸易,很大程度是由于贸易双方分处两国,难以相互信任,货款和货物需要跨境交付而需要占用额外时间,而贸易双方都不愿意承担信用风险和交付的时间成本。国际贸易的各种模式都在于解决这种矛

---

① Clive Schmitthoff, *Schmitthoff's Export Trade*, 7th Edition, Stevens & Sons, 1980, p.26.
② 《联合国国际货物销售合同公约》第 58 条第 1 款和第 2 款规定:(1) 如果买方没有义务在任何其他特定时间内支付价款,他必须于卖方按照合同和本公约规定将货物或控制货物处置权的单据交给买方处置时支付价款。卖方可以支付价款作为移交货物或单据的条件。(2) 如果合同涉及货物的运输,卖方可以在支付价款后方把货物或控制货物处置权的单据移交给买方作为发运货物的条件。
③ 参见 UCP 600 第 5 条。
④ 参见 UCP 600 第 20 条。

盾，而国际贸易法不过是对各种解决方式的法律效力的确认。要维持正常的可持续的国际贸易环境，贸易双方无论是买方或者卖方都希望有公平的交易机制。在可转让的纸质提单和票据基础上建立起来的"象征性交付"和跟单信用证机制等为买卖双方提供了更为灵活方便的贸易方式与贸易融资途径，恰当分配了买卖双方的风险，从而对国际贸易产生了极大的促进作用。

"象征性交付"在国际贸易中比实际交付更常用，具有实际交付不具有的优点。通过这种交付方式，货物可以实现多次转卖而不必发生实际运输，节约时间和成本。同时，"象征性交付"也使在运输途中的货物可以被作为担保品使用，提高了货物的利用效率。提单的使用促进了国际贸易的繁荣，成为国际贸易的核心单证。可以说，提单是国际贸易便利化的早期工具。"电子提单"如果能如纸质提单一样成为货物的象征，使国际贸易中以纸质单据为代表的象征性交付变成以电子记录为代表的象征性交付或"电子交付"，则可以成为电子商务时代的国际贸易便利化措施。

2. 从"象征性交付"到"电子交付"

在"象征性交付"中，提单可以代表货物被用于买卖或融资。而提单能起这种作用，是因为国际社会普遍承认提单具有"物权凭证"的法律属性。在法律上，对提单的处理等同于对货物本身的处理。在"电子提单"的地位还没有得到法律确认时，以"电子提单"代替提单进行"象征性交付"就是不可能的。

当前电子提单的商业实践，都是建立在电子提单可以代替纸质提单进行交付的假设上的。然而由于"交付"作为物权法上的概念，不能通过当事人之间的合意达成，因而这种假设实际上不成立。起码在以下两个方面，当前商业实践中使用的电子提单是有问题的：

第一，当前的"电子提单"是否能实现纸质单据的功能。国际贸易法的核心任务在于解决跨国交付与支付中的信用问题。国际贸易法中各种"对单付款"的规定，合理性的前提是单据与现金、货物的对应关系是有保障的。如前所述，当前商业实践中的各种"电子可转让记录"实际上并不能完全实现纸质单据的功能。买方取得的电子提单可能是可转让性受限的电子提单，这样的电子提单难以自由地出售和抵押，与可自由转让的提单在经济价值上相距甚远。受让人往往不愿意接受这样的"电子提单"作为提单的替代物。将转让性不足的电子提单当做提单使用，实际上是让买方为功能不足的东西支付了与功能齐备的东西同样的价钱。

第二，当前的"电子提单"是否超越了纸质单据的功能。电子商务立法采用"功能等同"原则是一种阶段性措施。某种程度上说，"功能等同"本身就是一个伪命题。因为电子化手段的功能往往要强于非电子化手段的功能，这也是为什么要电子化的原因。电子替代品应该是"实现并超越了原功能"，但超越部分未必受到各方同等程度的欢迎。具体到电子提单上，交货和付款的速度是国际贸易中各方极为关心、涉及重要利益的问题。曾有出口商抱怨，买方延迟两个月付款，就等于给商品价格打了个九五折。提单代表货物进行交付，一个默认的前提，是拿到提单就能很快提到货物，或能进行转卖。而单据电子化后，电子提单的流转速度大大高于货物运输速度，拿到货物离拿到电子提单的时间大大延后。如果还是拿到提单就要付款，买方显然吃亏了。

国际贸易中买卖双方相距遥远，信任度有限，而货物又需要经过跨越国境的长途运输，买卖方之间总有一方需要对运输中的货物提供资金供应。如果是买方收到货物后付款，则是卖方提供资金供应；如果是卖方发货后就收到货款，则是买方提供资金供应。提单的出现，有助于解决买卖双方在付款时间上的矛盾需求。当双方约定凭提单付款，实际上达成了付款时间上的折中。卖方交付提单后就能得到货款，不需等到货物实际运到目的港。买方则在拿到提单后才需要支付货款，不需在卖方发运时就支付，而且拿到提单后，无需等待货物运到就可以通过处置提单处置货物。这种安排要对双方都有利，有两个潜在的共识，即第一，提单签发、转让需要一定时间，买卖方各自希望的付款时间因而能有一个折中；第二，提单可以自由转让，从而买方拿到提单就如同拿到货物，可以继续出售或以其融资。电子提单使两个共识都发生了变化。由于电子提单签发、转让速度加快，买方付款时间大大提前；由于电子提单可转让性差，买方以其继续出售或融资的机会大大减少。使用电子提单，买方既不能在拿到提单后立即提到货，也不能在拿到提单后确保得到货物的使用价值。买方因此而遭受损失，但在当前的实践中，一般都没有给接受电子提单的买方提供任何补偿。以对中国电子提单实践状况的调查为例，所有的进出口公司在使用电子提单时，都是应卖方要求，而且并未能因此而提高货物价格。

当前电子提单的这种安排，与国际贸易中各方的力量对比完全不接轨。

从物流的角度看，货物在运输途中也是一种库存，即"在途库存"①。海上运输途中的货物可称为"海上库存"。在纸质提单的情况下，由于货物发运后一段时间买方才收到提单付款，是买卖双方各持有一部分"海上库存"。但

---

① "运输渠道中也含有库存，称为在途库存（In-Transit Inventory）。……在途库存与前面提到的三种类别的库存不同，第一是它不能使用；第二是有失窃和交通事故造成损失的高风险，第三是有可能运输工具故障和交通堵塞导致延期。在途库存连同原材料库存、在制品库存和成品库存，是四个主要的库存类别。"〔美〕戴维·A. 泰勒博士著：《供应链管理：缔造神话的根源》，方德英译，机械工业出版社 2012 年版，第 20 页。

在电子提单的情况下,由于货物发运后几乎立即就可以将电子提单交到买方手上从而触发付款条件,因而是由买方一方持有"海上库存"。这种权利义务安排不仅可能不公平,而且与商业现实明显脱节。当今国际贸易的一个典型现象,是许多商品供应量过剩而购买力相对不足,形成庞大的买方市场,很多出口企业不得不选择赊销以获取订单,赊销成为一种主要的竞争手段。在资金流领域,赊销一直占据着全球主流的支付地位。由于赊销方式支付时只需要极少的单据如订单、发票、运输单据等,处理起来更加简单方便,从买方角度而言,赊销无论是从减少资金占用还是规避风险等方面,都是更为有利的选择。赊销中买方根本不持有任何库存。

电子提单打破了纸质提单下各方之间的利益平衡,各方并未因电子化平等受益,而是有人受益,有人受损。这样的电子提单自然不会受到普遍欢迎,而需要受益方的有力推动,甚至强加给受损方。BOLERO电子提单在运行之初,要向所有签约客户收取年费和其他费用。但由于推广业务不够顺利,现在BOLERO电子提单已经不再向承运人和进口商收费,而只向出口商和银行收费。ESS电子提单同样只向卖方和银行收费。这表明电子提单平台服务提供者已经认识到,出口商才是当前模式的电子提单的主要推动力量。然而,仅靠一方推动而不是双方共赢的电子提单计划能走多远呢?更何况需要推动的一方在很多时候还是商业谈判中的弱势一方。

"电子交付"的实现依赖于"电子物权凭证"的存在。"交付"需要有实物的占有转移。提单使国际贸易从实物交付发展到象征性交付。要实现电子交付,就必须出现与提单一样具有"物权凭证"功能的电子提单,或者说是"电子物权凭证"。在没有电子物权凭证的情况下,所有的电子交付都不是真正意义上的交付,不可能产生"交付"可以产生的法律后果。

交付和支付是国际贸易两大最重要的组成部分。几乎所有重要的商业安排和法律制度都围绕这两个环节在设计。从实物交付到象征性交付到电子交付,每一步变化都事关全局。因而"电子交付"的实现与否,对国际贸易的影响是全局性的。而提单、票据这些支付/交付工具如何电子化,直接影响到国际贸易各方对跨境运输及支付风险的重新分配。各方是否同样得益?各有何种风险和成本?需要重新评估。

3. 电子交付的重要意义

电子交付的实现对国际贸易非常重要。

如果从供应链的角度看,国际贸易不过是供应链上的一个环节。供应链被称为现代企业的核心竞争力,远比生产制造来得重要,是"仅存的未被发掘的商业金矿"。供应链包括需求流、物流和现金流,供应链管理的关键点就在于使三种流同步运转,从而有效地管理货物的流动。而这三种流的改善都与电子可转让记录有密切关系。

从物流来说,现代物流学说中的一个重要概念是"商物分离",即商流、物流在时间、空间上的分离。"商流"是指商业性交易,即对商品的权属处理;"物流"是指商品实体的流动。传统贸易中,商流、物流是紧密地结合在一起的,进行一次商业性交易,商品便易手一次,商品实体便发生一次运动。而"商物分离"后,商业交易仅仅通过对商品权属的转移即告完成,商贸企业可以不再有实际的存货,不再有真实的仓库,仅仅拥有商品的权利,存货可以由工厂保管,也可以由市郊的物流中心保管,具体的物流由工厂或物流中心处理。这样,可有效降低仓储、运输、装卸、管理成本,缓解相关区域的交通压力。"商物分离"的关键之一,是商贸企业需要掌握商品的权属证书,而提单、仓单正是这样的权属证书。与此同时,提单、仓单因为能代表货物本身,还是改善物流的最简单方法。通常改善物流的方式是采用更快的运输方式。但是,更快的运输方式成本更高。因而提高库存周转率更有效的方法,是改进静止状态货物的处理方式。简而言之,提高库存周转率最好的办法,不是在其移动时加快运动速度,而是让它大部分时间都动起来。提单、仓单代表在运输途中或仓库中因而不能被处理的货物进入贸易、融资等各个环节,直接提高了库存周转率。这两种单据的电子化,则将使因为物权凭证的使用已经实现加速的库存流动得到飞跃式发展。因而,电子提单、电子仓单的使用将使国际贸易获益良多。这也许能说明为什么早在20世纪80年代,在电子商务的发展还非常初期时,国际社会就已经开始反复试验电子提单。由于技术本身的局限,电子提单从设想走向大规模商业推广步履艰难,但对电子提单的需求却从来没有被轻视过。

从现金流来说,加速现金流流动可以减少整条供应链的负债成本,在不损害灵活性的前提下进一步提高效率。现金流是整个商业过程的终极驱动力。当前国际贸易中的现金流通常表现不佳。生产商常常几个月后才支付供应商货款,而货物在订购几天内就需要送达。加快现金流的流动速度,是供应链走向卓越的关键因素。在国际贸易中,往往供应链比较长,出口方可以利用外国企业签发的银行承兑汇票,在国内开户行进行抵押、融资,组织生产,出口产品;进口方可以利用银行签发的银行承兑汇票,在减低融资成本的同时,利用票据支付货款,购买产品和服务。正是由于票据的交付,代替了现金,才使得现代商品交易,尤其是大宗的或国际上的交易,能够做到迅速、准确、安全。

从需求流来说,单据电子化将使单据代表的大量信息更容易被收集和处理,由此使需求的分析更有价值。

象征性交付带来的买卖和融资中的方便、快捷和效率在当前的国际贸易环境中同样需要,甚至更需要。海运中对提单的需求有目共睹。虽然废止提单的呼声一直有,但提单仍然在大范围常规化使用。而且,对提单的需求不仅在以海运为运输方式的国际贸易中继续存在,最近还延伸到了其他运输方式的国际贸易中。一个典型的例子是中欧铁路运输中将铁路运单改造为"物权凭证"的试验。2017年,成都国际陆港运营有限公司、中国银行锦江支行合作,对荷兰一家公司销售给中国一家公司的货物签发了一份多式联运提单,并将该多式联运提单作为物权凭证质押,采用了信用证结算方式。这样做的背景情况,是中国目前致力于"一带一路"建设,"一带"之上的铁路运输和以铁路运输为主的多式联运发展迅速。但铁路运单和多式联运单都不是物权凭证,卖方无法在这些单据的基础上要求银行开立信用证,因此业内有很强的呼声,希望使铁路运单或多式联运单与海运提单一样具有物权凭证的功能。无独有偶,最近在中国修改《海商法》的讨论中,也有人呼吁,应该将国内水路运输中使用的水路运单"提单化",使其具有物权凭证的功能,从而为贸易商提供更多融资渠道。签发提单是海运承运人提供给货方的一种服务,其他运输方式的承运人在竞争压力下希望提供这种服务,充分说明了这种服务对货方的重要价值。

(二)国际贸易规则的因应变化

1. 合同履行部分的电子化

国际贸易可以分为合同缔结和合同履行两部分,这两部分性质差异很大。因此在20世纪60年代国际社会致力于统一国际买卖合同法时,合同缔结和合同履行是分别被规定在两个公约中的。[1]《联合国国际货物销售合同公约》虽然同时包括了合同缔结和合同履行这两个部分,但这两部分相对独立,互不影响,缔约国可以只选择参加其中一部分。[2]

当前国际贸易的电子化主要是指订约的电子化。联合国《电子商务示范法》《电子签名示范法》乃至最新的《电子通信公约》,关注的主要是订约过程中的信息传递、合意达成等的电子化。国际贸易电子化往纵深发展,必然会扩展到履约的电子化,而首当其冲的应该就是交付和支付的电子化,而对这一部分电子化的法律规范很可能成为下一阶段关注的重点。

---

[1] 这两个公约是:《国际货物买卖统一法公约》和《国际货物买卖合同成立统一法公约》。1964年这两个公约在海牙举行的外交会议上通过,1972年生效。

[2] 参见《联合国国际货物销售合同公约》第92条。

2.《ETR 示范法》提升 ETR 的可转让性

《ETR 示范法》的重要性，首先体现在它厘清了国际贸易电子化将倚重的"电子交付/支付"的构成条件。

《ETR 示范法》并非第一个为电子提单、电子票据赋予合法地位的国际立法。现有的国际贸易规则中，许多都已经为可转让单据电子化留下了空间。例如，2010 年《国际贸易术语解释通则》(Incoterms)规定："如卖方和买方已经约定采用电子通信，则上述单据可被具有同等效力的电子数据交换信息所替代。"即只要电子信息都能具有与单据同等的效力，即可替换纸质单据。在具体权利义务中也规定，"A1—A10 中所指的任何单证在双方约定或符合惯例的情况下，可以是同等作用的电子记录或程序"。即在双方同意或符合惯例的情况下，电子可转让记录的使用在 Incoterms 下早就被承认，而且具有与纸质单据同等的法律地位。为了适应市场要求提交电子单据的需求，国际商会于 2002 年就制定了《UCP 电子交单增补》(UCP Supplement for Electronic Presentation，简称为"eUCP 1.0")，于 2002 年 4 月 1 日生效。当 UCP 在 2007 年又一次修订后（2007 年修订本即 UCP 600），又出版了 eUCP 1.1，作为 UCP 600 的附则。eUCP 规定的是"允许使用电子记录，则……"因而是否可使用电子记录的决定权在当事人。同时，eUCP 要求提交"电子记录"而不是"正本"。eUCP 1.0 第 8 条规定，正本和副本仅提交一条电子记录应视为已满足了 UCP 和 eUCP 信用证对一份或多份正本或副本电子记录的要求。但是，电子记录作为正本使用必须符合以下条件：电子记录要能够证实电子记录发送者的表面身份和数据内容的表面来源及其是否完整和未经更改，并且要求能够审核其是否与 eUCP 信用证条款相符。前三个要求在 eUCP 1.0 中并没有具体的操作指引，而是留待电子商务法规范。eUCP 规定"单据"包括"电子记录"，银行审核时仅关注电子记录的记载内容和格式，而没有对"电子记录"本身的单一性作任何要求。这使仅凭 eUCP 的承认推广 ETR 的使用变得不可能。《鹿特丹规则》也规定，电子可转让运输单据可以替代纸质运输单据。但现有的国际规则都没有指明何种电子记录才可取得电子提单、电子票据的法律地位，而显然，作为国际贸易中重要的交付/支付工具，并不是任何电子记录都可以充当。仅依据现有的国际规则，并不能确定电子可转让运输记录应该如何操作才合法。

现在使用 ETR 的假设前提，是 ETR 与纸质单据完全一样。但从商业上考虑，实际上并不一样。在国际货物买卖合同中，买方承诺对提单付款，前提是提单是物权凭证，持有提单可以提货或转卖。如果提单无法转卖，仍然要求买方对单付款，对买方是不公平的。如果此时法律规定二者一样，只会造成混乱。

《ETR示范法》的价值在此凸显出来。在国际贸易的大背景下，提单和票据是两种跨境价值转移工具，分别代表货物和货款进行流通。之所以能进行跨境流通，依靠的是纸张提供的权利单一的可信度。当前实践中还没有能替代纸张信用的可靠机制和法律制度，《ETR示范法》通过建立一套基于严格"功能等同"的规则，有望使电子提单、电子票据获得与纸质提单、纸质票据同样的可转让性，弥补了电子可转让记录对买方的第一个不利。

在《ETR示范法》通过后，Incoterms也许也需要进行相应修改，以明确"同等作用的电子记录或程序"具体所指。同样，eUCP如果能配合《ETR示范法》提出对ETR的明确要求，也许会有更大的适用空间。国际海事委员会在《ETR示范法》通过时，对与《鹿特丹规则》的矛盾表达了很大的关切。实际上，《ETR示范法》制定的目的之一，即是配合《鹿特丹规则》，使其具有可操作性。《ETR示范法》与《鹿特丹规则》并不矛盾，而是可以并行使用。

如果与电子可转让记录的提交有关的所有国际贸易规则都根据《ETR示范法》的原则加以修改，或者直接引入与《ETR示范法》一致的规定，ETR的可转让性就会有更坚实的法律基础。

3. 与交付相关的规则修改

即使电子可转让记录具有了和纸质可转让单据完全等同的可转让性，可能也需要为其设置新的贸易规则。《ETR示范法》之后，还应该有后续工作，才能保证跨境无纸化贸易国际法律环境的建立和完善。

在传统国际贸易规则中，"交付"被与许多法律概念相联系，其中最重要的包括付款时间和风险转移时间。例如，《联合国国际货物销售合同公约》(CISG)规定，买方"收到控制货物处置权的单据时"应该付款。现行最重要的国际贸易规则，如《联合国国际货物销售合同公约》《国际贸易术语解释通则》(Incoterms)和《跟单信用证统一惯例》(UCP)等，都是建立在"单证对流"的商业实践上的。而这些法律规范确立的最重要的规则之一，就是"凭单付款"。

由于电子记录比纸质单据流转速度大为增加，与时间相联系的这些规则的合理性需要重新论证。例如就"凭单付款"的规则而言，当"控制货物处置权的单据"是纸质提单时，由于纸质单据签发、转让需要一段时间，买方收到提单通常是货物已经在运输途中，离实际可以提货的时间并不太久。但当"控制货物处置权的单据"是电子提单时，由于电子提单签发、转让迅速，买方可能在货物一装上船就拿到了提单，而此时离货物实际到港可以提取还差很久。此时仍基于"拿到提单等于拿到货物"的假设要求买方"凭单付款"显然就有些不公平了。

为了使买卖双方权利义务不因单据电子化而受影响,有必要修改 CISG 中的付款规则。比如可以考虑规定收到电子提单后买方付款义务发生,但付款时间延后。

《鹿特丹规则》在对电子可转让运输记录进行规定时,也没有考虑其与纸质提单在传递速度等方面具有的特点,而是将二者完全一视同仁。由于航运技术的进步,提单比货物晚到港的情况日渐普遍,"无单放货"成为困扰航运界多年的痼疾。《鹿特丹规则》的应对方法,是规定了多种情况下可以"无单放货"。但这样的规定可能损害提单价值,动摇提单制度的根基。尤其是在使用电子提单的情况下,电子提单因为传输速度而比货物晚到港的情况几乎不会存在。《鹿特丹规则》一方面承认了电子运输单据的法律地位,另一方面又专门设置"无单放货"的宽松规则,这种做法就显得不合理了。从发展的角度考虑,《鹿特丹规则》中"无单放货"规则也许有了更多删除或相应调整的理由。

(三) 中国的行动

1. 关注传统国际贸易模式的电子化

(1) 国际贸易的"整体电子化"

经过十几年的发展,电子商务正在成为中国经济发展的新引擎。[①] 跨境电子商务发展迅猛,也得到了政府的重视和大力扶持。[②] 但我国当前对跨境电子商务的理解似乎偏窄,关注点往往停留在跨境网购上,"跨境电商"几乎被等同于"跨境消费品网购"。如有研究报告认为:"跨境电子商务相对于传统贸易而言,单笔订单大多是小批量的,B2C 甚至是单件","跨境电子商务的

[①] 据国家统计局数据显示,2017 年,我国电子商务交易额达 29.16 万亿元,同比增长 11.7%。电子商务直接从业人员和间接带动就业达 4250 万人。参见商务部电子商务和信息化司:《中国电子商务报告 2017》,中国商务出版社 2018 年版。

[②] 2017 上半年中国跨境电商交易规模 3.6 万亿元,同比增长 30.7%。其中,出口跨境电商交易规模 2.75 万亿元,进口跨境电商交易规模 8624 亿元。据中国电子商务研究中心监测数据显示,2017 上半年中国跨境电商的进出口结构比例中,其中出口占比达到 81.5%,进口比例 18.5%。据中国电子商务研究中心监测数据显示,2017 上半年中国跨境电商的交易模式跨境电商 B2B 交易占比达 87.4%,B2B 交易占据绝对优势,跨境电商 B2C 交易占比 12.6%。http://www.100ec.cn,2017 年 10 月 9 日。

特点是多变化、小批量、高频度、透明化、数字化。"①对跨境电子商务的政策或法律上的支持,也更多停留在网络零售。② 2018 年我国通过的《电子商务法》则对跨境电子商务只作了一些原则性的规定③,而且由于主要集中于电子商务平台的权利义务,甚至被戏称为"电商平台法"。

目前我国在国际贸易领域宣传最多的一个设计是电子国际贸易平台(Electronic World Trade Platform,eWTP)。在 2016 年 G20 会议上,eWTP 被作为中国的一项核心政策建议提交 G20,并被写入 G20 会议公报。④ 2017 年,eWTP 又获得了 WTO 的支持。⑤ eWTP 最早由阿里巴巴集团董事局主席马云提出。阿里对于 eWTP 的理解,简单来说,就是由阿里牵线搭桥,帮助中小企业参与到国际贸易当中,将阿里作为基础平台做贸易,实现全球自由采买。⑥ 因此 eWTP 关注的重点是平台建设,而且更多针对的是消费者直接在线采购的国际贸易。⑦ eWTP 的目标是:"要建立一条畅通无阻的 E-ROAD,让路上奔跑的不再只是跨国公司的集装箱,还有中国海淘妈妈的'购物车'"。

---

① 全国人大财政经济委员会电子商务法起草组编著:《中国电子商务立法研究报告》,中国财政经济出版社 2016 年版,第 248 页。

② 我国当前还没有针对跨境电子商务的综合性立法,针对跨境电子商务颁布的一些法规、政策主要围绕跨境电子商务的零售出口、个人消费品网购等。如国务院办公厅《关于实施支持跨境电子商务零售出口有关政策意见的通知》、财政部《关于跨境电子商务零售出口税收政策的通知》《关于跨境电子商务零售进口税收政策的通知》、海关总署《关于跨境贸易电子商务服务试点网购保税进口模式有关问题的通知》等。参见同上书,第 260—261 页。

③ 我国《电子商务法》在第 26 条、第 71—73 条都提到了跨境电商,但规定都很原则。如第 26 条规定:"电子商务经营者从事跨境电子商务,应当遵守进出口监督管理的法律、行政法规和国家有关规定。"

④ 2016 年 9 月 6 日,G20 杭州峰会领导人公报正式发布,eWTP 被写入公报第 30 条:我们欢迎二十国集团工商峰会对加强数字贸易和其他工作的兴趣,注意其关于构建 eWTP 的倡议。详见 http://www.ewtp.org。

⑤ 2017 年 12 月,在阿根廷布宜诺斯艾利斯举行的世界贸易组织(WTO)第 11 次部长级会议期间,eWTP 与 WTO、世界经济论坛共同宣布了主题为"赋能电子商务"的合作机制。三方宣布建立长期对话机制,汇聚来自政府、企业和其他各方的意见,为全球电子商务提供一座连接实践和政策之间的桥梁。12 月 14 日,世界贸易组织发布《电子商务联合声明》:"重申全球电子商务的重要性及其为包容性贸易和发展所创造的机会","鼓励所有 WTO 成员加入我们,支持和提升电子商务为全球企业和消费者带来益处"。

⑥ 参见吴文治、陈克远:《揭秘阿里的全球生意图谋》,载《北京商报》2017 年 11 月 21 日。

⑦ 在阿里的一系列布局之下,率先对 eWTP 成效有明显感触的,是那些身处海外却有心打开中国市场的中小卖家,以及习惯于网购的海外消费者。例如,据《北京商报》报道,在吉隆坡举办的马来西亚数字自由贸易区启动仪式现场,一位吉隆坡当地的燕窝工厂负责人这样表达他对 eWTP 的理解:工厂生产的燕窝,过去如果要销到中国市场,首先要由品牌商家卖给批发商,然后再销售出去。但现在,中国的消费者只要通过电脑或手机的简单操作,就可以直接从工厂手中买到新加工出的燕窝,而且价格也会比传统渠道低很多。能够让品牌与全球的消费者建立直接联系,这是 eWTP 最明显的成效。参见《北京商报》2017 年 11 月 21 日。

然而,真的能指望小巧的"海淘妈妈的购物车"代替坚固的集装箱,成为跨越山河湖海的国际运输的主角吗?基于平台的网络零售在我国取得了巨大成功,未必意味着这种模式就代表国际贸易的未来。① 通关、支付、运输,这些跨境贸易中的传统难点,对跨境电子商务一个都不会少。虽然在线网购通过关税减免等暂时获得了更快的发展②,但小件商品在跨境运输、支付等方面实际上比大批量商品的买卖成本更高。当前将货物从一个国家的零售商直接寄送给另一个国家的消费者所需花费的国际邮寄费用相对低廉,但这是有各种原因的,而且未必具有可持续性。例如,据说美国正在考虑提高国际邮寄费用,这个消息立即对我国的跨境电商平台形成很大压力。③ 而且B2C还需要面对各国强制性的消费者保护法等,同时平台垄断对国家信息安全和经济安全可能形成威胁,后期的挑战并不会少。

零售从来不是国际贸易的主要组成部分。用于个人消费的交易甚至直接被传统国际贸易法排除在调整范围之外。如《联合国国际货物销售合同公约》第2条中规定:公约不适用于"购买供私人、家人或家庭使用的货物的销售",除非"卖方在订立合同前任何时候或订立合同时不知道而且没有理由知道这些货物是购买来供任何这种使用"。即使在电子化飞速发展的当前,以消费品为主的网购在国际贸易中占比也并不大:"跨境电子商务交易额占我国进出口贸易额的12%左右"④。国际贸易的主体是生产资料、制成品的大批量、常规化交易。国际贸易电子化应该包括甚至主要是指这种交易的电子化。这个过程目前进行得并不顺利,尤其是货物交付和货款支付方面的电子化程度还有待加深,但并非不需要或做不到。如果说电子商务时代国际贸易有"碎片化"的趋势,传统国际贸易模式也有"整体电子化"的趋势。国际贸易涉及海关、跨境运输、跨境支付、融资等各个环节,这些活动分散开由消费者个人处理显然不如由专门的公司专业化处理。当前的跨境电商中,电商平台

---

① 网络零售在中国的成功有其特殊性。例如,网络交易中的价格优势,很大程度上来自于大量假货拉低的成本。送货上门的服务优势,很大程度上来自于大量廉价劳动力的存在。2017年,中国国家邮政局领导指出,中国过去一年快递数量达到400亿件,占世界40%以上的份额,中国一年快递数量大于美国、日本和欧盟的总和。
② 当前我国跨境零售业的发展,有很大程度上是来自于关税的主动减免或被动偷漏。
③ 当前国际邮寄包裹的费用由万国邮政联盟(UPU)设定。美国总统特朗普认为,该机构的税率结构基本上是一个"富人替穷人买单"的系统,即从穷国发货到富国比从富国发货到穷国的费用低廉,因而对美国不公平。将一个1磅重的包裹从南卡罗来纳州运送到纽约市的成本将近6美元,而从北京到纽约只需3.66美元,通过美国邮政国际邮件从纽约寄回北京则大概要花50美元左右。参见奕含:《特朗普计划取消国际邮政折扣 美媒:又是剑指中国》,载观察者网,2018年8月26日。
④ 参见全国人大财政经济委员会电子商务法起草组编著:《中国电子商务立法研究报告》,中国财政经济出版社2016年版,第247页。

已经越来越多地承担了运输、付款的责任,因而不过是由电商平台代替了传统贸易公司或国际货运代理的角色。

(2)"中心化"与"非中心化"之争

在传统国际贸易的电子化中,交付/支付模式的电子化是必然要面对的一个核心问题。提单、票据作为国际贸易中的交付/支付工具,其电子化对交付/支付模式的电子化又具有重要影响力。单据电子化有利于跨境无纸化贸易的展开,可以提高国际贸易的效率和安全,是发展的必然方向。ETR 作为跨境无纸化贸易的主角,其模式选择对国际贸易各方的利益都有重大影响。

技术发展可能使国际贸易规则面临更深刻的变化。

在 ETR 发展模式与立法的方向选择上,最重要的是"中心化"与"非中心化"之争,而这种分歧在国际贸易的其他领域也有体现。国际贸易本来是"非中心化"的。买方、卖方、承运人、银行,各方通过彼此之间的合同确定各自的权利义务,并没有一个统筹或监管机构。但由于网络本身的特点,当前国际贸易的电子化呈现出一种"中心化"的趋势。如果把国际贸易分成谈判、缔约、履行和履行后的纠纷解决四个阶段,各个阶段在电子化过程中都有某些"中心"的角色介入。许多合同通过电商平台缔结,电商平台不仅充当了签约的场所,还往往成为合同的当事方或相关方。在线支付由银行或银行的联合作为记账单位,充当信用提供的"中心"。据国际商会发布的调查报告,2018年,就分布来看,贸易金融业务受理银行呈现高度集中的现象。小部分银行受理了贸易金融的大部分交易量及金额,其中,贸易金融交易总笔数的 80% 集中在 10 家银行受理,占受访银行的 6%;全球贸易金融交易总金额的 90% 集中在 13 家银行受理(均超千亿美元),占受访银行的 8%,且逾半数银行的总部位于亚太地区。① 如果电子提单在登记制的基础上发展,全球在线交付也将形成由一个或数个"中心"提供信用的模式。在线纠纷解决则为纠纷解决的中心化提供了一个看得见的未来。

"中心化"趋势带来了便利,也形成了新的权力,伴随着相应的风险。"中心"可以借助垄断地位,对交易的其他各方加以不公平贸易条件,甚至直接将某个交易方排除在交易之外。同时,由于在线的特点,各个"中心"比非网络条件下的其他"中心"还多了一层权力:即通过汇集、利用各种数据信息取得的权力。虽然这种权力的应用会导致多大风险还有待评估,但个人信息滥用的情况已经敲响了警钟。

---

① 国际商会《2018 年全球贸易金融调查报告》,具体报告见国际商会官网:https://iccwbo.org/publication/global-trade-securing-future-growth/。

最糟糕的是，现在还没有像样的规则来约束新的权力，分配新的风险。这使国际贸易电子化的过程对中小商人或对中小国家而言危机四伏。

也许这里需要重新审视一个老话题：网络到底是一个工具，还是一个空间。虽然我们常常说"网络空间"，但是如果网络真的形成了一个独立的空间，这个空间在哪个国家的管辖下呢？如何划分这个空间的国界？它是与物质世界平行的另一个法外空间吗？现在对这个空间有有效的管辖吗？如果将网络视为另一个空间，而这个空间又不在传统国家权力范围之内，那这个空间必然成为一个弱肉强食的丛林社会。在这个空间进行的国际贸易活动脱离了传统规则的约束，也脱离了传统规则的支持，秩序的建立将是漫长而痛苦的。当前的国际贸易规则设计，还是将网络视为工具而非空间更恰当。

"电子化"与"中心化"的捆绑起源于网络本身的特点，是一种变通而非必需。突破网络本身局限的各种努力一直在进行中。技术进步，国际贸易的商业模式也可能发生巨变。例如区块链技术的应用之一"智能合约"，就可能有潜力使必须借助于银行信用的交易模式成为历史。作为一种非中心的价值转移解决方案，它可以打破买卖双方互不信任，一个不愿先付款，一个不愿先交货的僵局。以区块链技术为基础签发的电子汇票和电子提单可以设定转让条件，在条件成就时自动触发系统而使转让完成。如买方以取得电子提单为条件，卖方以取得电子汇票为条件，两个条件同时成就时，通过系统的作用使转让在瞬间完成。以前由银行充当的付款和交货中介的角色改由系统承担，而区块链技术的原理保证了系统本身是非中心、是可靠的。这样的交易模式将因为省略中间环节而节省大量时间和费用。

如果"非中心化"的区块链技术迅速发展成熟，如果新的跨境无纸化贸易在"非中心化"的技术基础上展开，将从对"中心化"信用体系的依赖，转向对"非中心化"信用体系的依赖。法律将从调整各方与信用中心之间的关系为主，转向调整建立和维护"非中心化"信用为主。如果跟单信用证机制不再是国际贸易中解决信用问题的最佳解决方案，《跟单信用证统一惯例》作为曾经的国际贸易中最重要的法律规范之一将从国际贸易法教科书中删除，《联合国国际货物销售合同公约》等核心法律规则也需要全部重写。

电子时代的国际贸易法如何设计，需要足够的前瞻性。建立一个非中心的全球在线交付/支付体系，应该是一种值得努力的方向。从这个角度看，《ETR示范法》的真正意义，应该在于开启了国际贸易在线支付和交付从"中心化"信用模式转向"非中心化"信用模式的法律之门。

"非中心化"也许是今后若干年中国国际贸易规则设计中的核心利益所在。当前进入商业实践的电子提单、电子票据基本以"封闭系统""中心化"为主要特色,从中国电子提单的实践可以看出,这样的电子化未必公平合理。《ETR 示范法》在制定过程中,各国就"封闭系统"与"开放系统"及"中心化"与"非中心化"进行了反复的较量,最后《ETR 示范法》在采用了偏向于"开放系统"与"中心化"的路径。这种立场符合中国现实,实际也是中国代表团在谈判中努力争取的一个成就。如果能够在《ETR 示范法》的基础上,通过构建一个严格、非中心化的 ETR 法律体系,助推一个公平合理的全球在线交付/支付体系,将大大推动国际贸易电子化的进程,对作为国际贸易大国的中国也非常有利。

(3) 政府的主导作用

在商业发展的大方向的选择上,政府的引导可以起很重要的作用。如果没有美国政府的支持,互联网基础上的电子商务可能不会发展成今天的局面。① 跨境电商正成为国际贸易非常重要的一种业态,而这一领域的国际规则建设还刚刚起步。不同的国家在这一过程中有不同的利益。例如,中美由于发展阶段不同,对于数字化规则的制定侧重点不同,中国货物贸易占优势,强调以货物贸易为基础;而美国则服务贸易占主导,强调数字产品自由贸易。② ETR 也许就是跨境电商发展的下一个风口。

真正重要的跨境电子商务,应该是传统贸易的电子化;真正重要的国际电子商务规则,应该是有形产品,尤其是大宗商品的贸易规则。而对后一种电子商务模式和电子商务规则,我国作为有形商品的最大进出口国迄今似乎还没有一个清晰,或者起码像 eWTP 那样为人所知的整体规划。eWTP 本质上更像是一个企业的全球战略,不能代替我国政府对跨境电子商务的整体规划。最大的零售平台,这可以是马云的国际贸易电子化梦想,却未必应该是中国的国际贸易电子化梦想。

2. 关注电子商务国际立法

(1) 关注国际商事立法的走向

电子商务立法有"超前立法"的特点,立法与商业模式的选择相互影响。这种特点使积极参与电子商务模式设计以及法律规则制定的人在竞争中更容易占据优势地位。对 ETR 立法,我国的了解还比较有限。有一定了解的

---

① 早在 1994 年,时任美国副总统戈尔就呼吁建立一个全球信息基础来支持全球电子商务。
② 参见《跨境电商增长迅猛 中国模式角逐新一代贸易规则》,载《第一财经日报》2017 年 10 月 12 日。

部门也有的抱着观望的态度,不愿意花费时间精力去主动研究,而希望看看其他国家如何行动。当前中国对国际贸易中的单据电子化着力甚少。在国际上已经出现的可转让单据电子化的各种尝试中,基本上看不到中国商人的影子;在跨境电子商务从模式到法律的"顶层"设计中,也很少听到中国政府的声音。然而,跨境无纸化贸易不存在"后发优势"。电子商务存在明显的路径依赖或马太效应。① 在电子商务,尤其是在使用"平台性产品"的电子商务中,会出现"主流化"的现象。由于人们的心理反应和行为惯性,用户会对某些网络产品的使用产生习惯性,很难再转而使用其他的相似产品,从而出现胜者通吃(winner-take-most)的局面。现在正是 ETR 发展路径选择的关键时候,中国的行动至关重要。而中国一旦研究清楚,就应该积极采取行动。电子化模式的选择既有商业自主选择的因素,也受制于政府引导。商业机构多半是利益驱使下行动,缺乏宏观视角。而一个模式的形成,则可能对一国的商人产生整体的影响。整体而言中国需要一个怎样的国际贸易在线交付/支付体系,这个问题不可能是由商业机构来考虑的,而只能由国家来整体规划。

制定 ETR 法律规则只是建立一个公平合理的国际贸易在线交付/支付体系的第一个关键步骤。下一步,还需要促进国际贸易中付款规则的改变。例如,中国可以建议对《联合国国际货物销售合同公约》进行修改。另外,还应推动配套制度的完善。如由于电子可转让记录的转让记录往往会使用到云计算,应制定云计算的国际规则,同时促进建立国际网络纠纷解决渠道等。

更进一步,在《ETR 示范法》谈判中,中国坚持了一种"非中心化"视角的规则设计路径。能不能以此为基础,派生出一整套"非中心化"的公平、开放、透明的跨境电子贸易规则?平台基础上的电子商务是当今跨境电子商务的主要模式②,但在互联网的中心化模式越来越受诟病的背景下,以区块链为代表的非中心化的技术揭示了另一种可能的方向。

---

① 路径依赖是指人类社会中的技术演进或制度变迁均有类似于物理学中的惯性,即一旦进入某一路径(无论是"好"还是"坏")就可能对这种路径产生依赖。一旦人们做了某种选择,就好比走上了一条不归之路,惯性的力量会使这一选择不断自我强化,并让你轻易走不出去。第一个使路径依赖理论声名远播的是美国经济学家道格拉斯·诺斯。由于用路径依赖理论成功地阐释了经济制度的演进,道格拉斯·诺斯于 1993 年获得诺贝尔经济学奖。马太效应是指在一定条件下,优势或劣势一旦出现并达到一定程度,就会导致不断加剧而自行强化。

② 据中国出口跨境电商行业产业链图谱显示,目前出口跨境电商平台主要由以下几类构成:B2B 类:阿里巴巴国际站、中国化工网英文版、环球资源、中国制造网、MFG.com、聚贸、易唐网、大龙网、敦煌网等。B2C 类:全球速卖通、eBay、亚马逊、Wish、兰亭集势、米兰网、环球易购、百事泰、傲基国际、执御、小笨鸟等。第三方服务企业:一达通、世贸通、Paypal、Moneybooker、MoneyGram、中国银行、中国平安、中国邮政、UPS、TNT、顺丰、DHL、FedEx、递四方、出口易、四海商周、大麦电商、华农百灵等。

这可能是一个关键的时刻,可能决定今后若干年的国际贸易规则。参与《ETR 示范法》的制定,可能只是揭开中国参与数字时代国际贸易规则重构的序幕。从 ETR 立法开始的不同立场选择,可能对国际贸易电子化的整体构想产生不同影响。

电子商务立法具有"平行立法"的特点,即国际、国内立法同时进行,相互影响。这种特点使参与电子商务国际立法显得尤其重要。在《ETR 示范法》的制定中,中国已经积极参与,并且抢得先机。参照《ETR 示范法》制定国内法,积极促成《ETR 示范法》的国际采用应为下一步的应有之义。由于一些主要的贸易国家如美国、德国、日本、韩国等都已经制定或正在制定有关电子可转让记录的国内法,要采用《ETR 示范法》还需要先考虑与国内法律的协调,因而《ETR 示范法》在短时间内可能难以大范围采用。如果《ETR 示范法》不能立即获得全球性认可,以《ETR 示范法》为基础在与中国有较多贸易往来的国家之间达成法律统一也不失为一种选项,即通过区域性统一立法的成功,推动全球性统一立法的实现。因而中国的态度,也会在很大程度上决定《ETR 示范法》的成败。作为国际货物贸易大国,中国能够以设计者的身份参与未来国际贸易模式的构想十分重要,而联合国国际贸易法委员会则为中国提供了一个巨大的机会。作为一个已经建设好的国际协商机制,其对国际贸易规则的影响很大,而且更可能从公平、长远发展的方向考虑问题。如何利用好这一平台,是我国国际贸易法学者应该考虑的一个重要议题。

(2) 关注国际商事立法的程序问题

当前我国参加国际商务立法已经比较积极,但对相关国际经济组织的议事程序的研究还比较有限,这限制了我国在国际商事立法中发挥更重要的作用,值得重视。

以联合国国际贸易法委员会为例,这是联合国系统在国际贸易法领域的核心法律机构,成立四十多年来专门从事全世界商法的改革,其在国际贸易领域制定的法律规范大家耳熟能详的很多,如《联合国国际货物销售合同公约》《承认及执行外国仲裁裁决公约》(《纽约公约》)《国际商事仲裁示范法》《汉堡规则》《鹿特丹规则》等。这些法律文件涵盖了国际贸易的全过程,从买卖、运输、支付到争端解决,有些取得了巨大的成功,如全世界一半以上的货物贸易量是在《联合国国际货物销售合同公约》的基础上进行的,而《纽约公约》有一百多个参加国,是国际商事仲裁能成为一种重要的纠纷解决方式的重要推动因素。最近,联合国国际贸易法委员会在电子商务领域也成果颇多,如《电子商务示范法》《电子签名示范法》《电子通信公约》,在电子商务领域正产生广泛影响。联合国国际贸易法委员会立法对我国也有重要影响。我国是《联合国国际货物销售合同公约》《纽约公约》的参加国,是《电子签名示范法》的采纳国,对《国际商事仲裁示范法》也多有参照,并正在讨论是否参加《鹿特丹规则》。

但这样一个重要的国际经济组织,其议事的程序规则却有不少值得探讨之处。以对联合国国际贸易法委员会第四工作组《ETR示范法》磋商过程的观察而言,存在以下问题:第一,缺乏完整的程序规则。在联合国国际贸易法委员会成立伊始,大会即选择不通过联合国国际贸易法委员会章程以及在委员会组织和工作方法方面规定具体要求,而是由委员会自行决定其工作方法,这使整个谈判的程序缺乏透明度。第二,参加谈判的成员地位含糊。联合国国际贸易法委员会的观察员分为国家、政府间组织、非政府间组织,这些观察员之间地位相差极为悬殊,权利却无不同。观察员在参与的权利上十分广泛。观察员可以随意发言,内容不限于专长方面,顺序也不在成员之后,并可以提书面议案,除了不能表决,与成员的权利几无差别。这使一些并无代表性的观察员有机会占用过多宝贵的谈判时间和谈判资源。第三,秘书处的权利过大。秘书处可以召集专家组会议,在电子商务立法这样专业性很强的问题上,往往先由专家组形成倾向性意见,再到大会讨论通过。专家组程序并无规则约束,但却实际有效。第四,过分强调非正式磋商。许多问题由非正式磋商决定,程序更加不透明。由于程序规则存在以上问题,导致谈判中各国的意见不一定能被正确反映。

国际贸易私法在许多方面法律性强于一般国际条约。如它往往是直接适用于各国商人,有直接适用的效力。还有许多规则是强制性的,不能通过合同约定改变。它的适用范围很广,如全世界一半以上的国际货物贸易是在维也纳公约体系下进行的。它甚至有独立的执行方法:国际商事仲裁。它是最像法律的国际法。但与此同时,国际贸易私法的立法程序却显示出与真正的国内立法巨大的不同。国际经贸规则的重要性与其产生的非正式性已经形成鲜明对比。

这个问题也许可以纳入所谓"全球治理的民主赤字"的讨论范畴。联合国的合法性问题主要表现为"民主赤字",即它的决策并不能够代表全世界所有国家。全球治理民主化是一个长期的进程,目前仍处于探索性阶段。如果与国家比较,最理想的当然是构建一个国际层面的"三权分立"结构。多年前,联合国也确实曾提出过构建"世界政府"的设想,然而没有得到任何响应。明显的,在现阶段不可能有"世界政府"。没有"世界议会",也不可能是真正的"世界立法",但制定出来的却是实实在在的"法"。那么如何保证这个法的正当性呢?

在联合国国际贸易法委员会的主要缔造者之一施米托夫看来,国际贸易自治法是新的商人习惯法。国际贸易自治法的渊源为国际立法,即经由各国采用的国际条约和示范法,以及国际商业惯例。联合国国际贸易法委员会的任务就是协调和统一新的商人习惯法,使国际贸易法从各国国内法中独立出来,最终使国际贸易法成为全人类共同的法律。然而,联合国国际贸易法委员会制定的规范性文件与旧的商人法有本质上的不同,并非是商人自主产生,而是国际上主动和精心制定的结果,其合法性不能由"习惯法"支撑。

程序上的不足可能带来实体法的不足。值得怀疑,在程序不完善的情况下制定的法律,是否能创建出一个真正公平合理的国际经贸法律体系。国际经贸规则的重要性与程序机制的缺失之间形成了巨大鸿沟。如果不能正视这一点,就不能准确理解国际经贸规则的地位与作用,也无从更有效地参与到国际经贸规则的重构中去。因而国际经贸规则重构的方向和方法,应该是从程序规则的建立开始。

同时,也有必要检讨我国国内对来源于国际的法律规则的待遇以及我国决定是否参加一个国际立法的程序。国际立法总是需要由各国立法机构将其纳入国内法中。许多国家,特别是发展中国家,对纳入国际条约的态度是十分积极甚至轻率的。中国当前的参与机制也存在问题,而且同样最重要的是缺少程序规定。如谈判前,由什么机构负责,请哪些人参加;谈判中,如何保证延续性,如何在国内宣传;谈判后,如何表态,如何执行,与国内法的关系。这些都需要进一步的梳理和完善。

后　　记

作为一个经常因为丢三落四而被朋友们调侃的人，以前我出门时，会时不时伸手去摸一下，看我的钱包还在不在。现在我已经不摸钱包了，而是改成了时不时就伸手去摸一下，看我的手机还在不在。前一阵儿，我开车离开停车场，却凑不齐20元停车费。当我为难地向收费员解释身上现金不够时，他一言不发递过来一张纸，上面印着微信收款的二维码。

与个人日常生活中体验到的日新月异的"电子商务"带来的便利相比，本来应该更加"高大上"的国际贸易似乎显得"土"了。几百年前，人们就开始用纸质提单代替货物进行周转。现在纸质提单仍然是主要的物权凭证。而纸质票据虽然在国内市场被电子票据广泛代替，在国际市场的普及似乎还遥遥无期。

国际贸易的"土"，根子可能在于国际范围的信用共识更难达成。无纸化的前提是信任电子手段。在一国内这种信用可以通过多种手段，包括政府的强力推广达成，而国际范围内则由于缺少相应的机制而困难重重。但事实上，提单和票据最初都是在国际贸易而非国内贸易中使用，单据的价值以及单据电子化的好处在国际贸易中应该比在国内贸易中更突出。更大的商机，一定会推动国际范围信用共识的达成。

起码在现阶段，看起来中国是搭上了电子商务这班"快车"。中国跳过了支票，甚至信用卡，直接普及移动支付了，五年内全面进入无现金社会也不见得只是一句乐观的喊话。但是，跑得快还要跑得稳。为了发展电子商务可以忽略对用户的充分保护，如果这种思路用到国际贸易中，搞不好要吃大亏。

现在北京已是秋天，一年要收尾了。这本书写完，我在ETR领域的几年工作也算收尾了。引一首最近喜欢的诗作为结尾：自古逢秋悲寂寥，我言秋日胜春朝。晴空一鹤排云上，便引诗情到碧霄！

郭　瑜

2018年11月